高中化学学生自主学习策略研究与实践

冯 越 著

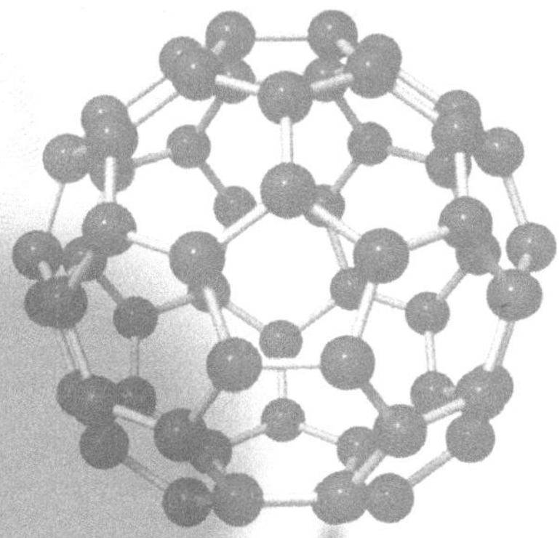

西北大学出版社
· 西安 ·

图书在版编目（CIP）数据

高中化学学生自主学习策略研究与实践 / 冯越著 . 西安：西北大学出版社，2025. 2. -- ISBN 978-7-5604-5619-5

Ⅰ. G633.82

中国国家版本馆 CIP 数据核字第 2025DZ1922 号

高中化学学生自主学习策略研究与实践

GAOZHONG HUAXUE XUESHENG ZIZHU XUEXI CELUE YANJIU YU SHIJIAN

作　　者	冯　越
出版发行	西北大学出版社
地　　址	西安市太白北路 229 号
邮　　编	710069
电　　话	029-88303059
经　　销	全国新华书店
印　　装	陕西瑞升印务有限公司
开　　本	710mm × 1000mm　1/16
印　　张	14.25
字　　数	248 千字
版　　次	2025 年 2 月第 1 版　2025 年 2 月第 1 次印刷
书　　号	ISBN 978-7-5604-5619-5
定　　价	45.00 元

本版图书如有印装质量问题，请拨打电话 029-88302966 予以调换。

序 言

全面建设社会主义现代化国家，科技是关键，人才是基础，教育是根本。党的二十届三中全会指出，教育、科技、人才是中国式现代化的基础性、战略性支撑。对基础教育而言，不仅要为高等教育输送人才，更要努力培育学生的创新思维和数字思维。创新思维的培养不仅受学生知识、智力、动机、认知方式、人格特点等的影响，学校教育教学中不同教育理念、教学方法与课程设置等更是影响学生创新思维的重要因素。

学生自主学习，从浅层理解，就是以学生为本，充分调动学生的学习主动性、自觉性，提高学生自主式、启发式、探究式学习能力。高中学生自主学习策略研究在新时代背景下具有极其重要的意义。这一研究不仅关乎高中育人方式的改革以及学生的全面发展，也深刻地影响着国家创新人才的培养。自主学习作为一种现代化的学习方式，能够激发学生的好奇心和求知欲，培养学生的综合素质，促进学生心理健康发展，同时也能够培养学生的探索精神和创新思维，是培育学生创新能力和全面发展的重要途径。

教育信息化课堂教学实践，对学生自主学习的作用与意义非常显著。它是实现学生自主学习的突破口和有力抓手，不仅可以拓宽学习资源和渠道，打破时空限制，促进学生个性学习，通过创新教学方式提升学生的学习兴趣、参与度和学习的体验感；还可以提高学生的信息化素养，进而促进我国未来国际地位全面提升。

冯越老师是我的研究生之一，我为她对教学的执着感到高兴。作为从事高中化学教学近三十年的有经验的教学名师、陕西省特级教师，冯越老师利用信息化教学和课堂的深度融合，特别是在微课制作与应用、实现学生自主学习方面，进行了长期的实践和深度的思考。她结合自己的教学经验和课堂效果以及学生的发展水平，认真总结和反思了信息化支撑下学生的自主学习策略。经过近五年的努力，完成了这部理论紧密联系实际的学术专著。

本书共分为三编。第一编，结合国内外的教育理论和她的教学实践，介绍了六种学生自主学习的方法，分别是问题导向法、学案导学法、情境教学法、实验探究法、输出式学习法和翻转课堂法。这六种方法是她在教育教学实践中摸索和总结出来的比较科学、实用的教学方法。这些教学方法是教师进行课堂实践改革的有用法宝。它既可以单个使用，也可以融合运用信息化进行实践与应用，是高中育人方式改革以及学生自主学习的重要支点和工具。第二编，主要介绍了教育教学过程中促进学生自主学习，提升教师数字化素养的最重要最实用的方法——微课程开发；并结合她的教学实践重点介绍了高中化学微课程案例的使用及分析。第三编，重点介绍了常用的自主学习资源开发应用软件的操作步骤，简便易懂，操作性强。

响应国家对数字化的要求，冯越特别强调信息化、数字化对教育教学改革的深度融合与探索。此书论述的学生自主学习策略，其理论依据清晰，可操作性强，从策略层面切入，普适性好，策略之间相互照应，难能可贵。她对每种方法均在教学中大胆实践，科学地总结出适合本校学生实际的自主学习方法。本书理论紧密联系实际，是一本难得的教学参考书，值得推荐和使用。

陕西师范大学教授

教育部“国培计划”专家　杨承印

中国化学学会《化学教育》杂志编委

2025 年 1 月

目　录

第一编　高中化学学生自主学习策略

第二编　学生自主学习微课程开发

第三编　学生自主学习资源开发应用软件

第一编

高中化学学生自主学习策略

第一章　探索学生自主学习的深远意义

当今社会,化学作为一门重要的基础学科,对人们的生活和工作都产生着深远的影响。化学学科也是自然科学中创新能力最强的学科之一,是培养学生创新思维最重要的载体之一。在高中化学教育中,教师除了传授基础理论知识和实验技能外,更需要关注培养学生的核心素养。新时代对培养有理想、有创新、有担当的时代新人,从课程改革、育人方式等方面提出了更新的要求。但是在高中化学课堂教学中,传统教学方式给新时代课程改革带来较大的阻碍。究其原因,传统课堂开展的教学活动有以下三个缺点:一是崇尚"教师讲得清清楚楚,学生听得明明白白"这一理念,学生掌握知识效率不高;二是学生的学习方式基本为接受学习,课堂中以教师为主体,学生被动学习,不利于学生自主创新能力的发展;三是课堂交流匮乏,师生互动、生生互动鲜有呈现,情感认知难以实现。

新课程改革要求在教学中培养学生的学科核心素养,要让学生的学习思维与能力得到均衡发展。而在高中化学教学中,学生长期接受传统的被动学习方式,养成了"老师教什么,我就学什么"的习惯,即便部分学生有自主学习能力,也被其他同学紧跟教师上课节奏的氛围所影响,而难以有自主学习的时间和空间,因此有必要创新学生自主学习方式,构建新的课堂模式。

一、什么是自主学习

(一)自主学习的内涵

什么是自主学习?对此定义各方存在分歧,目前仍然没有一个清晰的界定。有的西方学者认为自主学习是自我调节的学习方式,也有人认为自主学习是整个过程表现出自律、自我计划实现的特征。苏联心理学家维果茨基(Lev Vygotsky)认为,自主学习本质上是一个自我指导的言语过程,是个人使用内部言语来规范自己学习行为的方法①;美国心理学家斯金纳(Burrhus Frederic Skinner)认为,自主学习本质上是基于奖励或惩罚的操作行为②;美国当代心理学家班杜拉(Albert Bandura)认为,自主学习本质上是学生依据自身的行为,设计恰当方案,并做出不断调整和调控的过程③。

笔者认为,自主学习是学习者在学习的过程中,主动、独立、有目的地运用学习策略对学习内容进行自主选择、自我调控、自我反思和自我评价的学习模式。在自主学习中,学生不再是被动地接受知识,而是成为学习过程的主体,能够根据自己的学习特点、学习需求和学习目标,灵活选择学习方法,调整学习进度,监控学习过程,并对学习结果进行自我评估和校正。

(二)自主学习的特征

自主学习强调学生学习的主动性,要求学生能自觉自愿主动地学习,而不是被动或不情愿地学习,显示出了"自主"是学习的本质,它表现了三大特征。④

1. 自立性

自主学习强调学习主体(学生)的独立性。每个学习主体都是具有相对独立性的人,学习是"自己的"事、"自己的"行为。学生需要自己确定学习目标、制订学习计划,并主动进行学习活动。

学生能够根据自己的学习情况和兴趣,设定明确的学习目标,制订学习计划并稳步实施。比如,寒假期间,笔者给学生布置了高中化学选择性必修 2《物质结构与性质》第一、二章的自主预习任务,同时给学生提供了 16 节同步课程的微课资源,每一节微课视频只有 10～15 分钟,配有巩固知识的习题。学生结合自己的实际情况,分解任务并自主学习。从线上答疑情况来看,大多数学生是两天学习 3 节微课,并将难点、困惑及时梳理出来请教老师。收假后,从这部分内容的新课教授过程中,笔者明显感觉到这种先"学"后"教"的方式教学效果良好。

这种教学方式就是"以学生为主体",把获得知识的主动权交给学生,充分体现了学生自主学习的自立性。

2. 自为性

自主学习体现了学生的自我探索性、自我选择性、自我建构性和自我创造

---

① 张大均. 教育心理学[M]. 北京:人民教育出版社,2005:122.

② 张大均. 教育心理学[M]. 北京:人民教育出版社,2005:107.

③ 张大均. 教育心理学[M]. 北京:人民教育出版社,2005:105.

④ 袁东波. 学生自主学习指导策略[M]. 天津:天津教育出版社,2019:3.

性。学生在自主学习的过程中，会主动探索，选择适合自己的学习方法和资源，构建自己的知识体系，并创造性地运用所学知识解决问题。

自我探索是一种由好奇心驱动的深入过程，它促使学生对环境、事件以及各种事物保持敏锐的求知渴望，通过不断地自我发问与探寻，以实现个人认知的拓展与深化。

在自主学习过程中，学生对外部信息的选择是关键环节。这些外部信息只有在与学生主体的内在需求相契合时，才会引起他们的注意，进而被筛选和整合至个人的认知领域中。只有当信息与学生的内在动机和兴趣相吻合时，学生才会积极投入注意力，从而实现真正有效的知识获取与认知深化。

学生在学习过程中，自我建构是其核心活动，它涉及新知识的形成与建立。在这个过程中，学生面对的核心知识，即学习的焦点，是他们需要深入理解与掌握的新信息。在接触这些新知识时，学生不是简单地接受，而是基于他们已有的经验和认知结构，进行积极的思维加工。通过这一过程，新旧知识得以相互交织、融合，形成更加稳固和丰富的知识体系。这样的自我建构不仅有助于学生深化对知识的理解，还能促进他们认知结构的不断完善与发展。

在自我建构的坚实基石之上，自我创造蓬勃展开，它孕育出能够引领实践、契合学生需求的实践理念和独特模式。这一过程不仅是创造性思维的活跃体现，更是个人成长与发展的生动体现。通过自我创造，学生将内在的智慧与外部的实践紧密相连，形成独具特色的行动指南，为未来的探索与实践奠定坚实基础。

比如，在学习了《二氧化硫的性质》这一课后，张同学想尝试做一下实验。于是他回顾了课本中关于二氧化硫的物理性质、化学性质及制备方法，通过查找相关资料和观看教学视频，他利用点滴板、密封盒、针管等材料，设计了制备二氧化硫并探究二氧化硫的漂白性、还原性的简易环保实验。在教师的帮助下，科学实验取得明显的实验效果。在这个案例中，张同学通过自主学习和创造性实验设计，直观地观察了二氧化硫使点滴板中的品红溶液、溴水、酸性高锰酸钾褪色的现象。张同学还在点滴板的一个孔穴中加入较浓的氢氧化钠溶液，确保了实验的安全与环保。这个案例充分体现了学生自主学习的创造性和自为性。

3. 自律性

自主学习要求学生具备自律性，即对自己的学习要求、目标、行为、意义有充分的认识和觉醒。学生需要自我激励、自我控制、自我调节，确保学习计划的执行和学习目标的达成。

化学是一门自然学科，要求学生严谨认真地学习。作为教师，应教导学生善于管理时间，在学习过程中自我监控和调整，定期检查学习进度，及时发现问题并进行调整，及时调适自己的学习建构，同时要指导学生自我反思，保证学习效果。比如，通过绘制思维导图对章节知识进行梳理与回顾，利用纠错本对疑难问题进行再学习。

二、自主学习的理论依据

（一）建构主义教学理论

瑞士近代著名心理学家皮亚杰（Jean Piaget）的建构主义教学理论是一种强调学习者主动性和知识建构过程的理论。皮亚杰认为，学习不是简单的信息输入和存储，而是学习者基于原有的知识经验，通过与环境的相互作用，主动建构新的理解和知识的过程。

他认为，学生是认知结构的积极参与者和主动建构者，学生不是被动接受知识的容器，而是认知的主体，是意义的主动建构者。教师应把学生看作认识活动的主体、意义的主动建构者，真正做到以学生为中心。

应用这一理论，就要重视学生的原有知识经验。在教学设计中，教师应充分考虑学生的原有知识经验，以此为基础引导学生主动建构新知识。教师应提供多样化的学习环境和资源，如实验器材、图书资料、网络资源等，以支持学生的主动学习和知识建构。教师应鼓励学生通过探究和发现的方式学习新知识，培养学生的自主学习能力和创新精神。

（二）元认知理论

元认知理论由美国心理学家弗拉威尔（J. H. Flavell）在 20 世纪 70 年代提出。元认知是主体对其认知活动的自我意识、自我监控和自我调节，即对认知的认知。它强调主体的认知活动需要其元认知知识、元认知体验和元认知监控的相互作用。元认知具有以下特征：理解性，学习者需要知晓学习的内容，并对其进行一定的理解；感悟性，学习者在学习的过程中对知识的亲身感悟，包括对知识的体验、思考和理解；评价性，学习者在学习的过程中通过监控、反思等学习方式对自己的学习效果做出一定的合理评价。

元认知理论在教育领域具有重要的实践意义，学生可以通过元认知控制策略监控和评估自己的学习过程，及时发现学习中存在的问题，并调整学习策略。教师可以引导学生设定明确的学习目标，并帮助其制订合理的学习计划。通过明确的学习目标，学生可以更好地掌握知识，提高学习动机。教师可以引导学生掌握各种认知策略，如归纳、演绎、比较等，帮助他们更好地理解和掌握知识。

(三)学习金字塔理论

学习金字塔理论是一种描述不同学习方式对学习效果影响程度的理论。学习金字塔理论由美国学者、著名学习专家爱德加·戴尔(Edgar Dale)于 1946 年首先发现并提出。他用数字化形式，形象地展示了学习者采用不同的学习方式，在两周后还能记住的内容(平均学习保持率)的多少。该理论强调，不同学习方式的学习效果有显著差异，其中主动学习和参与式学习的效果优于被动学习。

学习金字塔(图 1-1-1)理论强调主动学习和参与式学习的重要性。学习效果在 30%以下的几种传统方式，如听讲、阅读和声音图片等，都属于个人学习或被动学习；而学习效果在 50%以上的方式，如小组讨论(讨论)、做中学或实际演练(实践)以及教别人(教授给他人)等，都是团队学习、主动学习和参与式学习。这一理论对于教育工作者和学习者都具有重要的指导意义，提示我们在教学过程中应更多地采用主动学习和参与式学习的方式，以提高学习效果。

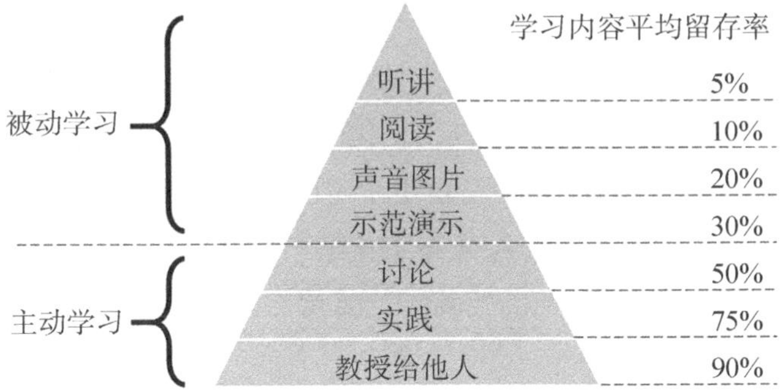

图 1-1-1　学习金字塔

(四)费曼学习法

费曼学习法又称费曼技巧或费曼笔记法，是由诺贝尔物理学奖获得者理查德·费曼(Richard Feynman)提出的一种高效学习方法。该方法的核心在于通过向他人解释新知识或概念，来加深自己对知识的理解和记忆。

费曼学习法即“用你自己的语言，向他人解释清楚所学内容”。当你解释时，你需要抛开课本、参考资料、网络资源等外在辅助资料，用留存在自己脑海中的信息清楚地解释给他人①。

在实际应用中，费曼学习法可以通过多种方式实现，如向他人解释知识、写博客或文章、制作教学视频等。这些方式都可以帮助学习者更好地理解和掌握知识。费曼学习法是一种高效、主动的学习方法，它通过向他人解释知识来检验自己是否真正掌握了这个知识点。通过运用费曼学习法，学习者可以更快地掌握新知识并提高学习效果。

三、探索高中化学自主学习的价值和意义

高中化学作为自然科学的重要组成部分，不仅为学生提供了丰富的化学知识和实验技能，更重要的是，它培养了学生的逻辑思维、实验探究和问题解决能力。

新课改的实施是为了更好地提高学生的自主学习能力。新课程标准提出了学科核心素养这一概念。核心素养指的是每个学生都应该具备的共同素养。学生在接受教育的过程中，慢慢产生能够促进自身发展的能力，称为一个学科的核心素养。化学学科的核心素养有宏观辨识与微观探析、变化观念与平衡思想、证据推理与模型认知、科学探究与创新意识、科学态度与社会责任。从内容上来说，化学核心素养指的是掌握基本的化学知识与化学应用实践技能以及端正化学学习态度。从功能上分析，化学核心素养指的是在学习丰富的化学知识中掌握与化学原理有关的知识，并将其应用于化学实践中，尽可能创造更多的个人价值②。在当今这个信息爆炸的时代，自主学习已经成为学生培育化学学科核心素养不可或缺的重要方式。因此，探索高中化学学生自主学习的价值意义，对于提高学生的综合素质和应对未来挑战具有重要意义。

（一）激发学习自主性

自主学习强调学生的主动性和积极性，要求学生能够根据自身的学习需求和兴趣，自主规划学习内容和方法。在高中化学学习中，学生通过自主学习，可以逐渐培养起主动学习的态度，形成持续学习的动力。这种态度不仅有助于学

---

① 彼得·霍林斯.费曼超级学习法[M].彭相珍，译.北京：中国青年出版社，2022：175.

② 袁芝葵.基于发展学科核心素养的高中化学教学实践与思考[J].科技教育，2020(8)：145.

生在高中阶段取得更好的学习成绩，更能为未来的学习和职业发展奠定坚实的基础。

（二）提高问题解决力

化学是一门实验性很强的学科，许多化学知识和原理都需要通过实验来验证和探究。在自主学习过程中，学生需要独立进行实验设计、操作和分析，从而培养解决问题的能力。这种能力不仅有助于学生解决化学学习中遇到的问题，更能帮助学生应对生活中遇到的各种挑战和困难。

（三）增进深度理解力

自主学习要求学生不仅要掌握基本的化学知识，更要深入理解知识的本质和内在联系。在自主学习过程中，学生需要不断思考和探索，通过查阅资料、做实验等方式，深化对知识的理解和应用。这种深入的理解和应用不仅能够提高学生的学习效果，更能培养学生的创新思维和实践能力。

（四）增强团队合作力

自主学习虽然强调学生的独立性和自主性，但并不意味着学生需要孤军奋战。相反，自主学习应用场景的小组讨论、给别人讲解、问题互换等都需要学生与他人进行合作和交流。在高中化学学习中，学生可以通过与同学合作做实验、讨论问题等方式，增强团队合作和沟通能力。这种能力对于学生未来的学习和职业发展同样具有重要意义。

下面几章，笔者将分享通过教学实践总结出的一套行之有效的能够促进学生自主学习，提高学生的主动性、研究性和实践能力的教学策略，并阐述如何坚持以提高学生学科核心素养为导向的化学课堂教学改革的方式，以期对广大一线教师实践教学起到重要的现实价值和借鉴意义。

第二章 问题导向法

“问题”通常指的是需要解决或回答的疑问、困难或挑战。解决问题是促进学习的主要路径。在教育领域，特别是高中化学教学中，问题被视为促进学生自主学习和思维进阶的关键。在新高考与新课程要求的指引下，高中化学教师应聚焦于学生核心素养的全面发展，积极设计并采纳问题导向的教学模式，以此来推动学生的思维层次不断提升。通过这一教学模式，引导学生在深入的思维活动中构建扎实的学科知识，从而助力他们核心素养的显著提升。

一、问题导向法概述

(一)什么是问题

1. 问题释义

“问题”的意思是，要求回答或解释的题目，需要解决的矛盾或要弄清楚的疑难、关键、重要之点等。“问题”一词出自《续资治通鉴·宋太宗太平兴国八年》：“进士免贴经，只试墨义二十道，皆以经中正文大义为问题。”

2. 问题的分类

描述性问题：关于事物或现象的状态、性质、关系等方面的描述性的问题，关注的是事物“是什么”或“怎么样”。比如，教师演示“将一小块金属钠放入水中”后，提出问题：“请同学们仔细观察，你观察到了什么现象？”

解释性问题：关注的是对某一现象、事件或过程的深层次理解，旨在揭示其背后的原因、机制和过程。比如，人教版高中化学选择性必修1《化学反应原理》教材中，第二章第一节“化学反应速率”第三目“活化能”中的“思考与讨论”栏目提出的两个问题就是解释性问题。请尝试用碰撞理论解释：①当其他条件相同时，为什么增大反应物的浓度会使化学反应速率增大，而降低反应物的浓度会使化学反应速率减小？②当其他条件相同时，为什么升高温度会使化学反应速率增大，而降低温度会使化学反应速率减小？

预测性问题：关注的是未来可能发生的事件、结果或状态的预测和推断。它基于对当前情况的分析和了解，结合历史数据、趋势、模式以及可能的变量因素，对未来的情况做出合理的推测。比如，在“乙醇”教学中，围绕着“结构决定性质”这一化学核心思想，提出“分析乙醇的结构，你能预测乙醇和金属钠的反应与水和金属钠的反应哪个更剧烈吗？”这个问题在实验之前提出，旨在让学生从理论上推测两种不同的假设揭示的不同的结论：如果水与钠反应更剧烈，那么说明乙基是一个推电子基团，造成羟基中的氧氢键极性减小；反之，则乙基是吸电子基团。

3. 问题的特征

未知性：问题通常指向某种情境下的未知状态，需要学生通过学习和思考来揭示和解答。

价值性：问题的提出和解决必须具有一定的价值。这种价值可以是社会、文化或智力上的，还包括教育价值、职业发展价值和生活实用价值等。

问题的解决不仅是学科知识的应用过程，更是学生思维能力、创新能力和实践能力的综合体现。通过问题的解决，学生可以加深对学科知识的理解，提升核心素养，为未来的学习和生活打下坚实的基础。

(二)问题导向法的理论基础①

1. 建构主义学习理论

建构主义学习理论强调学生在自身知识体系构建过程中的主体作用，学生是学习过程的主体。在问题解决的过程中，学生是根据自己的已有认知来进行思考的，所以在进行问题的设计时，既要考虑到学生的已有认知和目标状态之间的差距，也要考虑到预设认知目标之间的差距，这样设计的问题更加有针对性、系统性，学生对问题的思考过程也将营造一个良好的课堂氛围，师生间的对话会更加丰富多彩。建构主义学习理论强调“情境”“协作”“对话”“意义建构”四大要素对学习的重要性，即教师引导学生自主探究问题，建立自己的知识图示和框架，主动完成知识的构建过程。通过在真实的问题情境中，借助师生、生生之间的课堂活动解决情境问题，从而完成学习者对知识的习得过程。

2. 支架式教学理论

一些新维果茨基派的学者如美国著名教育家布鲁纳(Jerome Seymour

---

① 孙旭成. 素养导向下的高中化学问题链教学设计研究[D]. 南宁：南宁师范大学，2024.

Bruner)提出了支架式教学理论,强调以学习者为中心,着力培养学生的自主学习和问题解决能力。教学中可以将复杂的问题分解为多个简单的学习任务,为学生搭建解决问题的网络,帮助学生由浅入深地认识问题、解决问题。其具体的实施过程包含搭建"支架"—进入情境—独立探索—协作学习—效果评价五个环节。这五个环节相互关联、层层递进,形成了一个完整的教学过程。问题,特别是问题链的设计就是这五个环节的具体实施途径。小问题的产生就是搭"支架"的过程,通过问题链的支架作用,学生在教师的引导下,以小组合作形式思考问题,最终使问题得到解决。在这个过程中,问题链的设计质量就显得非常重要,结构良好的问题链对于学生知识的建构起着十分重要的支架作用。

3. 最近发展区理论

苏联心理学家维果茨基的最近发展区理论指出学生有两种水平:一种是学生的已有水平,即学生目前所具备的自主解决问题的水平;另一种是学生的未来水平,也就是通过教师教学后所能达到的新的解决问题的水平。这两者之间的差异就是最近发展区。可以说,最近发展区是学生在教学过程前后解决问题水平之间的差距。所以,教学过程就是从学生已有的水平出发,为学生设置合理的问题跨度,让学生通过"跳一跳"的过程解决问题,收获一种解决问题的满足感,调动学生的积极性,逐步跨过最近发展区获得解决问题能力的提升。在问题链的设计中,前后问题的设计不是随意的,应该在充分分析学生现有认知水平的基础上来进行。根据最近发展区设计的问题应是层层递进的,问题间难度梯度适宜,螺旋上升。

(三)问题导向法

问题导向法是一种强调从问题出发,通过设定具体目标来引导学生自主学习的教学方法。这种方法不仅注重问题的解决,还强调学生在解决问题过程中的自我提升和成长。

问题导向法的实施步骤和方法:

(1)创设问题情境:根据教学内容和学生实际,创设一个具有挑战性和真实性的问题情境。这个问题情境应该能够激发学生的兴趣和好奇心,引导他们积极参与其中。

(2)提出问题:在问题情境的基础上,引导学生发现问题并提出问题。教师可以通过提问、讨论等方式,帮助学生明确问题的关键点和难点。

(3)分析问题:引导学生对问题进行深入的分析和讨论,理解问题的本质和问题背后的原理。教师可以提供必要的资源和指导，帮助学生构建知识框架和思维模式。

(4)设定目标：在分析问题的基础上，引导学生设定明确、具体的学习目标。这些目标应该与问题紧密相关，具有可衡量性和挑战性。同时，教师应该根据学生的实际情况和能力水平，为他们提供个性化的目标建议。

(5)自主学习与合作学习：学生根据设定的目标进行自主学习和合作学习。在这个过程中，教师应该提供必要的资源和支持，帮助学生解决学习中遇到的问题和困难。同时，教师还应该关注学生的学习过程和方法，及时给予指导和反馈。

(6)评估与反馈：学生完成学习后，教师应该对他们的学习成果进行评估和反馈。评估应该包括对学习目标的达成情况、学习过程中的表现以及学习成果的质量等方面进行评价。同时，教师还应该根据评估结果为学生提供具体的改进建议和方向。

以上步骤和方法图示(图 1-2-1)如下：

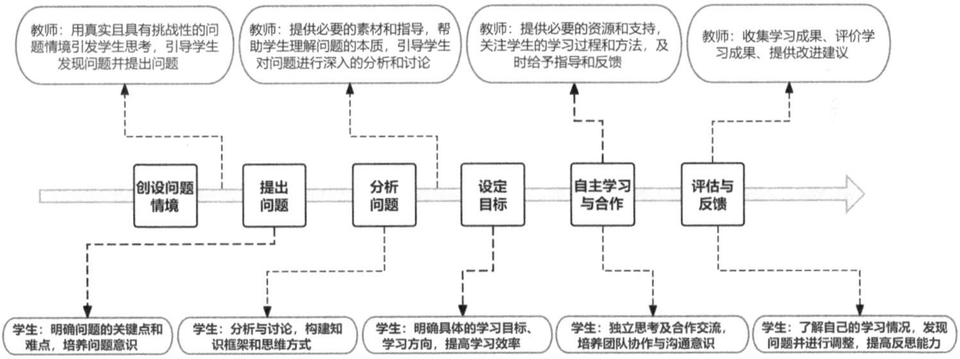

图 1-2-1　问题导向法的步骤与方法

二、问题导向法的教学意义

开展问题导向法的意义在于满足社会对人才的需求，促进教育改革与发展，有助于实现教育公平、提高学生的主动性和创造力以及培养学生的批判思维和合作精神。这种教学模式能够为学生提供更加优质的教育资源和机会，促进他们全面发展。

(一)满足社会对人才的需求

随着经济的快速发展，社会对人才的需求越来越多样化。问题导向法强调学生的主动参与和探究，有助于培养具备创新精神、实践能力和团队合作精神的人才。这些能力正是现代社会所需要的。通过问题导向法，学生能够更加深入地理解和掌握知识，提高问题解决能力，从而更好地适应社会的需求。

（二）促进教育改革和课堂创新

问题导向法是一种教育模式的探索和创新，它打破了传统教育中教师单向灌输的教学模式，使学生成为学习的主体。这种教学模式有助于推动我国教育改革和发展，提高教育质量，培养更多高素质的人才。通过问题导向法，学生能够在解决问题的过程中主动学习和探索，培养自主学习的能力和终身学习的习惯。

（三）有助于实现教育公平

问题导向法强调学生的主体地位，注重培养学生的综合素质。在这种教学模式下，每个学生都有机会参与问题的讨论和解决，从而激发他们的学习兴趣和动力。这种教学模式有助于缩小城乡、地区之间的教育差距，实现教育公平。通过问题导向法，不同地区和不同背景的学生都能够获得高质量的教育资源和机会。

（四）提高学生的主动性和创造力

问题导向法鼓励学生通过提问、讨论、观察、实践等多种方式来获取知识和解决问题。这种教学方式能够激发学生的主动性和创造力，使他们更加积极地参与到学习中来。学生在解决问题的过程中会积极探索和构建新的理解，培养自主学习的能力和学科思维。这些能力对于他们的未来发展至关重要。

（五）培养学生的批判思维和合作精神

问题导向法鼓励学生进行批判性思维，挑战现有观念和思维模式。通过分析和讨论问题，学生能够形成自己独立的观点和思考方式，提高批判思维能力。同时，问题导向法也注重学生之间的协作和交流。通过小组合作或团队项目等形式，学生能够培养合作精神和团队意识，学会与他人合作解决问题。

三、问题导向法存在的问题

问题导向法是实现学生自主学习的重要方法，但是如果把握不到位，就很有可能达不到预期的教学效果。

(一)教学情境与学情不符

教学情境的内容过于复杂或过于简单，都会出现不符合学生认知水平的情况。比如，在讲授“氧化还原反应”这一课题时，引入了“原电池”的历史背景，展示了电池的种类及内部构造，教师希望通过这个情境引出“什么是氧化还原反应”这个问题，并意图通过解释原电池内发生的化学反应来解释氧化还原反应的概念。然而，这个教学情境本身就是氧化还原反应的应用，包含了多个层面的知识点，学生的知识储备未能达到解决这一问题的水平，所以学生会很困惑，增加了学生的认知负担。教师将后续知识的学习前置为教学情境的做法显然不可取。

(二)问题缺乏深度思维

高中化学学科的知识点多、难度大，对学生的思维能力要求较高。因此，在以解决问题为导向的高中化学课堂上，化学教师在布置学习任务、设计驱动问题时，要引导学生在思考的基础上进行深入探究，以此培养学生的问题解决能力，使其实现高阶思维发展①。在高中化学“元素周期表”教学中，教师向学生提出：“你知道元素周期表是按照什么顺序编排的吗?”学生阅读教材后回答：“按照原子序数依次递增排布。”教师继续问：“周期表有几个族，有几个周期?”学生照着教材很快给出了答案。这样的问题设计得过于直接，停留在知识识记层面，缺乏思维的拓展，学生只需要阅读后即时记忆即可回答，没有激发学生的深度思维。教师可以设计一些更具有挑战性的问题来激发学生的思考，如继续追问：“为什么元素周期表要按照这样的规律排列?”“何谓‘周期’? 何谓‘族’? 怎么才能排到一个周期? 如何又能排到一个族?”

(三)过度依赖问题导向法

过度依赖问题导向法可能会导致一系列潜在问题。这些问题可能会阻碍教学的多样性和灵活性，以及学生全面发展的可能性。当教师过度依赖问题导向法时，他们可能会忽视其他同样有效的教学方法。问题导向法虽然能够激发学生的主动性和创新思维，但并不意味着它是所有教学场景下的最佳选择。例如，在某些需要直接传授知识或技能的课程中，传统的讲授法可能更为有效。过度依赖问题导向法可能会导致教学方法的单一化，从而限制学生从不同教学方法中受益的机会。

---

① 刘建明.探析如何创建高效化学课堂教学[J].宁夏教育，2022(11)：48-49.

问题导向法通常要求学生进行大量的思考、讨论和探究。如果过度使用这种方法，那么学生可能会感到疲劳和压力过大，从而影响他们的学习效果。此外，如果问题设计得不够恰当或过于复杂，那么学生可能会感到困惑或无助。这也会削弱他们的学习动力和兴趣。

另外，问题导向法的教学过程通常较为灵活和开放，课堂上生成性内容会增多，可能会导致教学进度难以控制。如果过度依赖这种方法，教师就可能难以按照预定的教学计划进行教学。这可能会影响教学效率和学生的学习效果。

四、以解决问题为导向的高中化学课堂教学实践

(一)问题导向法应用原则

问题导向法是一种教师基于学生的学习需求，通过提出针对性问题来引导学生进行深入思考的教学方式。在这种模式下，教师和学生、学生和学生之间能够进行有效的思想交流和意见表达。为了能真正起到良好的教学效果，教师应遵循以下原则。

1. 以学生为中心

问题导向模式的核心是围绕学生的学习需求和兴趣来展开教学。教师要重视学生的兴趣特点，在解决问题的过程中加强实践性教学手段以及信息技术手段的应用，创造良好的问题解决氛围，从而让学生在兴趣的驱动下展开对问题的深度探索，取得更好的学习效果①。同时，教师也应鼓励学生自己提出问题、设计问题，培养他们的探究精神和自主学习能力。

2. 符合最近发展区

问题的设计是问题导向模式的关键。教师应设计具有启发性、层次性和开放性的问题，以引导学生逐步深入思考和探究。问题的难度应适中，既不过于简单以致无法激发学生的探究欲望，也不过于复杂以致让学生感到无从下手。

3. 鼓励合作学习

在问题导向模式下，学生之间的合作学习是非常重要的。教师可以通过小组讨论、角色扮演等方式，让学生在相互交流和合作中共同解决问题。这不仅可以培养学生的团队合作精神，还能让他们在交流中发现自己的不足，从而不断进步。

---

① 孙言虹.问题导向教学模式在高中化学教学中的应用：以“硫及其化合物”教学为例[J].高考，2023(35)：147-149.

4. 及时反馈与评价

教师应及时对学生的回答和表现进行反馈和评价。正面的反馈可以激发学生的学习热情，而建设性的评价则能帮助学生找到自己的不足并及时加以改进。同时，教师也应鼓励学生之间进行相互评价，以促进其自我反思和成长。

（二）素养导向下的问题链教学设计

在教学过程中，教师通常会基于教学目标，并结合学生的认知发展水平，针对学生在学习中可能遇到的难点和困惑，精心选择和提炼教材中的关键知识点，设计出一系列相互关联且层层递进的问题。这些问题构成了一个有中心、有层次的问题链，旨在引导学生深入思考，提高学习效果。

高中化学核心素养主要包括基础知识、基本实验技能、计算能力以及理论应用等方面。问题链设计应紧密围绕这些核心素养，确保问题能够有效促进学生对基础知识的掌握，提高学生的实验技能，培养他们的计算能力和理论应用能力。

1. 高中化学核心素养与问题链设计的具体实践

（1）基础知识问题设计：应注重考查学生对基础概念、理论和元素周期表等基本知识的掌握情况。例如，可以设计一些填空题、选择题或简答题。要注意教师设计的问题必须考虑学生答题的逻辑性和准确性。比如，在分子间作用力的教学中，教师引导学生通过课后习题第 9 题（人教版选择性必修 2 第 63 页），观察两幅周期—物质沸点图提出问题：CH_4、SiH_4、GeH_4、SnH_4 等物质的沸点为何依次增大？学生自然可以利用所学知识“范德华力”来解释，并应用“结构相似的分子，相对分子质量越大，分子间的范德华力越大”这一规律来解释。教师接着追问：卤素、氧族和氮族元素的简单氢化物是否也有这样的规律？是否有差别？差别是什么？为何这样？在这些问题的引导下，教师的问题变为学生的解释路径，他们会全面回答教师提出的问题：以卤素为例，HCl、HBr、HI 随着相对分子质量的增大，分子间的范德华力依次增大，沸点依次增大；但 HF 分子之间因为存在氢键，所以沸点最高。

（2）基本实验技能问题设计：在问题链中融入实验设计、实验操作和数据分析等方面的问题，以检验学生的实验技能和观察能力。例如，可以要求学生根据实验现象推断实验原理或设计实验方案。比如，在人教版必修第二册“原电池”的教学中，教材实验 6-3：①将锌片和铜片插入盛有稀硫酸的烧杯中；②用导线连接锌片和铜片，观察，比较导线连接前后的现象；③用导线在锌片和铜片之间串联一个电流表，观察电流表的指针是否偏转。教师可以充分利用教材中的这个实验现象，提出学生能根据实验现象，用已有知识推断解释现象继而揭示原电池工作原理的问题链。先演示前两个实验。针对第一个实验提出问题：①为何锌片上有气泡，而铜片上没有气泡？②气泡是什么？写出产生气泡的离子方程式，指出气体产生的原因。这些问题就是引导学生解释，是由于溶液中的氢离子从锌处获得了电子，发生还原反应产生了氢气，而锌发生了失电子的氧化反应。铜是氢后金属，难以和氢离子发生反应。第二个实验用导线将铜和锌连接起来，现象是锌片上气泡少了，铜片上却产生了气泡。教师追问：①氢气从铜片上产生，是不是铜失去电子给了氢离子？②如果不是铜失去电子，那么是谁？③如果是锌失去电子，那么锌失去的电子直接给了它接触的氢离子吗？怎么证明没有直接给？④锌如何把电子给氢离子？这四个问题层层深入，就是引导学生根据现象推理出锌失去的电子经过导线流向铜，溶液中的氢离子移向铜，在铜片上得到电子被还原成氢气。第三个实验放在这个时候演示就比较恰当，证明学生推理的结论“导线中有电子定向移动即有电流”是正确的。针对第三个实验教师提出问题：①将电流表改为发光二极管，发光二极管就亮了，那么这个给发光二极管供电的装置叫什么？②物理中规定电流的方向是正电荷移动的方向，你能指出锌和铜谁是负极、谁是正极吗？③这套装置的电子导体是什么？离子导体是什么？④请你梳理出构成原电池的条件。这四个问题的提出旨在让学生深度思考，通过梳理构成原电池的条件，最终达到能初步设计原电池的目的。

(3)计算能力问题设计：设计一些涉及化学计算的问题，要通过问题引导学生掌握计算方法和技巧，提高计算速度和准确性。下面以一节高三二轮专题复习课“压强平衡常数的计算与应用”为例进行说明。

从模型应用走向分析推理
——压强平衡常数的计算与应用

一、精研高考，精准备考(表 1-2-1)

表 1-2-1　近三年全国卷及部分省市高考试题关于平衡常数考查情况表

试卷	2023 年		2022 年		2021 年	
	考查内容	考查形式	考查内容	考查形式	考查内容	考查形式
全国乙卷	28 题(3)K_p (4)K_p	读图 计算	28 题(3)K_p	计算	28 题(2)K (3)②K	列表达式，用 K_{p1}、K_{p2} 表示
全国甲卷	28 题(1)K	计算	28 题(2)K_p	计算	28 题(2)①K_p	表达式

续表

试卷	2023 年		2022 年		2021 年	
	考查内容	考查形式	考查内容	考查形式	考查内容	考查形式
山东卷	20(3)K	表达式	14 题 K 20 题(2)K_p	选择 计算	20 题(2)K_x	计算
浙江卷	1 月 29 题(3)K 6 月 29 题(1)K	计算	1 月 29 题(3)K 6 月 29 题(1)K	计算	6 月 29 题(2)K	计算

二、规律探析:识模—建模—用模——解决单一平衡体系平衡常数计算问题

[例 1](2022·浙江·统考,29 节选)工业上,以煤炭为原料,通入一定比例的空气和水蒸气,经过系列反应可以得到满足不同需求的原料气。请回答:

(3)一氧化碳变换反应:$CO(g)+H_2O(g)=CO_2(g)+H_2(g)$　$\Delta H=-41\ kJ\cdot mol^{-1}$。

①一定温度下,反应后测得各组分的平衡压强(组分的物质的量分数×总压):$p(CO)=0.25\ MPa$,$p(H_2O)=0.25\ MPa$,$p(CO_2)=0.75\ MPa$ 和 $p(H_2)=0.75\ MPa$,则反应的平衡常数 K 的数值为__________。

【反思】压强平衡常数与化学平衡常数的关系?

恒温恒压

[例 2](2022·全国·乙卷,28 节选)油气开采、石油化工、煤化工等行业废气中普遍含有的硫化氢,需要回收处理并加以利用。回答下列问题:

(1)已知下列反应的热化学方程式:

①$2H_2S(g)+3O_2(g)=2SO_2(g)+2H_2O(g)$　$\Delta H_1=-1036\ kJ\cdot mol^{-1}$

②$4H_2S(g)+2SO_2(g)=3S_2(g)+4H_2O(g)$　$\Delta H_2=94\ kJ\cdot mol^{-1}$

③$2H_2(g)+O_2(g)=2H_2O(g)$　$\Delta H_3=-484\ kJ\cdot mol^{-1}$

计算 H_2S 热分解反应④$2H_2S(g)=S_2(g)+2H_2(g)$ 的 $\Delta H_4=$________ $kJ\cdot mol^{-1}$。

(3)在 1470 K、100 kPa 反应条件下,将 $n(H_2S):n(Ar)=1:4$ 的混合气进行 H_2S 热分解反应。平衡时混合气中 H_2S 与 H_2 的分压相等,则 H_2S 的平衡转化率为________,平衡常数 $K_p=$________ kPa。

恒温恒容

[例 3](2021·全国·乙卷,28 节选)一氯化碘(ICl)是一种卤素互化物,具有强氧化性,可与金属直接反应,也可用作有机合成中的碘化剂。回答下列问题:

(2)氯铂酸钡($BaPtCl_6$)固体加热时部分分解为 $BaCl_2$、Pt 和 Cl_2，376.8 ℃时平衡常数 $K'_p=1.0\times10^4$，在一硬质玻璃烧瓶中加入过量 $BaPtCl_6$，抽真空后，通过一支管通入碘蒸气(然后将支管封闭)，在 376.8 ℃，碘蒸气初始压强为 20.0 kPa。376.8 ℃平衡时，测得烧瓶中压强为 32.5 kPa，则 $p(ICl)=$________ kPa，反应 $2ICl(g)\!=\!=Cl_2(g)+I_2(g)$ 的平衡常数 $K=$________(列出计算式即可)。

【反思】恒温恒容与恒温恒压两种题型的解题思路分别是什么?

三、从模型应用走向分析推理——解决多重平衡体系平衡常数计算问题

[例 4](2020·山东·高考，18 节选)探究 CH_3OH 合成反应化学平衡的影响因素，有利于提高 CH_3OH 的产率。以 CO_2、H_2 为原料合成 CH_3OH 涉及的主要反应如下：

Ⅰ. $CO_2(g)+3H_2(g)\rightleftharpoons CH_3OH(g)+H_2O(g)$　$\Delta H_1=-49.5\ kJ\cdot mol^{-1}$

Ⅱ. $CO(g)+2H_2(g)\rightleftharpoons CH_3OH(g)$　$\Delta H_2=-90.4\ kJ\cdot mol^{-1}$

Ⅲ. $CO_2(g)+H_2(g)\rightleftharpoons CO(g)+H_2O(g)$　ΔH_3

回答下列问题：

(2)一定条件下，向体积为 V L 的恒容密闭容器中通入 1 mol CO_2 和 3 mol H_2 发生上述反应，达到平衡时，容器中 $CH_3OH(g)$为 a mol，CO 为 b mol，此时 $H_2O(g)$的浓度为________ $mol\cdot L^{-1}$(用含 a、b、V 的代数式表示，下同)，反应Ⅲ的平衡常数为______________。

[例 5](2022·湖南·高考，16 节选)2021 年我国制氢量位居世界第一。煤的气化是一种重要的制氢途径。回答下列问题：

(1)在一定温度下，向体积固定的密闭容器中加入足量的 C(s)和 1 mol $H_2O(g)$，起始压强为 0.2 MPa 时，发生下列反应生成水煤气：

Ⅰ. $C(s)+H_2O(g)\rightleftharpoons CO(g)+H_2(g)$　$\Delta H_1=+131.4\ kJ\cdot mol^{-1}$

Ⅱ. $CO(g)+H_2O(g)\rightleftharpoons CO_2(g)+H_2(g)$　$\Delta H_2=-41.1\ kJ\cdot mol^{-1}$

(2)反应平衡时，$H_2O(g)$的转化率为 50%，CO 的物质的量为 0.1 mol。反应Ⅰ的平衡常数 $K_p=$________(以分压表示，分压＝总压×物质的量分数)。

案例分析：对“压强平衡常数的计算与应用”这节课，笔者并没有让学生陷入大量题海中，而是精选了几个有代表性的高考真题，循序渐进，突出计算要点，突破解题难点，并总结方法技巧。首先是分析历年来高考对这部分知识点的考查，让学生明确这部分内容为高考热点及难点。第一个例题(2022·浙江·统考，29 节选)，目的是让学生熟悉压强平衡常数的公式，应用理想气体状态方程的推理，得出“对于气体体积不变的化学反应，$K_p=K_c$”的结论。第二个例题(2022・全国・乙卷，28 节选)，目的是让学生熟悉解决平衡常数计算的基本方法——三段式法和守恒法。同时让学生进一步明确了解决单一平衡体系平衡常数计算的要点：①恒温恒压时的 K_p 计算：将分压代入 K_p 公式计算，分压则等于各气体平衡时所占物质的量分数乘以总压(注意总物质的量要加上无关气体的物质的量)。②恒温恒容时的 K_p 计算：在三段式中可以直接用各自气体的分压代替物质的量。

为引出多重平衡体系平衡常数的计算，笔者选择例题 3(2021・全国・乙卷，28 节选)，这道题不仅可以巩固三段式法的解题步骤，强化恒温恒容时 K_p 的简化计算——用分压代替物质的量，还要让学生理解重要结论：“多重平衡体系达到整体综合平衡后，每种平衡组分都只能有一个平衡浓度。”

分析完三个典型例题后，笔者让学生构建了多重平衡体系压强平衡常数计算的解题模型：两种类型(竞争型和连续型)、两种方法(三段式法和守恒法)，以及一个要点(一种物质只有一个平衡浓度)。

例题 4(2020・山东・高考，18 节选)作为练习，学生很容易做出结果，笔者观察班级学生中使用三段式法和守恒法的人数基本上持平，借助此题能提升学生分析问题和解决问题的能力。

程度比较好的班级可以附加例题 5(2022・湖南・高考，16 节选)，这道题难度较大，对本节课解题模型能灵活运用的学生，脑海中会有清晰的解题思路：先明确恒温恒容下分压可以代替物质的量，用题目中已给信息起始 1 mol 水及压强为 0.2 MPa，换算成平衡后 CO 为 0.1 mol，就为 0.02 MPa。再用三段式法列出气体分压的变化量，列出方程即可求出平衡后各气体的分压。具体步骤方法如图 1-2-2 所示。

[例5]（**2022**・湖南・高考，**16**节选）**2021**年我国制氢量位居世界第一，煤的气化是一种重要的制氢途径。回答下列问题：

（1）在一定温度下，向体积固定的密闭容器中加入足量的C(s)和<u>1 mol H_2O(g)</u>，起始压强为<u>0.2 MPa</u>时，发生下列反应生成水煤气：

Ⅰ.$C(s)+H_2O(g)\rightleftharpoons CO(g)+H_2(g)$　$\Delta H_1=+131.4\ kJ\cdot mol^{-1}$

Ⅱ.$CO(g)+H_2O(g)\rightleftharpoons CO_2(g)+H_2(g)$　$\Delta H_2=-41.1\ kJ\cdot mol^{-1}$　**p(CO)=0.02 MPa**　　**0.02 MPa**

②反应平衡时，H_2O(g)的转化率为50%，<u>CO的物质的量为0.1 mol</u>。反应Ⅰ的平衡常数Kp=______（以分压表示，分压＝总压×物质的量分数）。

解析

Ⅰ.$C(s)+H_2O(g)\rightleftharpoons CO(g)+H_2(g)$

变化（MPa）　x　x　x

Ⅱ.$CO(g)+H_2O(g)\rightleftharpoons CO_2(g)+H_2(g)$

变化（MPa）　y　y　y　y

$\begin{cases} x+y=0.2\times 50\% \\ x-y=0.02 \end{cases}$　（H_2O的转化率50%）（CO分压为0.02 MPa）

$\begin{cases} x=0.06\ MPa \\ y=0.04\ MPa \end{cases}$

$p(H_2O)=(0.2-x-y)=0.1\ MPa$

$p(CO)=\ 0.02\ MPa$

$p(H_2)=(x+y)=0.1\ MPa$

$$K_p=\frac{p(CO)\cdot p(H_2)}{p(H_2O)}=\frac{0.02\ MPa\times 0.1\ MPa}{0.1\ MPa}=0.02\ MPa$$

图 1-2-2　例题 5 详解

(4)理论应用问题设计：设计一些实际应用场景的问题，如解释化学反应机制、预测物质性质等，以检验学生将所学理论应用于实际问题的能力。这些问题可以帮助学生更好地理解化学知识的实用性和价值。比如，用"'补铁剂'为何要和维生素 C 搭配服用?"这一问题情境引出"铁盐、亚铁盐"教学；用"你知道泡腾片的原理吗?"引出"离子反应"；用"血液化验单上的数据，你理解它的意思吗?"引出"物质的量浓度"；用"你知道为什么冬天给雪地撒盐就会防止水结冰吗？乙二醇为何能作为抗冻剂？丙三醇(甘油)为什么是化妆品的基础原料?"引出"氢键"。再比如，提出"铝是活泼金属，为什么可以制造出许多生活用品，如易拉罐?"引出铝及其化合物的性质。

2. 问题链设计注意事项

(1)教师应充分考虑学生的认知发展水平和兴趣爱好，确保问题既具有挑战性又具有趣味性。高中化学知识点较为抽象复杂，学生学习难度较大，为了拉近学生与化学之间的距离，教师要尽量避免设置刻板的问题，要贴近实际生活，从学生的日常生活中寻找素材来设置问题，以便学生能够借助生活经验来理解问题、分析问题，并最终通过自己的思考探究解决问题①。

(2)在教学过程中，教师应及时给予学生反馈和指导，帮助学生解决问题并纠正错误观念。教师要扮演好指导者的角色，关注学生的学习状态，及时为学生答疑解惑，消除学生的畏难情绪，使学生在解决问题中提升思维能力，达到良好的以问题导学的教学效果。

(3)教师还应注重培养学生的创新思维和批判性思维，鼓励学生提出自己的见解和疑问，促进师生之间的交流和互动。对于学生提出的一些难题，教师如果能巧妙利用，就能引导学生在新旧知识、概念、经验之间建立联系，将新知识纳入已有的知识系统中，构建他们自己的认知结构，提升深度学习②。

---

① 李奇武. 浅谈问题导向下的高中化学教学模式[J]. 中学教学参考，2021(26)：74-75.

② 刘斌. 基于问题导向的高中化学深度学习探讨[J]. 广西教育，2020(2)：61-62.

第三章　学案导学法

学案导学法又称“导学案”法，教师可以使用“导学案”来实施问题导向法。“导学案”可以理解为问题导向法的文本化教学手段。

一、“导学案”的内涵

导学案，其核心理念在于“以导促学”，自 20 世纪 90 年代起逐渐崭露头角。随着其在教学实践中的广泛应用与深入研究，教师们对导学案的理解与态度呈现出两种主要倾向：一是将“导学案”简单地等同于传统的教案，认为其在实际教学中的效果并不显著。因此，这些教师往往只在公开课或教学竞赛中采用这一方式，而在日常教学中较少运用。二是将“导学案”视为“学案”的代名词，认为它过于强调学生的自主学习，导致学生过度依赖学案，从而忽视了教师和教材在教学过程中的引导与启发作用。这种倾向使得教学过程显得缺乏灵魂，难以促进教师的专业成长①。

有的学校试图通过“导学案”来激发学生主动预习，从而提高课堂效率；然而有的教师将“导学案”理解为教材内容的重复、补充甚至扩充，编写时以大量习题形式呈现，形成新的“题海”，加重了学生负担。

笔者认为，“导学案”是教师为指导学生进行主动学习而精心编制的一种学习活动方案。它以学习目标、学习内容和学习流程为核心，旨在引导学生自主学习、主动参与、合作探究、优化发展。“导学案”不仅是学生自主、高效学习的路线图，也是教师进行教学设计的重要工具。

---

① 田珈丞. 基于高中化学核心素养“导学案”设计与实践研究[D]. 重庆：重庆三峡学院，2024.

二、“导学案”在高中化学教学中使用的意义

高中阶段是每个学生最为重要的学习时期，科学的教学模式是提高学生自主学习能力和学习水平的重要途径。学生刚接触高中化学时，思维还沉浸在初中简单了解化学知识的阶段，难免会有不适应的状况。高中所学的知识较初中上了一个台阶，更加注重能力与思维的培养，这就需要教师在教学中引导学生，使学生学会独立思考，学会合作交流，学会归纳梳理，逐渐培养学生的化学综合素养①。“导学案”作为问题导向法的一种有效手段，能充分发挥学生的主观能动性，激发学生的学习兴趣，并在教师的引导下达成学习目标，提高教学效果。

（一）以案导学，构建学习框架

“导学案”包括课题、课时、课型、学习目标、学习重点、学习难点、任务与问题、方法与要求等几个部分。体例统一的“导学案”有助于学生明确学习目标、学习的重点及难点，并根据“导学案”中的任务与问题指引，结合方法和要求自主开展学习活动。在这个过程中，学生可以通过阅读教材、查阅资料、小组讨论、合作探究等方式解决“导学案”中的任务和问题，逐步形成整节课的知识框架。比如，笔者所在学校以备课组为单位集体设计的“导学案”，在任务和问题中，通过“知识闯关”栏目中的问题清单引导学生按照认知顺序、逻辑顺序进行知识梳理，以便学生能厘清知识的逻辑关系，构建知识体系。问题清单有的是填空题形式，有的是问答题形式，有的是标题下的留白。根据不同课型设计的多形式、开放式的问题清单使得课堂学习方式更灵活，留给学生充分自主学习与探究的空间。通过“学以致用，解决问题”栏目，将课堂所学知识通过解决实际问题加以巩固。比如，杂化轨道理论一节的“导学案”，“知识闯关”有四个问题清单：①杂化轨道理论是一种价键理论，是由谁提出的？②分别以 CH_4、NH_3、BF_3、$CH_2=CH_2$、$BeCl_2$、$CH\equiv CH$ 为例，用简单图示画出原子轨道杂化及成键情况。③通过以上案例分析，总结杂化轨道要点。④判断杂化类型的方法——用价层电子对互斥（Valence Shell Electron Pair Repulsion，VSEPR）理论模型分析。学生通过这个框架，以几个典型物质的成键情况分析归纳出杂化轨道的要点，特别是对“杂化

---

① 王文海．“自主探究　学案导学”教学模式在高中化学教学中的应用[J]．天津教育，2023(5)：96-98．

轨道是用来形成 σ 键或容纳孤电子对的，未杂化的 p 轨道可能形成 π 键”这一结论有了深刻的理解，为后续“离域大 π 键”学习做好铺垫。

(二)合作交流，形成和谐氛围

在学生按照“导学案”自主学习的过程中，相互交流是必不可少的。学生在与其他同学讨论的过程中，可以将自己的思维展示出来让大家评价，同时，吸纳其他同学好的思维并促进自己进一步思考。交流产生思想，碰撞产生火花，在大家的交流碰撞中，问题逐渐被解决，学生们沉浸在获得成功的喜悦中的同时，也享受互帮互助的氛围，增进彼此之间的友谊。在交流过程中，每个学生在“发言者”和“聆听者”两个身份中随意切换，注意力高度集中，学习效果不言而喻。交流讨论对每个学生的发展都是很有利的。比如，向氢氧化镁沉淀中加入氯化铵，氢氧化镁溶解的原因可能有两个：其一，氯化铵水解产生的盐酸与氢氧化镁反应，即氢离子与氢氧化镁溶解产生的氢氧根离子反应生成水，使氢氧化镁的溶解平衡向溶解方向移动，从而溶解；其二，氯化铵电离的铵根离子“夺走”了氢氧化镁的氢氧根离子生成弱碱，使氢氧化镁的溶解平衡向溶解方向移动，从而溶解。如何设计实验来证明溶解的原因呢？这个问题对大多数学生来讲是比较难的，但在小组讨论中，所有学生基本都能理解这两个原因，即便是程度较弱的学生也能用平衡移动原理解释溶解的原因，程度较好的学生还能进一步写出相关的离子方程式来表征这些变化过程。讨论到这里，大家已经达成共识：原因一是氯化铵溶液显酸性，从而溶解了氢氧化镁。这时候，小组中学习程度较好的学生有可能就会想到，将一个显中性的铵盐溶液加入氢氧化镁沉淀中，若沉淀溶解了，则是第二个原因；若沉淀不溶解，则是第一个原因。这时候说不定一个学习程度未必是最好的学生，因知识储备到位而能想到“醋酸铵”这个物质。

(三)精讲点拨，加深学科理解

有的教师会问，有了“导学案”引导学生自主学习，有了“合作交流”这种思维碰撞，那课堂上还需要教师吗？答案是肯定的，从设计“导学案”到运用“导学案”进行授课，教师承担了类似编剧、总导演的角色，课前是“设计者”，课中就是“指导者”“点拨者”和“激励者”。教师就好比是学生遇到疑难问题时或在交流讨论不能顺利开展时的“指路明灯”。可以通过精讲和点拨两种方式为学生排忧解难。高中化学是一门理论性和实践性都很强的学科，许多概念和原理都比较抽象。精讲意味着教师会挑选出教学中的重点和难点，用简洁明了的语言进行阐述，避免冗余和重复。这样学生可以集中精力在关键知识点上，减少无效学习的时间，提高学习效率。教师还可以通过生动的实例、形象的比喻或直观的实验演示，帮助学生将抽象的知识具体化、形象化，从而加深理解。点拨则是在学生遇到困惑或难题时，教师给予指导和启发，帮助学生迅速找到解题突破口，避免学生在错误的道路上越走越远。点拨是在学生理解的基础上，进一步引导学生思考问题的本质和规律，培养他们的逻辑思维和批判性思维能力。比如，为了让学生深刻理解盐类水解的实质，教师引导学生实验并提出问题：①向水中加入几滴酚酞溶液，有什么现象？答：无明显变化。②向加过酚酞的水中加入碳酸钠粉末，有什么现象？答：溶液变红。③变红的原因是什么呢？答：溶液显碱性。④是钠离子引起的显碱性，还是碳酸根离子引起的呢？另取加入酚酞的水，加入氯化钠固体，没有变化，说明钠离子不会引起溶液显碱性。那么如何设计实验来证明是碳酸根离子引起的呢？教师提出以上四个问题，目的是点拨学生揭开“盐类水解”的真相：“有弱才水解”。

（四）归纳梳理，提高课堂效率

“导学案”作为一种教学手段，在帮助学生归纳梳理知识点、提高课堂效率方面发挥着重要作用。“导学案”通过精心设计的知识框架和逻辑顺序，将复杂的知识点系统化、条理化地呈现出来，这种结构化的呈现方式有助于学生更好地理解和记忆知识，同时也便于他们在课后进行复习和巩固。比如，作为高中化学教师，肯定都要求学生在课堂上记笔记，无论是记在书上还是记在本子上，都是为了加深学生对知识的理解和记忆。但是记笔记的速度不一往往会打乱课堂节奏，由于“导学案”已经为学生提供了清晰的学习路径和丰富的学习资源，因此在“导学案”上记录每节课的知识要点、典型例题、方法策略，只需将每节课的“导学案”集结成册，就是一个很好的笔记本。这样，教师在课堂上就可以组织学生更加专注于思考与聆听，引导学生深入思考，使有限的课堂时间得到最大化利用。下面分享一些教学案例。

三、教学案例

（一）案例 1：价层电子对互斥理论模型教学思路及导学案

价层电子对互斥理论模型是人教版高中化学・选择性必修 2《物质结构与性质》第二章“分子结构与性质”，第二节“分子的空间结构”第 1 课时的教学内容。

本节课的重点、难点是：通过对价层电子对互斥理论模型的探究，建立解决复杂分子结构判断的思维模型。那么如何建构“价层电子对互斥理论模型”呢？具体可以这样设计：

1. 环节一：寻模——寻找影响分子空间结构的主要因素

任务1：自主搭建模型，或书写电子式：甲烷、氨气、水、二氧化碳等。

任务2：交流讨论。

问题①：你所写的几种分子的电子式中，哪一个原子在中心？（传递中心原子的概念）

问题②：按照电子式或结构式，指出σ键数及中心原子孤电子对数。

问题③：聚焦甲烷 CH_4，为什么是正四面体而不是平面正方形？

学生游戏：四个气球绑在一起，压在黑板面上呈现的正方形并不是稳定状态，松开手让气球自然形成稳定状态，观察形状。

问题④：原子间的排列方式是让分子稳定，以上游戏中四个气球互相挤压，它们之间互相排斥，怎么让排斥力最小呢？

问题⑤：从形成分子的原子结构的角度来讲，甲烷分子的排斥主体是什么？[引导学生答出是氢原子和碳原子之间的共用电子对（σ键电子对）的电子云更近，是排斥主体]

任务3：总结不同价层电子对数（明确告知学生，中心原子价层电子对数＝σ键电子对数＋孤电子对数）的价电子互斥结构模型。可以用课件动画，也可以用磁力棒辅助分析。

2. 环节二：建模——构建价层电子对互斥理论模型

化学史：价层电子对互斥理论模型。

理论模型介绍：

…………

以氨气的结构分析为例，提出价层电子对互斥理论预测分子结构。

方法1：①写出电子式；②判断 VSEPR 理论模型；③略去孤电子对。

方法2：①运用公式；②判断 VSEPR 理论模型；③略去孤电子对。

3. 环节三：用模——应用价层电子对互斥理论

问题1：应用价层电子对互斥理论预测前面同学书写的甲烷、氨气、水、二氧化碳的结构。

问题2：判断 $COCl_2$ 的中心原子，它的结构如何？

问题3:试用今天所学预测离子如 CO_3^{2-} 的结构。思考为什么它是正三角形,而不是等腰三角形(为离域 π 键做铺垫)。

价层电子对互斥理论模型的导学案如表1-3-1所列。

表1-3-1 价层电子对互斥理论模型导学案

<table>
<tr><td colspan="2">导 学 案</td></tr>
<tr><td colspan="2">年级:高二 班级:____班____组 姓名: 编写人: 时间:</td></tr>
<tr><td colspan="2">课题:第二节 分子的空间结构 课型:新授课 课时:第1课时</td></tr>
<tr><td colspan="2">学习目标:了解分子结构的测量方法;通过对典型分子空间结构的学习,认识微观结构对分子空间结构的影响,了解共价分子结构的多样性和复杂性;通过对价层电子对互斥理论模型的探究,建立解决复杂分子结构判断的思维模型
学习重点、难点:通过对价层电子对互斥理论模型的探究,建立解决复杂分子结构判断的思维模型</td></tr>
<tr><td>任务与问题</td><td>方法与要求</td></tr>
<tr><td>一、知识闯关

1. 写出下列分子的电子式
CH_4:____________ NH_3:____________
H_2O:____________ CO_2:____________</td><td>书写</td></tr>
<tr><td>2. 以上分子中,哪些原子是中心原子?分别是________、________、________、________
其中 NH_3 有________个 σ 键,中心原子孤电子对数为________;H_2O 有________个 σ 键,中心原子孤电子对数为________;CO_2 有________个 σ 键、________个 π 键,中心原子孤电子对数为________</td><td>小组交流</td></tr>
<tr><td>3. 价层电子对互斥理论模型计算公式
价层电子对数=____________+中心原子上的孤电子对数
中心原子上的孤电子对数=____________</td><td>阅读理解</td></tr>
<tr><td>4. 用以上公式尝试计算以下分子的价层电子对数,和以上第二个问题的答案是否一致
CH_4:____________ NH_3:____________
H_2O:____________ CO_2:____________</td><td>思考交流</td></tr>
<tr><td>5. 用公式计算出价层电子对数后,如何推测分子结构?说出甲烷、氨气、水及二氧化碳的空间构型。那么 $COCl_2$ 呢</td><td>阅读P46理解</td></tr>
</table>

续表

任务与问题	方法与要求
二、学以致用、解决问题(上课完成)	课堂练习

分子或离子	中心原子的价层电子对数	中心原子的孤电子对数	VSEPR 模型及名称	分子或离子的空间结构及名称
CO_3^{2-}				
$BeCl_2$				
H_3O^+				
SO_2				
BF_3				
I_3^+				

[问题提出]教师的问题 现代技术测定分子结构的方法有__________、__________、__________等。20 世纪 50 年代,有一种比较简单的理论可用来预测分子的空间结构,叫__________模型
[问题提出]通过学习,提出你的问题

(二)案例 2:杂化轨道理论导学案

杂化轨道理论的导学案如表 1-3-2 所列。

表 1-3-2 杂化轨道理论导学案

导 学 案
年级:高二 班级:____班____组 姓名: 编写人: 时间:
课题:第二节 分子的空间结构 课型:新授课 课时:第 2 课时
学习目标:通过对杂化轨道理论的学习,能从微观角度理解中心原子的杂化轨道类型对分子空间结构的影响;通过对杂化轨道理论的学习,掌握中心原子杂化轨道类型判断的方法,建立分子空间结构分析的思维模型 学习重点、难点:通过对杂化轨道理论的学习,掌握中心原子杂化轨道类型判断的方法,建立分子空间结构分析的思维模型

续表

任务与问题	方法与要求
一、知识闯关	
1. 杂化轨道理论是一种价键理论，是由________提出的	自主阅读 P47 梳理要点
2. 分别以 CH_4、NH_3、BF_3、CH_2 ═CH_2、$BeCl_2$、CH≡CH 为例，用简单图示画出原子轨道杂化及成键情况 sp^3 杂化： 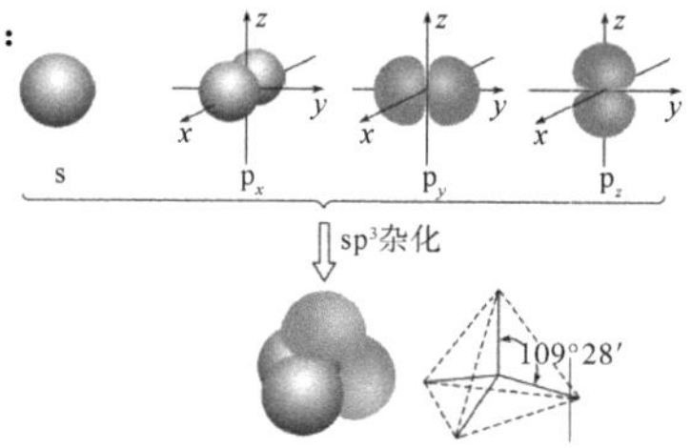 sp^2 杂化： sp 杂化：	教师引导示范 小组交流讨论 自主完成，小组互评
3. 通过以上案例分析，总结杂化轨道的要点	小组交流讨论并梳理
4. 判断杂化类型的方法——VSEPR	梳理总结

续表

<table>
<tr><th>任务与问题</th><th>方法与要求</th></tr>
<tr><td>二、学以致用、解决问题
1. 填表
<table>
<tr><th>代表物</th><th>价层电子对数</th><th>杂化轨道类型</th></tr>
<tr><td>CO_2</td><td></td><td></td></tr>
<tr><td>CH_2O</td><td></td><td></td></tr>
<tr><td>SO_3</td><td></td><td></td></tr>
<tr><td>SO_2</td><td></td><td></td></tr>
<tr><td>$SOCl_2$</td><td></td><td></td></tr>
<tr><td>$COCl_2$</td><td></td><td></td></tr>
<tr><td>H_2O</td><td></td><td></td></tr>
</table>
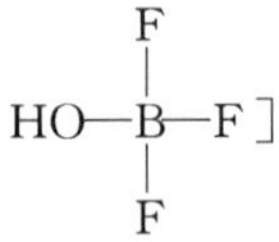
2. 化合物[H₃O]⁺[HO—B(F)₂—F]⁻中阳离子的空间结构为__________，
阴离子的中心原子轨道采取__________杂化</td><td>课堂练习</td></tr>
<tr><td colspan="2">[问题提出]教师的问题
根据碳原子的价电子排布式，基态碳原子只有两个未成对电子，那么甲烷是如何形成四条共价键的？为何甲烷为正四面体</td></tr>
<tr><td colspan="2">[问题提出]通过学习，提出你的问题</td></tr>
</table>

(三)案例 3:键的极性和分子的极性导学案

键的极性和分子的极性导学案如表 1-3-3 所列。

表 1-3-3 键的极性和分子的极性导学案

<table>
<tr><td colspan="2">导 学 案</td></tr>
<tr><td colspan="2">年级:高二 班级:____班____组 姓名: 编写人: 时间:</td></tr>
<tr><td colspan="2">课题:第三节 分子结构与物质的性质 课型:新授课 课时:第1课时</td></tr>
<tr><td colspan="2">学习目标:能从微观角度理解共价键的极性和分子的极性之间的关系;通过键的极性对物质性质的影响,形成“结构决定性质”的认知模型
学习重点、难点:能从微观角度理解共价键的极性和分子的极性之间的关系</td></tr>
<tr><td>任务与问题</td><td>方法与要求</td></tr>
<tr><td>一、知识闯关
1. 键的极性:______________________________(原因:电负性)
案例:极性共价键:____________ 非极性共价键:____________</td><td>自主阅读 P52,梳理要点</td></tr>
<tr><td>例①:笑气(N_2O)与 CO_2 是等电子体,结构相似,已知氧原子只和一个氮原子相连,写出 N_2O 结构式:________________。有无非极性键?要点:____________________</td><td>引导完成</td></tr>
<tr><td>例②:画出过氧化氢和肼的结构,指出极性键和非极性键</td><td>自主分析</td></tr>
<tr><td>2. 分子的极性:____
梳理你能想到的分子,在非极性分子下面打上“√”,看有没有什么规律
<table>
<tr><th>分子结构</th><th>实 例</th></tr>
<tr><td>直线型</td><td></td></tr>
<tr><td>V形</td><td></td></tr>
<tr><td>平面三角形</td><td></td></tr>
<tr><td>三角锥形</td><td></td></tr>
<tr><td>(正)四面体</td><td></td></tr>
<tr><td>正六边形</td><td></td></tr>
<tr><td>三角双锥</td><td></td></tr>
<tr><td>正八面体</td><td></td></tr>
<tr><td>其他</td><td></td></tr>
</table></td><td>小结概念

小组交流讨论,自主完成,小组互评</td></tr>
<tr><td>3. 键的极性对化学性质的影响,分子的极性对物质性质的影响
酸性:甲酸________乙酸________丙酸
酸性:三氟乙酸________三氯乙酸
苯酚的羟基比乙醇的羟基________(容易/不容易)断裂</td><td>自主完成,小组互评</td></tr>
</table>

续表

任务与问题	方法与要求
二、学以致用、解决问题 用相似相溶原理解释表面活性剂如肥皂的去污原理，理解细胞和细胞器的双分子膜排列方式	自主阅读P53—54，交流讨论
[问题提出]教师的问题 你知道微波炉工作的原理吗？你在生活中有没有这个经验，戴上塑料手套吃小龙虾，手上也会有少许辣油，为什么呢	
[问题提出]通过学习，提出你的问题	

(四)案例 4：范德华力、氢键导学案

范德华力、氢键导学案如表 1-3-4 所列。

表 1-3-4　范德华力、氢键导学案

导　学　案	
年级：高二　　班级：____班____组　　姓名：　　　　编写人：　　　　时间：	
课题：第三节　分子结构与物质的性质　　课型：新授课　　课时：第 2 课时	
学习目标：掌握范德华力、氢键的概念；通过范德华力、氢键对物质性质影响的探析，形成“结构决定性质”的认知模型 学习重点、难点：通过范德华力、氢键对物质性质影响的探析，形成“结构决定性质”的认知模型	
任务与问题	方法与要求
一、知识闯关——分子间作用力 1. 范德华力 (1)定义____________ (2)特征：____________、____________	自主阅读P55—56 梳理要点

续表

<table>
<tr><th>任务与问题</th><th>方法与要求</th></tr>
<tr><td>(3)影响因素
①
②
练习:从右图中,你能得到什么信息
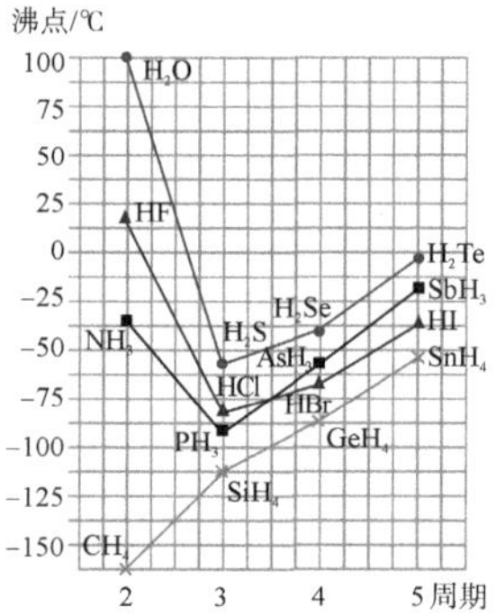
</td><td>交流讨论</td></tr>
<tr><td>2. 氢键
(1)概念</td><td>自主阅读
P57—59
梳理要点</td></tr>
<tr><td>(2)存在
①分子间
例:HF水溶液中存在的氢键有________种,用“…”表示氢键,请画出以上所有氢键</td><td>自主练习
小组交流讨论</td></tr>
<tr><td>②分子内:画出邻-羟基苯甲醛和对羟基苯甲醛的氢键</td><td>自主完成,
小组互评</td></tr>
<tr><td>(3)性质</td><td>梳理知识
理解应用</td></tr>
<tr><td>(4)应用
①对沸点的影响

②对溶解度的影响</td><td>讨论交流</td></tr>
</table>

续表

<table>
<tr><th>任务与问题</th><th>方法与要求</th></tr>
<tr><td>二、学以致用、解决问题
解释下列问题：
1. 氨气能作为制冷剂的原因，氨气极易溶于水的原因

2. 甲醛沸点低(常温为气体)，但甲醛易溶于水

3. 水结冰体积变大，水在 4 ℃密度最大

4. 盐酸、氢溴酸为强酸，解释氢氟酸为弱酸的原因

5. 氨气溶于水，大部分与水通过氢键结合，形成 $NH_3 \cdot H_2O$，试着画出氢键

6. 水杨酸(邻-羟基苯甲酸)的 K_a，苯酚的 K_a

7. 归纳影响物质溶解性的因素</td><td>小组交流讨论
自主完成，
小组互评</td></tr>
<tr><td colspan="2">[问题提出]教师的问题
化学与生活息息相关，你知道壁虎为何能在天花板上自如爬行？水结冰为何体积增大？甘油为何能作为化妆品的基础原料？氨气为何能用作制冷剂</td></tr>
<tr><td colspan="2">[问题提出]通过学习，提出你的问题</td></tr>
</table>

第四章 情境教学法

“情境”是一个复杂而多维的概念，其定义因领域和角度的不同而有所差异，但无论在哪个领域，“情境”都强调了个体或群体所面临的具体环境和条件对行为、认知和情感等方面的影响。情境教学法是一种在教学过程中广泛应用的教学方法，通过这种方法，可以极大促进学生自主学习的欲望，提高课堂效率。

一、情境教学法概述

（一）情境教学法的内涵

情境教学法主要是指在教学中教师运用以形象为主体的具体生动的场景，引发学生一定的情感态度体验，从而帮助学生理解知识，并使学生的心理机能得到发展的教学方法①。其核心理念在于通过创设具有一定情绪色彩、以形象为主体的生动的具体场景，以引起学生特定的态度体验，促使其不断发散思维、研究问题、增强学习欲望，从而帮助学生更好地理解教材，并促进其心理技能的发展。对于化学学科而言，情境教学法指的是化学教师在课程教学实践过程中，需要根据高中化学学科特点，将化学知识与实际生活相结合，从培养学生思维等角度出发，进而为学生营造出学习和应用化学知识的场景，便于学生充分融入课程学习之中②。

（二）情境教学法的理论基础

1. 建构主义学习理论

建构主义学习理论包含丰富的内容。其核心观点强调学习者在知识建构过

---

① 王伟，王后雄. 学科教学情境的评价标准研究：内涵、意义及其生成[J]. 河北师范大学学报(教育科学版)，2018，20(6)：107-112.

② 杨森. 情境教学法在高中化学教学中的实践研究[J]. 吉林教育，2022(21)：52-54.

程中的主动性和情境性。

建构主义学习理论强调情境在学习中的重要性。学习者在特定的社会文化背景下，通过与他人（包括教师和学习伙伴）的协作和会话，利用必要的学习资料进行意义建构。建构主义理论指出学习环境具有四个关键要素，分别是"情境""协作""会话""意义建构"，它们存在以下关系：学生在情境中建构知识，通过协作和会话两大武器达到意义建构的目的①。建构主义强调教学活动往往是在一定的情境中进行的，而情境则为活动提供了必要的支持和条件。

2. 人本主义学习理论

人本主义学习理论兴起于二十世纪五六十年代的美国，主要代表人物有马斯洛（Abraham H. Maslow）和罗杰斯（Carl R. Rogers）。人本主义有两个核心理念，一是强调人是不可分割的整体，想要了解人、研究人，必须从整个人着眼；二是每个人都有自己的需求和愿望，想要了解人、研究人，必须了解人的需求、欲望、感情、价值等内在的心理状态。从人本主义理论可以得到启示：要注重教学以学生发展为中心，强调教育环境的创设要符合学生人性发展的实际需要。情境教学的核心就是以人为本，以学习者为中心，适应学生的认知特征与身心发展，以情境为载体平台，实现其个体从吸收内化到能力的外化迁移②。

3. 情境认知与学习理论

情境认知与学习理论是一种重要的学习理论，在 20 世纪 80 年代被正式提出。这一理论强调学习是个体与情境之间互动的历程，知识是在情境中建构的，不能与情境脉络相分离。第一，情境是所有认知活动的基础，决定了认知过程的本质。第二，知识的首要特征是"情境性"，知识是活动、情境、文化的副产品③。也就是说，知识产生于一定的情境活动之中，并在情境活动中得以发展和应用。第三，学习是基于社会情境的一种活动，具有"情境性、真实性、主动性"。知识的建构必须通过个体与社会环境间的相互作用，知识的来源是个体对社会情境的文化实践活动的参与。真正意义的学习，不仅关注知识的获取，还要注重参与过

---

① 张亚娟. 建构主义教学理论综述[J]. 教育现代化，2018，5(12)：171-172.

② 郑敏艺. 学科核心素养视域下高中化学情境教学的应用研究[D]. 福州：福建师范大学，2022.

③ 王文静. 情境认知与学习理论：对建构主义的发展[J]. 全球教育展望，2005，34(4)：56-59，33.

程中的情感体验、积极思考和情境反思①。

理论是实践的基础和指导，教师对教学理论的理解与把握是做好课堂教学的关键。

二、情境教学法的教学意义

(一)突出学生的主体作用

根据高中化学课程标准的要求，教师在进行高中化学教学时，需要以学生为主体，切实从学生对学习化学知识的需求出发，将学生的生活实际与教材内容联系起来，提高学生对化学知识的整合学习、探究分析能力。教师在教学过程中以有趣、生动的情境引导教学，为化学教学营造良好的课堂氛围，可以极大限度地促使学生以积极的态度进行学习②。比如，在有关过氧化钠的教学中，教师创设了由学生表演的趣味魔术情境："吹气点棉"和"滴水生火"。学生立刻被吸引，探究的欲望立即被激发。在揭秘"为什么向棉花吹气或向棉花滴水都会让棉花燃烧起来"的过程中，教师引导学生对棉花中包裹的黄色固体过氧化钠的化学性质进行探究，学生不仅得出过氧化钠与水、二氧化碳分别反应的性质，对于二者化学方程式的书写也积极参与，因为他们始终想尽快捕捉到解释魔术奥秘的有用信息，比如"助燃物"氧气的产生、反应放热等。这个过程充分发挥了学生自主探究的作用，学生的主体作用得以落实，内生学习动力得以实现。

(二)推动学生核心素养发展

中学课堂教学的优势在于将学科学习和学生教育联系在一起。课堂教学的关键不仅在于教会学生知识和技能，更应该培养学生的创新动机，激发学生的探究兴趣，健全学生的人格，培养其正确的价值观和诚实正直的品质。选择恰当情境进行科学探究教学，不仅有助于学生利用自己原有认知结构中的有关知识与经验建构新知识，而且有助于他们将学习与生活、社会中的一些现象、事件或道理联系起来，获得情感道德教育③。高中化学学科核心素养主要包括宏观辨识与

---

① 邓丽妍. 核心素养视角下高中化学教学中的情境素材选用研究[D]. 广州：广州大学，2022.

② 梁昌祝，莫子英，董作宝. 高中化学深度情境教学法探究[J]. 中学教学参考，2022(6)：58-60.

③ 高杰，刘银. 化学创造性探究教学设计：指向学生高阶思维培养[M]. 北京：教育科学出版社，2020：150.

微观探析、变化观念与平衡思想、证据推理与模型认知、科学探究与创新意识以及科学精神与社会责任等五个方面。这些素养的培养需要学生在掌握化学知识的基础上，能够运用所学知识解决实际问题，形成正确的价值观念和必备品格。

1. 宏观辨识与微观探析

情境教学法能够帮助学生从宏观和微观两个角度理解化学现象。通过创设贴近生活的化学情境，如环境污染、食品安全等问题，引导学生观察并思考其背后的化学原理，从而培养他们的宏观辨识能力。同时，利用模型、动画等多媒体手段展示物质的微观结构，帮助学生理解原子、分子的运动和相互作用，增强其微观探析能力。

2. 变化观念与平衡思想

化学是一门研究物质变化的科学，情境教学法能够让学生在实际情境中观察和体验化学变化的过程。通过观察实验、分组实验等活动，学生可以直观地看到物质的变化，理解变化的本质和规律，从而培养他们的变化观念。同时，通过讨论化学反应中的平衡现象，如溶解平衡、电离平衡等，引导学生理解平衡的本质和影响因素，培养学生的平衡思想。

3. 证据推理与模型认知

情境教学法鼓励学生通过实验、观察等方式收集证据，并基于证据进行推理和判断。在化学教学中，教师可以设计一系列实验活动，让学生在实验中观察现象、记录数据、分析结果，从而培养他们的证据推理能力。同时，通过引导学生构建化学模型，如分子结构模型、反应机理模型等，帮助他们理解复杂的化学现象和规律，提升他们的模型认知能力。

4. 科学探究与创新意识

情境教学法为科学探究提供了丰富的素材和场景。通过创设问题情境，引导学生进行提出问题、做出假设、设计实验、收集证据、得出结论等科学探究过程，培养他们的科学探究能力和创新意识。同时，鼓励学生尝试新的实验方法、改进实验装置等，激发他们的创新精神和创造力。

5. 科学精神与社会责任

情境教学法强调化学与社会的紧密联系，通过讨论化学在社会发展中的作用和挑战，如与科学技术、环境保护、生活应用、能源危机等问题结合，引导学生关注社会问题并思考化学解决方案。这有助于培养学生的科学精神和社会责任感，使他们认识到化学知识对于解决社会问题的重要性，并愿意为社会发展贡献自己的力量。

(三)有利于教学模式多元化

传统的高中化学课堂多以教师教授知识、演示实验等教学方法为主。这种方法重知识、轻能力，学生获取的知识是浅层次的，得不到深度思考，也不能将化学知识和生产生活实际联系起来。

1. 呈现多样的教学方法

情境教学法打破了传统单一的教学模式，通过创设多样化的情境，如生活情境、实验情境、问题情境等，使得教学方法更加灵活多样。教师可以根据教学内容和学生特点，选择最适合的情境进行教学，从而激发学生的学习兴趣和积极性。比如，在盐类水解的教学中，以厨房中常见物质碱面（Na_2CO_3）的用途创设情境：在面点加工时，碳酸钠用于中和酸并使食品松软酥脆，也常用于油污的清洗，你知道为什么碳酸钠可以当“碱”使用吗？

2. 融入跨学科教育理念

情境教学法往往涉及多个学科的知识和技能，有利于实现跨学科整合。通过创设综合性的情境，教师可以引导学生运用多个学科的知识来解决问题，从而培养学生的综合素养和跨学科能力。这种教学模式的多元化有助于打破学科壁垒，促进学生全面发展。比如，在糖类的教学中，教师可以提出两个跨学科的问题：①糖是一类重要的有机化合物，在生命活动中起着重要的作用，是生物所需能量的主要来源，也是重要的能量储存物质。但是不当饮食，胰岛素分泌不足会导致糖尿病，你知道如何检验尿糖吗？②糖尿病患者不宜食用糖类食品，但可以用适量甜味剂代替，那么甜味剂是糖吗？

3. 适应不同的学习风格

学生的学习风格各不相同，有的喜欢听觉学习，有的喜欢视觉学习，还有的喜欢动手实践。情境教学法通过创设多样化的情境和提供多种学习方式，如观察、实验、讨论、角色扮演等，可以满足不同学习风格的学生的需求，使每个学生都能在适合自己的方式下学习和发展。笔者组织所带班级部分学生进行元素角色扮演，这些学生利用课余时间，将元素周期表1～36号元素的名称及主要性质以“说唱”“三句半”“相声”等形式表演出来，笔者录制成视频后在全年级共享，受到广大学生的喜爱，掀起了熟记、理解元素周期表的热潮。

4. 构建民主和谐的课堂

情境教学法强调师生互动和生生合作。在情境中，教师和学生共同参与教学活动，通过讨论、交流、合作等方式共同解决问题。这种教学模式的多元化有助于建立良好的师生关系和生生关系，促进学生社会交往能力和团队协作精神的发展。高考出分的第一天，笔者所带的准高三学生恰逢学习到“金属晶体和离子晶体”，于是笔者创设了这么一个情境：首先，让学生们谈一下知道了录取分数线后的感受，学生们纷纷表示有压力。于是，笔者趁机鼓励学生要有使命感，要全力以赴备战高考一轮复习。其次，笔者对学生们说，习近平总书记在很多场合都说过“打铁还需自身硬”，那么为什么打铁还需自身硬呢？带着这个问题来阅读教材，思考为什么金属能够被加工成各种各样的形状，尤其是铁能被加工成很坚硬的利器或者劳动生产工具；而生锈的铁经不起锻造，它会断裂。所以，同学们要武装好自己，将自己打造成神兵利器，迎接高考。学生们先是愣了一下，又马上会心地笑了，他们感受到化学知识也蕴含了丰富的哲理，同时，深刻感受到一名化学老师对他们的鼓舞。

(四)促进教师反思与成长

教师掌握学科核心概念、原理和方法，是从事探究教学的前提。在科学探究教学中创设情境，要求教师不仅掌握结论性的知识，更要了解相关学科的发展史及其与生产、生活相关联的知识[①]。教师在运用情境教学法的过程中，对情境教学法的理论基础如建构主义、认知主义等会有进一步的理解和应用，深化了教师对教育理论的理解，提升了其理论研究水平；教师在运用情境教学法的过程中，需要深入了解学生的需求和兴趣点，这就要求教师不断调整和完善教学内容和方法，在反思和改进中增强教学实践能力；教师在备课过程中，在教研组或备课组分享情境教学法的经验和案例，形成一种积极的教学反思氛围，这种氛围激发了教师的内在动力，使其更加主动反思个人的教学实践，实现个人和团队的共同进步。

三、情境教学法的教学实践

(一)情境教学法的应用原则

1. 真实性原则

情境教学法的真实性是指在教学过程中所创设的情境能够贴近学生生活实

---

① 高杰，刘银. 化学创造性探究教学设计：指向学生高阶思维培养[M]. 北京：教育科学出版社，2020：150.

际，反映真实的社会现象和问题，从而让学生能够在真实的情境中学习。化学知识既源于生活，又服务于生活。结合生活、生产实际创设的情境，不仅能激发学生的学习兴趣，还能让学生利用生活认知和生活经验对情境所揭示的化学反应原理进行理解和分析，让学生在感同身受中对获取知识的成就感更加强烈。比如，在氢键的教学中，教师可结合学生们都有的生活经验——夏天，放入冰箱冷冻的瓶装饮料，其中的饮料不能装满，否则玻璃瓶会出现破裂，提出“水结冰为什么体积会膨胀”的问题，激发学生的求知欲；在推理出“水结冰后水分子之间形成了氢键”这一结论后，再根据“氢键”的饱和性和方向性来解决“水结冰体积膨胀”这一真实问题。

2. 探究性原则

情境教学法的探究性要求教师在教学活动中，能够提出适合学生知识水平和认知结构特点的探索性问题，善于为学生创设问题解决的情境，能够和学生一起为解决问题进行探索式学习。这一原则的核心在于通过问题引导学生主动思考、积极探索，从而在解决问题的过程中掌握知识、发展能力。教师可通过实物、图片、视频等多种手段，创设与探究性问题相关的情境，使学生能够在具体的情境中进行思考和探究。在探究过程中，教师应充当引导者和支持者的角色，鼓励学生积极思考、大胆尝试，并及时给予指导和帮助。比如，教师针对次氯酸光照分解这一知识，可以展示新制氯水和久置氯水的实物对比，再通过播放“验证次氯酸光照分解产物”的数字化实验视频，引导学生从现象上初步分析，再通过“次氯酸光照分解后，溶液的 pH 值降低，氯离子浓度增大，氧气的体积分数减少”的数字化实验数据深度分析，探究得到次氯酸光照反应的原理。

3. 综合性原则

情境教学法具有跨学科的综合性，高中化学教学越来越强调学科间的联系和融合。高中化学作为理科类学科，与物理、生物、数学等多个学科存在紧密的联系，教师创设的跨学科教学情境不仅打破了传统学科间的界限，还促进了知识的整合与迁移，有助于培养学生的综合素养和创新能力。比如，从化学和生物相结合的视角出发，探究生活与健康情境：加碘盐中碘的存在形式及其对甲状腺激素合成与分泌的影响。这不仅涉及化学中的氧化还原反应、元素检测等知识点，还关联到生物中的激素调节、人体健康等内容。通过跨学科融合，学生能够在解决实际问题的过程中，综合运用化学和生物知识，加深对知识的理解和应用。

(二)情境素材的类型①

《普通高中化学课程标准(2017年版2020年修订)》中的情境素材可以分为化学学科发展、化学与社会发展两大类,每大类下又有若干小类。

王祖浩教授在《普通高中课程标准(2017年版2020年修订)教师指导·化学》一书中归纳总结了与2017版课程标准中必修课程相关的情境素材。

1. 与化学学科发展相关的情境素材

化学学科发展包括化学基本概念、理论的形成与发展;元素及化合物的发现、制备,有机化合物的合成;化学研究的技术成果三个方面(表1-4-1)。

表1-4-1　必修课程中有关化学学科发展的情境素材

化学基本概念、理论的形成与发展	主题1(化学科学与实验探究):有关化学发现的故事,包括电离理论的建立、元素周期表的发展、原电池的发现;有关理论、模型不断发展的史实,包括苯分子结构、原子结构模型,氧化还原反应理论等 主题2(常见无机物及其应用):电离理论建立的史料,氧化还原反应的史料 主题3(物质结构基础与化学反应规律):元素周期律(表)的发现史料;化学键存在的证据,如水的三态变化与水分解过程中能量变化的比较;化学反应存在限度的证据,如高炉炼铁、合成氨、氯化铁与碘化钾的反应、氯气与水的反应等;催化剂在调控化学反应速率中的作用,如燃料电池、工业制硝酸(或硫酸)、合成氨、汽车尾气处理等反应中催化剂的作用
元素及化合物的发现、制备,有机化合物的合成	主题1(化学科学与实验探究):氯气的发现、人工合成尿素、工业合成氨、青蒿素的提取等 主题2(常见无机物及其应用):工业合成氨、工业制硝酸(硫酸)、印刷电路板的制作、钠用作强除水剂 主题4(简单的有机化合物及其应用):工业酒精的制备、乙烯工业 主题5(化学与社会发展):合成氨、人工合成尿素、人工合成结晶牛胰岛素、提取青蒿素
化学研究的技术成果	主题1(化学科学与实验探究):波谱、色谱,X射线衍射,飞秒化学、原子示踪技术等

① 王祖浩.普通高中课程标准(2017年版2020年修订)教师指导·化学[M].上海:上海教育出版社,2020:147.

续表

我国化学科学发展的重大进展	主题1(化学科学与实验探究):改革开放以来我国化学科学研究的重要成果,化学科学与技术在建设创新型国家方面作出贡献的事例。 主题5(化学与社会发展):中国近30年化学科学与技术及其应用的重要成果

注:改革开放以来,我国化学科学、科技取得重大发展,其贡献体现在学科发展的各个方面,是激励学生爱国思想和民族自豪感的重要素材,所以单独列出。

化学学科发展相关的情境素材,通常能够追溯知识的来龙去脉,帮助学生理解化学的核心概念、原理,学习化学研究的思想方法、技术手段,体会科学家严谨求实、追求真理的精神,了解化学对人类文明的重大贡献。

2. 化学与社会发展相关的情境素材

化学与社会发展相关的情境素材主要分为化学与健康、化学与日常生活、化学与环境、化学与能源、化学与材料等方面。

(1)化学与健康。该领域主要包括化学元素及其化合物对于健康的意义、生命中的新陈代谢、疾病的检验与治疗、日常保健、药物的开发等,其主旨是化学有助于促进人类的健康生活。

(2)化学与日常生活。该领域主要包括日常生活中的化学用品,如食品添加剂、用于水果催熟的乙烯制剂、清洁卫生使用的消毒剂等。

(3)化学与环境。化学中研究的环境包括自然环境和人为环境,涉及生活的各种空间,包括水、土壤、大气的污染与防治,水的软化、海水的淡化,火灾与防火、灭火,食品污染、居室环境污染与防治等,其主旨是化学能够保护和改善人类赖以生存的环境,使人类生存的环境舒适安全。

(4)“化学与能源”和“化学与材料”分别涉及各种能源和材料,尤其是新型能源和新型材料的开发、利用。

必修课程中有关化学与社会发展的情境素材如表1-4-2所列。

表1-4-2　必修课程中有关化学与社会发展的情境素材

化学与健康	主题2(常见无机物及其应用):补铁剂,菠菜中铁元素的检测。 主题4(简单的有机化合物及其应用):食物中的糖类、油脂、蛋白质在人体内的转化,常见体检指标中的有机化合物;酒精在人体内的转化,乙醇钠在药物合成中的应用

续表

化学与日常生活	主题 1(化学科学与实验探究):食物中亚硝酸盐等含量的测定等 主题 2(常见无机物及其应用):食品中适量添加二氧化硫的作用(去色、杀菌、抗氧化),含氯消毒剂及其合理使用,日常生活中的氧化还原反应,实验室中硫酸亚铁的保护与使用 主题 3(物质结构基础与化学反应规律):铝制品的合理使用,用铝和氢氧化钠的反应疏通下水管道;汽车安全气囊的膨胀、食物腐败等生活中与化学反应速率有关的现象 主题 4(简单的有机化合物及其应用):用于水果催熟的乙烯制剂,我国酿酒技术与酒文化,不同饮用酒中酒精的浓度,我国酿醋技术与食醋文化,酒后驾车的检验
化学与环境	主题 1(化学科学与实验探究):汽车尾气中氮氧化物等污染物的测定 主题 2(常见无机物及其应用):钠着火的扑救,氯气、氨气等泄漏的处理,火山喷发中含硫物质的转化,"雷雨发庄稼",氮的循环与氮的固定,氮肥的生产与合理使用,酸雨的成因与防治,汽车尾气的处理 主题 5(化学与社会发展):海水淡化,"循环经济"与"工业生态"的实施案例
化学与能源	主题 3(物质结构基础与化学反应规律):核能的开发与利用;能源的合理利用,如天然气、燃油、煤、氢气等燃料的选择与使用,生物质能的获取(如制取沼气、焚烧垃圾等)与使用;化学反应热效应在生产、生活中的应用,如热敷袋与冷敷袋等;电池的历史沿革和发展,如伏打电池的发现、干电池的改进、燃料电池的应用;利用化学键讨论化学反应能量变化的本质,如氢气与氯气、甲烷燃烧等反应中能量的变化 主题 4(简单的有机化合物及其应用):原油的分馏、裂化及裂解产品和用途,常见燃油标号的含义;乙醇汽油,固体酒精 主题 5(化学与社会发展):太阳能分解水制氢气(如使用二氧化钛催化剂)、燃料电池、化学在光伏产业中的应用,煤等资源与能源的开发利用
化学与材料	主题 2(常见无机物及其应用):打印机(或复印机)使用的墨粉中铁的氧化物(利用磁性性质) 主题 3(物质结构基础与化学反应规律):稀土资源的开发与利用 主题 4(简单的有机化合物及其应用):乙烯工业;有机合成高分子材料的性能和用途,塑料的分类及合理使用,水立方的外立面膜结构材料——ETFE 膜(乙烯-四氟乙烯共聚物)、塑胶跑道材料、手机贴膜等 主题 5(化学与社会发展):陶瓷、水泥、玻璃、光导纤维和单晶硅等无机非金属材料;功能高分子材料在医疗、航空航天等领域的应用;保水材料在沙漠治理中的应用;碳材料和纳米材料及其应用;硫铁矿、煤等资源与能源的开发利用;从沙子到单晶硅

(三)教学案例

苯酚教学设计

课题:醇酚(高中化学选择性必修 3《有机化学基础》第三章第二节第 2 课时)。

课标要求:能辨识酚的官能团,结合苯酚的结构和实验认识其主要化学性质,形成“分子中的集团之间相互影响会导致键的极性发生改变”的观念。

核心素养发展目标:

(1)通过认识酚分子中羟基连接方式的不同,了解苯酚的主要性质,理解羟基和苯环的相互影响,形成物质结构决定性质的核心理念。

(2)通过对苯酚性质的学习,了解苯酚及酚类物质的毒性及其对环境的危害,学会合理应用。

教学重点:苯酚的化学性质。

教学难点:理解分子中的基团之间相互影响会导致键的极性发生改变。

教学过程(表 1-4-3):

表 1-4-3 苯酚教学过程

教学环节	教师活动	学生活动	设计意图
环节一: 课题引入	【视频】苯酚的发现:1834 年德国化学家龙格从煤焦油中发现苯酚,故苯酚又叫石炭酸。后来,有一位名叫利斯特的英国外科医生观察到工厂附近的一条水沟里的草根很少腐烂。经过实地调查和多次试验,他发现从这家工厂流出的废水中含有石炭酸,这种物质具有消毒防腐的作用。于是他尝试在手术前用石炭酸溶液为手术器械消毒,并用石炭酸溶液洗手,结果手术后患者伤口感染的现象明显减少,患者的死亡率也大幅度下降。利斯特被誉为“外科消毒之父”。1909 年美国贝兰克用苯酚和甲醛制造出酚醛树脂,这种热固性塑料坚硬不怕水烫,在火焰中也不易燃烧,是制造日用品的绝佳原料	【聆听】苯酚的发现,苯酚的用途	创设情境 激发兴趣
	【展示】苯酚的用途 【展示】国家污染物环境健康风险名录——苯酚	【思考】苯酚作为污染物之一,可否大量使用在消毒领域	辩证思考 客观认识

续表

教学环节	教师活动	学生活动	设计意图
环节二：课前预习，成果展示	【展示】学生完成的导学案 【提出问题】如何回收废水中的苯酚	【问题梳理】 ①为什么苯酚的结构中苯环对羟基有影响，反过来羟基也对苯环有影响 ②设计实验，绘制从废水中回收苯酚的流程图	明确本节课的重点及难点
环节三：苯酚的物理性质	【视频】家庭小实验：酚类消毒液水溶性探究 苯酚在冷水中不易溶解，呈浑浊状态；却溶于乙醇，溶液澄清 我们生活中的一种药品——苯酚滴耳液就是含1.5%苯酚的甘油溶液	【探究总结】 苯酚是无色晶体，有刺鼻的气味。医院里的消毒液、日常生活中用的药皂中可闻到这种气味 苯酚在冷水中不易溶解，呈浑浊状态；却溶于乙醇，溶液澄清	通过家庭小实验，体会化学的乐趣
环节四：苯酚的化学性质	【展示】苯酚甘油滴耳液注意事项中“避免直射，及时密封，放置阴凉处”的启示 【引言】结构决定性质 【展示】苯酚的结构 【提问】苯酚和乙醇都有羟基，但苯酚能被称为“石炭酸”，说明苯酚能电离出氢离子，那么如何证明苯酚具有酸性呢 【实验设计】请根据酸的通性，设计实验方案证明苯酚有酸性 要求：每组提供两种你们认为最合理的方案 实验试剂：苯酚浊液、紫色石蕊、钠、氢氧化钠溶液 【指导】针对②：乙醇也与钠反应，乙醇没有酸性，不能用此实验证明苯酚的酸性 针对③，向苯酚浊液中加入氢氧化钠溶液，溶液变澄清的原因不一定是反应，有可能是浊液被水稀释了的原因	【知道】苯酚暴露在空气中容易氧化 【交流讨论】 ①向苯酚浊液中加几滴紫色石蕊 预测现象：变红 ②向苯酚浊液中加固体钠 预测现象：变澄清，有气泡 ③向苯酚浊液中加入氢氧化钠溶液 预测现象：变澄清	实验设计 讨论交流 实验探究 提升“宏观辨识与微观探析”“证据推理”及“科学探究与创新意识”等核心素养

续表

教学环节	教师活动	学生活动	设计意图
环节四：苯酚的化学性质	针对④，加入氢氧化钠固体，水遇氢氧化钠固体放热，苯酚浊液变澄清的原因有可能是温度升高，苯酚溶解度变大 针对①，对学习程度较好的学生，可以提供数据计算：饱和苯酚溶液浓度为 0.8 mol/L，苯酚的 $K_a=1.28\times10^{-10}$，计算出 pH=5，而石蕊变色的 pH 值范围为 5～8 【追问】如何改进以上设计 【演示实验】 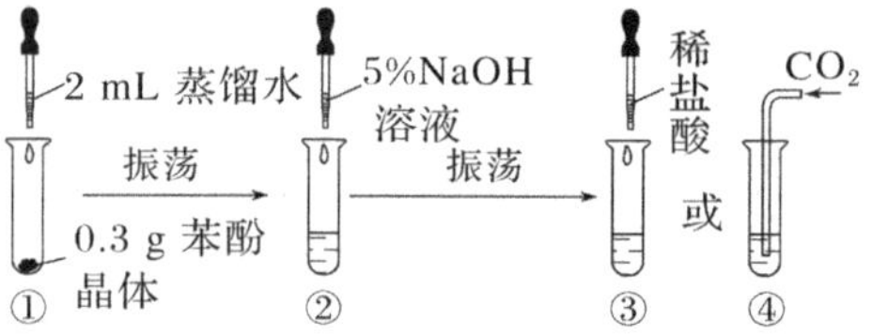 【追问 1】根据资料卡片信息，你能写出向苯酚钠溶液中通入二氧化碳的化学反应方程式吗？ 资料卡片： H_2CO_3：$K_{a1}=4.30\times10^{-7}$，$K_{a2}=5.61\times10^{-11}$ 苯酚：$K_a=1.28\times10^{-10}$ 【追问 2】为何苯酚和乙醇都有羟基，但是苯酚的羟基上的氢活泼，容易电离，而乙醇的羟基上的氢不能电离	④向苯酚浊液中加入氢氧化钠固体 预测现象：变澄清 【学生实验】向苯酚浊液中加入石蕊试液，没有变化 【交流讨论】向苯酚浊液中加入氢氧化钠溶液，变澄清后再加入盐酸，观察是否变浑浊 【得出结论】苯酚具有弱酸性 【规范书写】 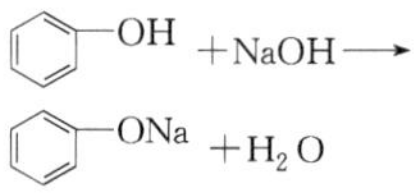 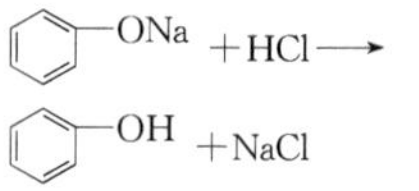 【深度思考】 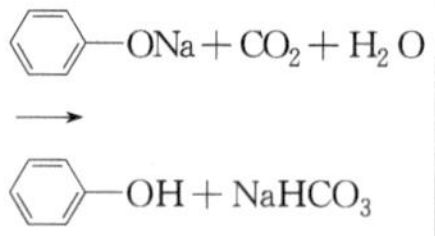 【深度思考】苯环是吸电子基团，使羟基的氧氢键极性增大，容易断裂（个别学生能回答出：苯酚酸根离子形成了离域大 π 键）	

续表

教学环节	教师活动	学生活动	设计意图
环节四：苯酚的化学性质		乙基是推电子基团，使羟基的氧氢键极性减小，不容易断裂	
	【追问3】貌似我们找到了处理含苯酚污水及回收苯酚的方法了，是什么呢	【回答】用氢氧化钠处理含苯酚的污水，再用盐酸将苯酚制出来	
	【引言】那么如何证明污水中含有苯酚或者酚类物质呢 【演示实验】向盛有苯酚溶液的试管里滴加过量浓溴水 【解释】可以观察到，这个反应很迅速，既不用加热，又不用催化剂。经分析，析出的白色沉淀是三溴苯酚。这个反应可以作为检验苯酚的第一种方法	【观察】【阅读】 现象：试管中立即生成白色沉淀 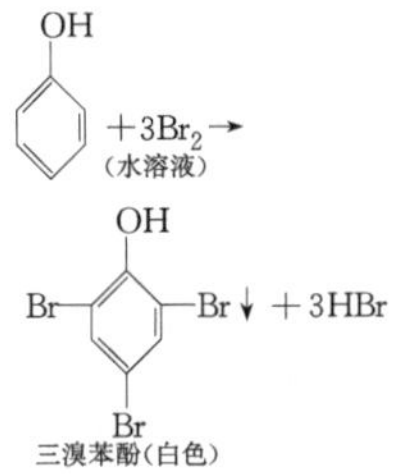	
	【提问】阅读教材上的化学反应方程式，指出断键情况，你能否总结出酚羟基对苯环有什么影响	【回答】苯酚分子中的羟基使苯环在羟基的邻、对位上的氢原子更活泼，比苯分子上的氢原子更容易发生取代反应	
	【讲授】检验苯酚的第二种方法：苯酚的显色反应。酚类物质一般都可以与 $FeCl_3$ 溶液作用显紫色，可用于检验其存在。如茶叶中有“茶多酚” 【演示实验】 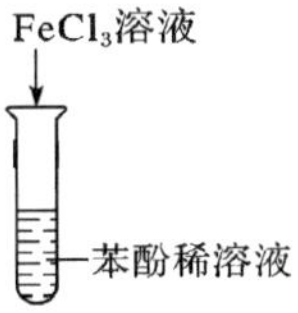	【学生实验】 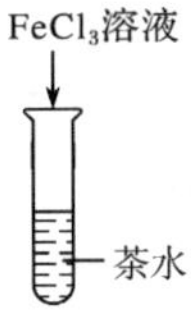	

续表

教学环节	教师活动	学生活动	设计意图
环节五：学以致用，解决问题	【解决问题】设计从含苯酚的废水中回收苯酚的工艺流程 【问题1】我们已经解决了从废水中用氢氧化钠溶液将苯酚转化为苯酚钠，再向苯酚钠溶液中加入盐酸得到苯酚的问题。但是废水中还有金属离子等杂质，这些杂质离子对除苯酚有影响吗 【问题2】用什么方法可以将废水中的苯酚和溶解在水中的离子分离 【问题3】选用什么萃取剂 【展示】工艺流程图(文献法)	【思考回答】废水中的金属阳离子会和氢氧化钠反应产生沉淀，影响苯酚与氢氧化钠的反应 【思考回答】可以用萃取的方法 【思考回答】苯或四氯化碳	学以致用培养“科学精神与社会责任”素养
环节六：小结反思，巩固练习	实验室回收废水中苯酚的过程如图所示。下列分析错误的是(　)。 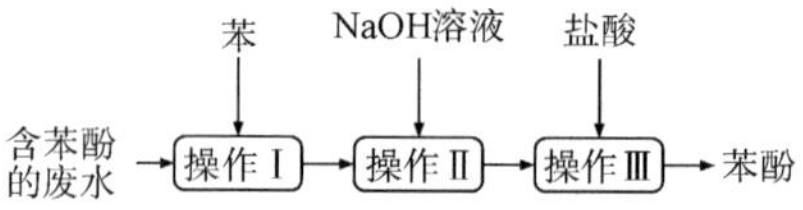 A. 操作Ⅰ为萃取、分液，萃取剂也可以选用CCl_4 B. 苯酚钠是离子化合物，在苯中的溶解度比在水中的小 C. 通过操作Ⅱ，苯可循环使用 D. 苯酚沾到皮肤上，需用NaOH溶液清洗后，再用大量水冲洗	【思考回答】D	
板书设计	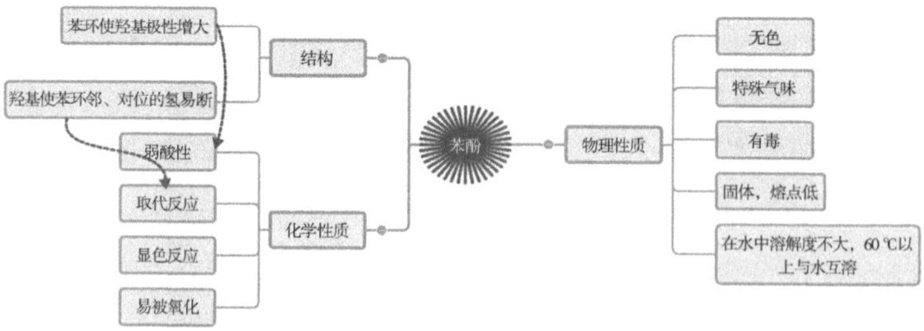 		

第五章　实验探究法

《普通高中化学课程标准(2017年版2020年修订)》明确指出：以实验为基础是化学学科的重要特征之一，化学实验对于全面发展学生的化学学科核心素养有着极为重要的作用。高中化学新课标的基本理念是一种以学生为中心、以实验为基础、以科学探究为核心的教学理念。该理念旨在通过丰富多样的探究活动，激发学生的学习兴趣和探究热情，培养他们的创新精神和实践能力，为他们成为未来的科学探索者和创新型人才奠定坚实的基础。通过以化学实验为主的多种探究活动，让学生体验科学争论的过程，激发学习化学的兴趣，增强科学探究的意识，促进学习方式的极大转变，培养学生的创新精神和实践能力[①]。因此，高中化学教师在开展教学活动时，应重视实验教学，采取探究式教学模式，培养学生的实验探究意识和能力。

一、现阶段实验教学中存在的问题

(一)学校对实验投入力度不够

部分学校实验室的硬件设施配备不完善，造成不能开齐开足必做实验。部分学校缺少化学实验员或化学课任教师对实验课准备不充分，导致实验现象不明显或课堂演示效果差。另外，传统的实验室管理模式依附于课程内容，导致学生只能在短暂的上课时间内进行实验，实验室在大部分时间处于闲置状态。这种管理模式一方面造成上实验课时实验室使用超负荷，另一方面造成平时实验室资源的闲置和浪费。课余时间实验室的开放时间有限，限制了学生自主进行实验和探索的机会，不利于学生实验技能和创新能力的培养。

---

① 段霞霞，柴世俊.高中化学实验课多元化教学策略研究[J].中小学实验与装备，2023，33(3)：21-23.

(二)教师对化学实验教学缺乏重视

虽然新课改已经颁布,但受到传统教学方法的影响,部分教师依然保持着"填鸭式""灌输式"的教学方法,学生处于被动状态,被强制性地灌输知识,而对实际内容和操作要领的理解不清晰,忽视实验过程。在教学理念上,受应试教育的影响,很多高中化学教师认为高考时化学考试只要求笔试,不考实操,因此实验与否都不太重要,这导致教师在教学时往往侧重于理论知识的传授,而忽视对实验教学重要性的认识。

(三)学生对化学实验缺乏实践体验

高中化学实施新课程以来,教材未对演示实验、学生实验和探究实验做明确分类,导致教师在教学中忽视实验教学。在互联网时代,各种教学辅助工具为化学实验提供了丰富的教学资源。教学实践中,很多教师直接采用播放实验视频的方式来进行教学。更有甚者,本应由学生完成的实验往往被教师以演示或口头讲述代替,甚至被简化处理。为了应对高考,高中化学教学往往压缩学生学习新知识的时间,提前进入复习阶段。这使得实验教学时间被大幅压缩,学生缺乏足够的动手实验的机会。

虽然现阶段实验教学中存在以上问题,但是要落实新课标要求,提高课堂教学质量和育人水平,教师必须在实验教学中勇于进行探索和实践。

二、实验探究法概述

(一)实验探究法的内涵

普通高中新课标提到的"科学探究与创新意识"学科核心素养可描述为:认识科学探究是进行科学解释和发现、创造和应用的科学实践活动;能发现和提出有探究价值的问题;能从问题和假设出发,依据探究目的设计探究方案,运用化学实验、调查等方法进行实验探究;勤于实践,善于合作,敢于质疑,勇于创新。

化学实验探究能力培养的内涵包括基本认识、基本技能、基本经验。基本认识要求引导学生认识化学实验是研究和学习物质及其变化的基本方法,是科学探究的一种重要途径。基本技能要求学生初步学会物质的检验、分离、提纯和溶液配制等化学实验基础知识和基本技能。基本经验要求学生学习研究物质性质,探究反应规律,进行物质分离、检验和制备等不同类型化学实验及探究活动的核心思路与基本方法，体会实验条件控制对完成科学实验及探究活动的作用①。

在高中化学必修课程及选择性必修课程部分共有18个必做实验，按照“制备型”“性质探究型”及“化学理论型”实验，可进行如下分类，如表1-5-1所列②。每个学生必做实验都蕴含了实验及探究的基本认识、基本技能和基本经验的教育教学价值。

表1-5-1　新课标中学生必做实验题目

实验类型	必修课程必做实验题目	选择性必修课程必做实验题目
制备型实验		②制作简单的燃料电池 ⑥简单配合物的制备 ⑦乙酸乙酯的制备与性质
性质探究型实验	②铁及其化合物的性质 ③不同价态含硫物质的转化 ④用化学沉淀法去除粗盐中的杂质离子 ⑤同周期、同主族元素性质的递变 ⑨乙醇、乙酸的主要性质	⑧有机化合物中常见官能团的检验 ⑨糖类的性质
化学理论型实验	①配制一定物质的量浓度的溶液 ⑥化学反应速率的影响因素 ⑦化学能转化成电能 ⑧搭建球棍模型认识有机化合物分子结构的特点	①简单的电镀实验 ③探究影响化学平衡移动的因素 ④强酸与强碱的中和滴定 ⑤盐类水解的应用

注：表中实验序号按照教材中必做实验题目出现的先后顺序进行排列。

(二)实验探究法的理论基础

1. 建构主义理论

建构主义理论倡导学生进行自主实践和自由探究，自主发现和建构知识，主要目的是培养学生实验创新和科学研究的能力③。建构主义理论主张以学生为

① 房喻，徐端钧. 普通高中课程标准(2017年版2020年修订)解读·化学[M]. 北京：高等教育出版社，2020：116.

② 刘欣宇，庄晓娟. 学科核心素养下的高中化学实验教学策略探究：以卤族元素性质的递变实验为例[J]. 化学教与学，2023(11)：86-91.

③ 葛峰，谢寒宵，姜雷，等. 建构主义理论在虚拟仿真实验设计中的应用研究[J]. 重庆建筑，2023，22(10)：65-67.

中心，通过学生彼此之间的合作互助进行学习，主动构建新知识；提倡“情境式教学”，让学生在教学情境中自主构建新的知识体系，以实现知识经验的重新组织、转化和吸收。探究性实验教学过程需要教师发挥引导作用创设问题情境，引导学生根据已有知识提出问题、收集资料、进行实验，充分发挥自身的主体地位，并通过实验探究总结出科学的结论，构建新的知识体系，使自身的知识不断增长。

2. “做中学”理论

著名的美国教育家杜威(John Dewey)提出“做中学”的教育理论，他强调知识学习与发展能力相结合。他认为“做中学”就是知识要在活动和经验中学习，这样才能使知识和活动联系起来。“做中学”理论与我国孔子提出的“知行统一”的教育观念有着异曲同工之妙，主张在教育教学过程中，学生作为活动的主体，通过学生自己动手解决问题，将所学知识与生活情境相联系，既有助于学生对知识的掌握，也能提高学生的探究能力，激发他们的学习思维①。

杜威认为一个思维过程具体分成五个步骤，通称“思维五步”，一是疑难的情境；二是确定疑难的所在；三是提出解决疑难的各种假设；四是对这些假设进行推断；五是验证或修改假设。杜威指出，这五个步骤的顺序并不是固定的。

杜威实用主义的教学理论将探究性实验教学分为五步：第一，教师要为学生创设真实情境，引起学生的探究兴趣，激发学生的探究欲望；第二，指导学生收集和整理资料，并对收集的资料进行分析，提出有探索价值的问题；第三，引导学生提出相对应的假设；第四，让学生根据假设进行推理，设计合理可行的实验方案；第五，根据实验方案进行实验探究②。

3. 布鲁纳的认知结构论

美国著名的教育心理学家布鲁纳(Jerome Seymour Bruner)提出了认知结构论，认为学生不应该被动地学习来接受知识，而应当担任知识探索者的角色，自主发现去获得知识，构建新的知识体系③。布鲁纳认为，学习的实质是主动地形成认知结构。在实验探究中，学生不仅仅是在进行实验操作，更是在通过实验来构建和完善自己的认知结构。实验过程中的观察、思考、分析和总结，都是学生

---

① 贾金蕾. 基于“科学探究与创新意识”的高中化学实验教学的实践研究[D]. 鞍山：鞍山师范学院，2023.

② 谭慧. 基于核心素养的高中化学探究性实验教学设计与实践[D]. 赣州：赣南师范大学，2021.

③ 高凡. 布鲁纳认知：发现学习理论与我国新课程改革[J]. 课程教育研究，2017(52)：36.

将新知识与已有认知结构相融合，形成新的理解和认知的过程。这种过程有助于学生更好地理解和掌握实验原理，提高实验探究的效果。

布鲁纳主张，发现学习是学习知识的最佳方式。在实验探究中，学生需要主动地去发现问题、提出假设、设计实验、收集数据、分析结果并得出结论。这一过程不仅锻炼了学生的实验操作能力和数据分析能力，更重要的是培养了学生的创新思维和解决问题的能力。通过发现学习，学生能够在实验探究中体验到科学探究的乐趣和成就感，从而激发对科学知识的兴趣和热情。

三、实验探究法教学实践

(一)高中化学实验探究法的教学原则

1. 科学性

在教学过程中，教师传授的知识和运用的方法都应当是科学的。这包括对概念、定义、结论的表述要正确无误，不能违背现代科学的基本原理。同时，探究实验的原理、装置、操作程序和方法都应具有科学性，与相关的理论知识、实验方法论、实验教学论和研究过程相一致。比如，人教版高中化学必修第一册第一章离子反应一节中的实验 1—3，向盛有 2 mL Na_2SO_4 稀溶液的试管中加入 2 mL $BaCl_2$ 稀溶液(二者恰好完全反应)，观察现象并分析。在完成教材表格的填写后，教师可以引导学生进一步讨论：能够通过实验现象直接判断氯离子和钠离子没有结合吗？如何用实验加以证明？如果学生回答“取少量反应后的滤液或上层清液于试管中，加入 HNO_3 酸化的 $AgNO_3$ 溶液检验其中的 Cl^-”，那么这个答案是正确的，正是因为实验中提到 Na_2SO_4 和 $BaCl_2$ 恰好完全反应，所以滤液中没有硫酸根离子的干扰。

2. 直观性

在教学中利用学生的多种感官和已有经验，通过各种形式的感知，丰富学生的直接经验和感性知识，使学生获得生动的表象，从而比较全面、深刻地掌握知识，并使认识能力得到较好的发展。教师可以通过实验演示、实物展示、多媒体教学等手段，使抽象的概念和原理变得直观易懂，帮助学生更好地理解和掌握知识。如探究 Na_2CO_3 和 $NaHCO_3$ 的热稳定性时，教材实验如图 1-5-1 所示，分别加热 Na_2CO_3 和 $NaHCO_3$，观察现象。教师最好具体操作，当然也可以利用多媒体展示视频：根据课本实验设计一个能说明 Na_2CO_3 与 $NaHCO_3$ 热稳定性的套管实验，如图 1-5-2 所示，引导学生分析实验原理。提出以下问题：①甲和乙分别为什么药品？②丙和丁哪个烧杯出现浑浊？③沾有无水硫酸铜粉末的棉花球的作用是什么？

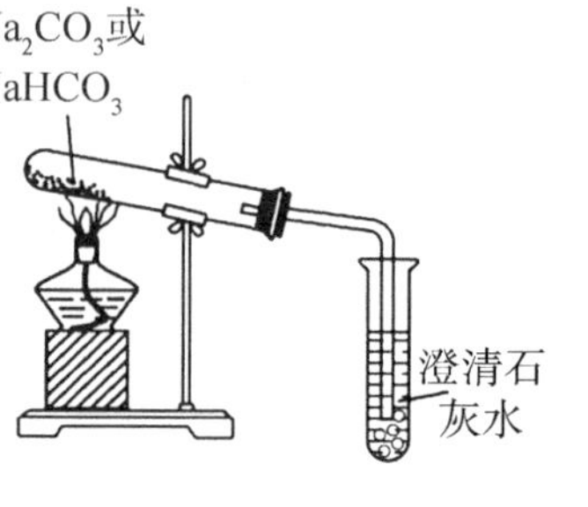

图 1-5-1　比较 Na_2CO_3 与 $NaHCO_3$ 热稳定性的实验装置

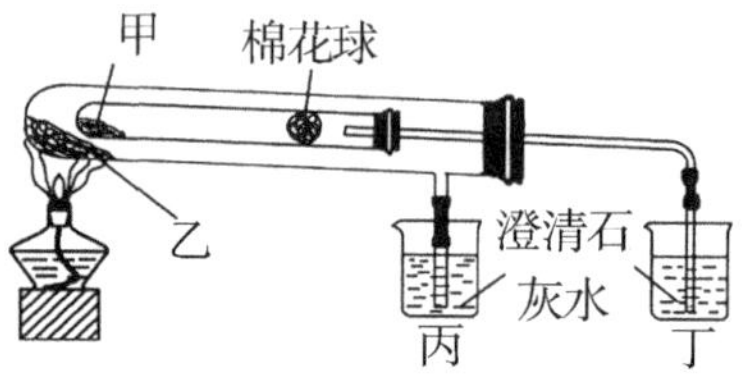

图 1-5-2　比较 Na_2CO_3 与 $NaHCO_3$ 热稳定性的套管实验装置

3. 启发性

教师要充分调动学生学习的主动性，引导启发他们生动活泼地学习，使他们经过自己的独立思考，融会贯通地掌握知识，提高分析问题和解决问题的能力。在实验探究过程中，教师可以通过提出问题、引导思考、鼓励讨论等方式，启发学生的思维。同时，注重培养学生独立思考的能力和解决问题的能力，让他们在实验探究中学会思考、学会学习。比如，在探究氯水的成分时，教师先引导学生预测可能有的成分，学生们根据溶液呈现黄绿色推理出氯水中有氯气分子，也很容易预测可能有氢离子(显酸性)。教师进一步引导学生如何设计实验来证明溶液显酸性，学生们设计出用石蕊溶液来验证。教师引导学生按照实验设计来分组实验，结果出现了两种不同的结果：向新制氯水中滴加几滴紫色石蕊试液，溶液并没有明显变红，观察仔细的学生会发现，溶液先变红，很快红色褪去了；但如果向紫色石蕊试液中滴加氯水，会观察到溶液变红，加入过量氯水，溶液红色褪去。教师提出问题，为什么滴加顺序不同，现象不同呢？学生进一步得出结论：溶液中存在一种能让石蕊褪色的物质。直观的现象及启发的问题为后续学生们认识次氯酸的性质提供了实验依据。

4. 安全性

在实验探究过程中，要确保学生的安全，避免使用有毒药品和进行具有危险性的实验操作。教师要对学生进行安全教育，让他们了解实验中的安全注意事项和应急处理措施。同时，在实验过程中要严格遵守安全规程，确保学生的安全。比如，做二氧化硫性质探究实验时，教师应提前在实验室通风橱内制备二氧化硫，并收集在若干小试管中，及时用橡胶塞塞紧试管口；学生在做实验时，教师要提醒学生注意通风和及时用橡胶塞或气球密封。

（二）实验探究法的教学策略

新课程标准在必修课程“化学科学与实验探究”（主题 1）中提出以下教学核心策略：一是整体规划实验及探究教学，发挥典型实验探究活动的作用；二是选取真实的、有意义的、引发学生兴趣的探究问题；三是改变在实验中注重动手但缺乏思考的现状，强调高级思维过程。

教师应遵循探究能力形成和发展的规律开展教学。在教学中，应发挥实验探究活动原型的作用，让学生理解其中的本质和原理，并基于原型活动概括、提炼进行不同类型实验探究活动的思路和方法，进而帮助学生形成迁移应用能力。在教学中，应选取真实的、有意义的、引发学生兴趣的探究问题，设置不同类型的化学任务，引导学生经历真实和丰富的实验和探究过程，积累活动经验，促进其探究能力的发展。教师在实施探究教学时，要改变的是只让学生简单动手做实验的现状，要创造机会，鼓励学生自主发展和提出问题，做出有依据的假设，对实验现象和结果进行分析、比较、概括、解释、推理、建构模型，在探究过程中经历发散、想象、创意、批判性思考等创新思维活动①。

1. 基于任务驱动的实验探究

任务驱动下的实验探究是一种良好的教学模式，它强调通过具体的任务来驱动学生进行实验探究，从而在实践中学习知识、掌握技能、培养能力。任务驱动下的实验探究以具体的任务为目标，学生围绕任务展开实验探究活动。设计的任务需要具有明确的目标、可操作性和挑战性，以激发学生的学习兴趣和探究欲望。学生需要通过亲手操作实验器材、观察实验现象、记录实验数据等实践活动来探究问题、验证假设、得出结论。任务驱动下的实验探究往往需要学生进行小组合作。在小组内，学生需要分工合作、相互协作来完成任务。这种合作学习有助于培养学生的团队协作精神和沟通能力。

案例　实验探究影响化学反应速率的因素

在人教版高中化学必修第二册第六章第二节“化学反应速率”教学中，教师

---

① 房喻，徐端钧. 普通高中课程标准（2017 年版 2020 年修订）解读·化学[M]. 北京：高等教育出版社，2020：116.

设置了以下任务，分组实验探究影响化学反应速率的因素。

任务一 影响化学反应速率的外界因素有温度、浓度、催化剂及固体表面积等。以下三个反应：①$2H_2O_2 = 2H_2O + O_2\uparrow$；②$Na_2S_2O_3 + H_2SO_4 = Na_2SO_4 + SO_2\uparrow + S\downarrow + H_2O$；③$CaCO_3 + 2HCl = CaCl_2 + CO_2\uparrow + H_2O$，适合研究的因素是什么？判断化学反应快慢的现象是什么？学生很容易达成一致，反应①适合研究浓度、温度和催化剂对化学反应速率的影响，可以通过观察气泡产生的快慢来比较化学反应速率。反应②适合研究浓度和温度对化学反应速率的影响，可以通过观察出现浑浊现象的快慢来比较化学反应速率。反应③适合研究浓度、温度和固体表面积对化学反应速率的影响，可以通过观察气泡产生的快慢来比较化学反应速率。

任务二 分组设计实验方案：第一组用反应①探究催化剂对化学反应速率的影响；第二组用反应②探究浓度对化学反应速率的影响；第三组用反应③探究固体表面积对化学反应速率的影响。

比如针对反应②探究浓度对化学反应速率的影响，实验设计前教师会提出三个问题：改变的量是什么？控制不变的量是什么？如何确定沉淀产生的快慢？

任务三 交流分享设计方案。比如，第二小组在教师提前提供的表格中完成了数据填写(表 1-5-2)。

表 1-5-2 探究浓度对化学反应速率的影响实验设计

实验编号	0.1 mol/L $Na_2S_2O_3$ 体积/mL	水体积/mL	0.1 mol/L H_2SO_4 体积/mL	覆盖标记所需时间
1	2	0	2	
2	1	1	2	

任务四 进行实验验证。

任务五 得出结论。

2. 基于解决实际问题的实验探究

科学探究和解决实际问题的能力通常是培养学生化学核心素养必备的品格。对学生的学习能力进行检验的主要方式就是让学生解决实际生活中遇到的问题。实际问题解决的探究实验的开展环节为：提出问题→找到解决方式→得到问题答案→迁移应用①。通过设计化学实验方案，对实际问题中的假设进行验

① 徐祚寿.“科学探究与创新意识”在高中化学实验教学中的实践研究[J]. 数理化解题研究，2023(30)：125-127.

证，从而发现或确认科学规律。通过直观的实验现象和数据，为解决实际问题提供有力的证据。通过参与化学实验，学生可以培养观察力、思维能力和动手能力，同时激发创新精神。

案例　金属腐蚀的原因探究

教师可以引导学生从探究生活中“暖宝宝”的发热原理入手。将“暖宝宝”中的药品（铁粉、氯化钠、活性炭、蛭石、吸水树脂等）放入反应器中，连接好氧气传感器和温度传感器，观察数据变化。结果发现氧气的量在减少，温度在不断升高（图 1-5-3）。

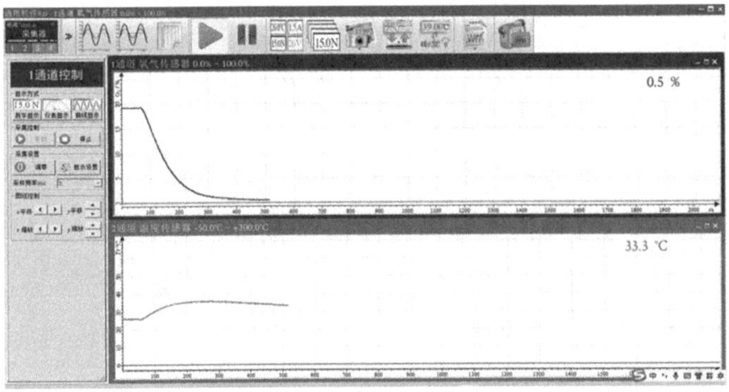

图 1-5-3　测定“暖宝宝”氧气浓度、温度的变化

接着利用手持技术，在教室多媒体上演示“暖宝宝”发热原理改进实验，学生将“暖宝宝”中的药品放入反应器中，连接好温度传感器和压强传感器，观察数据变化。结果发现压强在减小，温度在不断升高（图 1-5-4）。

图 1-5-4　测定“暖宝宝”温度、压强的变化

经过分析讨论，学生得出结论：细小的铁粉和碳粉吸水后与氯化钠溶液构成了许许多多个原电池。对于每个原电池，负极都是铁被氧化成 Fe^{2+}；正极是碳，但碳不参加反应，是 O_2 得电子，生成 OH^- 的反应；电解质溶液是饱和氯化钠溶液；然后 Fe^{2+} 又会与 OH^- 结合得到 $Fe(OH)_2$。

迁移到钢铁的电化学腐蚀，得出结论，钢铁在弱酸性或中性溶液中的腐蚀原理：

铁电极——负极：$Fe-2e^-=Fe^{2+}$（氧化反应）

碳电极——正极：$O_2+2H_2O+4e^-=4OH^-$（还原反应）

电池反应：$2Fe+O_2+2H_2O=2Fe(OH)_2$

$Fe(OH)_2$ 很容易被氧化，最终得到红褐色的 $Fe(OH)_3$。$Fe(OH)_3$ 脱去一部分水生成 $Fe_2O_3 \cdot nH_2O$，即铁锈的主要成分。

3. 基于知识应用的实验探究

只有知识的迁移才能提高能力，才是开展探究实验所要实现的目标。因此，教师在进行探究实验设计时，需要通过实验带动知识点，以达到学生能力训练与提高的目的。同时，教师需依据反馈信息，给予学生针对性的辅导、补偿、矫正与深化，引导学生内化知识，将其纳入自己的知识体系，并对知识进行补充，以实现认知结构的完善。在开展探究实验时，有目的、有针对性地进行变式训练，不仅能深化对知识的理解，还能提高学生解决问题的能力。

案例　实验探究电解池电极反应规律

在电解池的教学中，教师设计了如图 1-5-5 所示的微型实验探究活动，用电池、导线、铅笔芯、玻璃片及试纸完成不同电解质溶液电解产物的分析与探究。

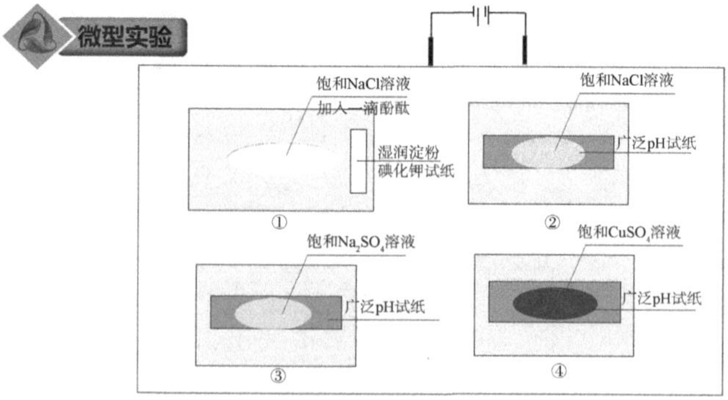

图 1-5-5　电解池微型实验设计示意图

学生分组实验的现象很明显(图 1-5-6)。在学生分组实验过程中，教师引导学生同步完成“导学案”上有关电极反应方程式的书写(图 1-5-7)，让学生在重要电极反应方程式规范书写的过程中总结电解池的放电规律。

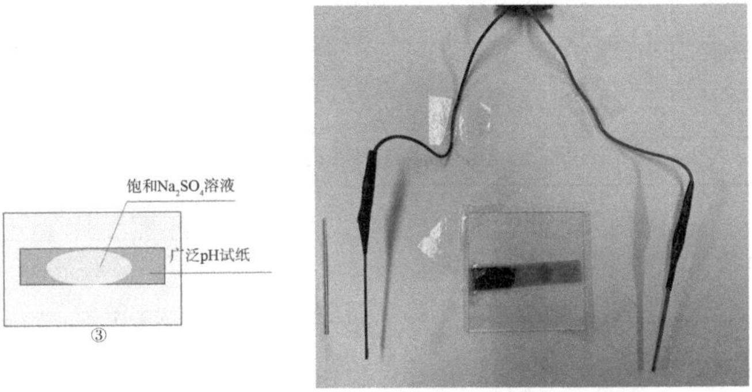

图 1-5-6　电解饱和氯化钠溶液的实验现象

图 1-5-7　探究电解规律的学生活动

(三)教学案例

1. 案例 1：电解池教学设计

课题：电解池(高中化学选择性必修 1《化学反应原理》第四章第二节第 1 课时)。

课标要求：认识化学能与电能相互转化的实际意义及其重要应用。了解电解池的工作原理，认识电解在实现物质转化和储存能量中的具体应用。

核心素养发展目标：

(1)通过对氯化铜溶液电解过程的分析，了解电解、电解池的概念，认识电解是电能转化为化学能的一种形式。

(2)形成系统分析电解池的一般思路和方法，能初步设计简单的电解池。

(3)初步了解在电解过程中粒子的放电顺序与其氧化性、还原性的关系，能解释或推测电解反应的产物，并能用电极反应和总反应进行表征。

重点：电解原理、电极反应的分析与表征。

难点：电解池思维模型的建构。

教学过程(表 1-5-3)：

表 1-5-3　电解池教学过程

教学环节	教师活动	学生活动	设计意图
环节一：创设情境，引入新课，实验探究，激发兴趣	【展示】我国航天事业伟大征程，视频大事记 【提出问题】载人航天工程对科学研究及太空资源开发具有重要意义，其发展水平是衡量一个国家综合国力的重要指标 在太空环境中，载人航天器是航天员赖以生存的空间，必须给航天员提供基本的生存条件，其中涉及氧气再生、二氧化碳清除、水处理及食物供给 通过第一节的学习，我们知道航天器上使用的电源有镍铬电源、氢氧燃料电池，还有太阳能电池。电能的问题解决了，但是航天员每天需要消耗大约 0.84 kg 氧气，而载人航天器携带的物品有限，利用高压存储氧气的方法显然不可行。如果你是航天工程重点实验室的一名工程师，那么你能否解决这个问题 【追问】是的，初中就学习过电解水可以生成氧气和氢气。显然，电解池就是将电能转化为化学能的装置。那么是不是给水通电就可以产生气体了 【演示】纯水导电实验 【提问】原电池和电解池都是电化学装置，那么它们都必须存在导体，有导线的电子导体和溶液中的电解质产生的离子导体。纯水的导电性很弱，没办法形成持续稳定的电流，怎么办	【回答】电解水 【观察】 【回答】加入电解质	创设情境 激发兴趣

续表

<table>
<tr><th>教学环节</th><th>教师活动</th><th>学生活动</th><th>设计意图</th></tr>
<tr>
<td>环节二：分析原理，建构模型</td>
<td>【演示】电解氯化铜实验
【分析原理】构建装置一原理二维图
【问题】
(1)与电源正极相连的一级产生的气体是什么？与电源负极相连的一级产生的红色物质是什么？电极上发生的反应是氧化反应还是还原反应
电化学中的规定：发生氧化反应的叫阳极，发生还原反应的叫阴极
(2)溶液中的离子有哪些？依据产物推测通电后这些离子的运动方向
(3)为何是铜离子得电子，而不是氢离子得电子？为何是氯离子失电子而不是氢氧根离子失电子
【构建模型】形成装置一原理二维图
装置维度：阳极、阴极、电子导体、离子导体、电源
原理维度：离子流向、电子流向、电极反应方程式、反应类型、现象、总式
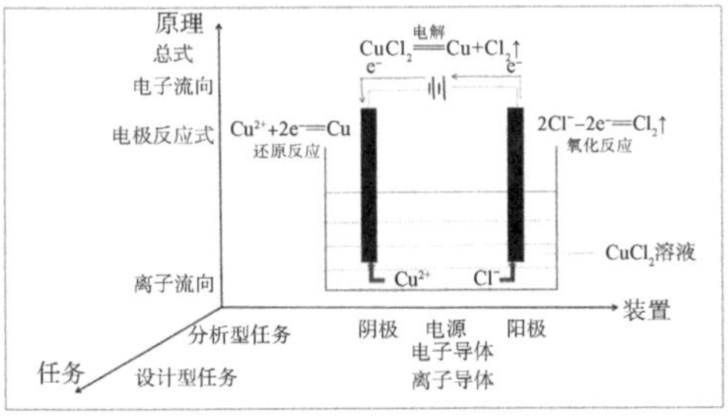

【提问】看来要电解水制氧气，不能任意加电解质。但我们也有意外收获，通过电解，让不能自发反应的氧化还原反应发生了，制出了铜。那是不是我们仿照这种方法可以制备活泼金属钠呢？比如，电解氯化钠溶液能不能得到钠呢</td>
<td>【观察】

【思考】
【回答】

【板书】
思考推理总结规律
绘制模型

【思考】</td>
<td>对比分析
建构认知
模型</td>
</tr>
</table>

续表

教学环节	教师活动	学生活动	设计意图
环节三：实验探究放电顺序	【提问】请大家在实验前回答以下问题： ①氯气可以用________试纸检验 ②若是氢离子放电则生成________，若是氢氧根离子放电则生成________ ③在一个开放的体系中，氢气和氧气不容易检验，那么应该如何检验电解过程中是氢离子放电还是氢氧根离子放电呢 【提示】一定温度的水溶液中，$c(H^+) \cdot c(OH^-)$为定值 【微型实验】分组实验，教师投屏展示 【实验 1】电解氯化铜溶液 【实验 2】电解饱和氯化钠溶液 【实验 3】电解硫酸钠溶液 【实验 4】电解硫酸铜溶液 【交流讨论】分组完成学案上的实验现象及电极反应方程式 【展示点评】 【提问】为什么电解饱和食盐水时，氢离子优先放电 【结论】 阴极阳离子放电顺序：$Cu^{2+} > H^+ > Na^+$ 阳极阴离子放电顺序：$Cl^- > OH^- > SO_4^{2-}$	【回答】 ①淀粉碘化钾试纸 ②氢气，氧气 【思考、回答】 酸碱指示剂或者 pH 试纸 【分组实验】 小组讨论 交流分享 【回答】氢离子氧化性大于钠离子 【板书】	实验探究 交流讨论 形成结论 完成分析型任务
环节四：学以致用。寻找太空舱电解水装置中合适的电解质	【引言】通过刚才几组实验探究，请同学们来设计一下空间站电解制氧气装置中可选用的电解质 【分组讨论】 【演示】电解硫酸钠溶液制备氧气的简易实验(视频) 【讲述】空间站电解制氧技术研究进展 2000 年俄罗斯电解制氧装置在国际空间站俄罗斯“星辰号”开始服役，装置采用流动碱式电解芯体。由于俄罗斯电解制氧装置采用强腐蚀性碱液作为电解质，因此对于在轨的维修和更换部件造成了很大困难	【讨论】 交流汇报 ①硫酸 ②氢氧化钠 ③硫酸钠 【观察】 【聆听】	完成设计型任务 激发爱国热情

续表

教学环节	教师活动	学生活动	设计意图
环节四：学以致用。寻找太空舱电解水装置中合适的电解质	我国从 20 世纪 90 年代中期起开展了空间站电解制氧关键技术研究，2012 年电解制氧装置顺利完成了在轨飞行实验。装置采用了固体聚合物电解质，更加能适应应用要求		
环节五：数字化实验重构放电顺序	【引言】电解氯化钠溶液时是不是只有氯气放出而没有氧气放出呢 【实验演示】用具有支管的 U 形管电解煮沸过的 1.0 mol/L 的食盐水，并将氧气传感器置于阳极处检验氧气浓度的变化 实验现象：数据持续升高。用湿润的淀粉碘化钾试纸检验，试纸变蓝 【观察思考】离子在阴、阳极得失电子的能力与其氧化性和还原性有关，而氧化性与还原性又与离子浓度有关 【提出问题】制备空间站电解制氧装置中的氢氧化钠或者氢氧化钾对电解氯化钠溶液的浓度有无要求	【观察】 探究现象 理解规律 【回答】电解饱和食盐水	宏微结合 认知升华 （深度学习，视情况而定）
环节六：课堂总结，典例分析，练习反馈	【课堂小结】载人航天器中的物质和能量资源都十分宝贵。在设计氧气的获取方案时，要尽可能地将人体代谢物中的氧元素转化为氧气，从而保证氧元素的持续循环。物质转化时一定会伴随能量变化。通过焓变计算可以预测是否需要提供能量来维持化学反应的进行，或者是否可以利用化学反应释放的能量，从而利用航天器中有限的能量 【拓展】 (1)利用萨巴蒂尔(Sabatier)反应再生氧气：萨巴蒂尔反应可以将二氧化碳转化为甲烷和水，配合水的电解可以实现氧气的再生。该方法可同时解决二氧化碳的清除问题，因此成为一种非常重要的载人航天器中氧气再生的方法 (2)中国空间站环境控制与生命保障技术	【聆听】	开阔视野

续表

教学环节	教师活动	学生活动	设计意图
环节六：课堂总结，典例分析，练习反馈	【练习】在载人航天器的生态系统中，不仅要求分离出 CO_2，还要求提供充足的 O_2。某种电化学装置可实现转化 $2CO_2 = 2CO + O_2$，CO 可用作燃料。已知该反应的阳极反应方程式为 $4OH^- - 4e^- = O_2\uparrow + 2H_2O$，则其阴极反应方程式为________________ 【结束语】仰望星空，脚踏实地	【练习】	
板书	第二节　电解池 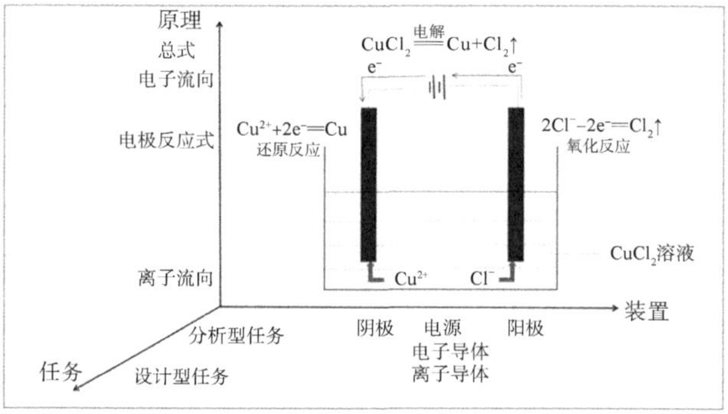 		

2. 案例 2：金属的腐蚀教学设计

课题：金属的腐蚀（高中化学选择性必修 1《化学反应原理》第四章第三节第 1 课时）。

课标要求：在高中课程标准必修教科书化学必修第二册中，已经介绍了化学能与电能的转换，即原电池的相关知识，本节是在此基础之上，引导学生了解金属的腐蚀原理与防护方法等。

核心素养发展目标：

（1）通过认识金属电化学腐蚀原理的创新应用，增强学生的社会责任感。

（2）通过实验设计和探究，认识金属的电化学腐蚀原理，深化科学探究与创新意识。

（3）通过对实验现象的分析，深度认识析氢与吸氧的腐蚀原理，正确书写电极反应方程式，深化证据推理、宏观辨识与微观探析的学科素养。

重点：金属的电化学腐蚀及金属的电化学防护原理。

难点：金属发生析氢和吸氧腐蚀的原理。

教学过程（表 1-5-4）：

表 1-5-4　金属的腐蚀教学过程

教学环节	教师活动	学生活动	设计意图
环节一：情境导入	【视频】鎏金铁芯铜龙，唐代，高 34 cm，长 28 cm，陕西西安南郊草场坡出土，陕西历史博物馆藏 【图片】水龙头的前世、今生和未来 【讲解】铁生锈就是铁被氧化的过程 请大家思考，什么情况下铁会被腐蚀 【讲述】其实“生锈”只是腐蚀的形式之一，比如在强酸性环境中，铁会与酸反应而腐蚀；在有氧气、氯气等氧化性环境中，铁也会发生化学反应而腐蚀。这些都属于铁的“化学腐蚀”	【观看】 【思考回答】	以实际应用引课，从正面对学生进行引导，让学生认识到化学的社会价值
环节二：实验探究析氢腐蚀	【探究】分别在试管①和试管②中加入两粒锌粒，然后加入等浓度、等量的盐酸，向试管②中加入 1～2 滴硫酸铜溶液（注意硫酸铜溶液最好是饱和溶液，加入 1～2 滴即可） 【思考】 (1)哪一支试管中产生气泡的速度快？ (2)分析实验①和实验②中气泡产生速度不同的原因 (3)你能否联系过去所学的原电池知识分析实验①与实验②的差异原因 【小结】 (1)实验①中所发生的反应是锌与盐酸直接发生化学置换反应，就像铁与 O_2、Cl_2 等物质直接发生反应生成铁的氧化物或三氯化铁而引起的腐蚀一样，叫化学腐蚀 (2)实验②中加入硫酸铜后，锌置换出的铜附着在锌表面，满足了原电池组成的条件：锌与铜形成两个电极，浸泡在盐酸溶液之中，形成了原电池发生原电池反应，这种腐蚀叫电化学腐蚀	【学生实验】 【思考、回答】 实验②中产生气泡的速率更快，因为电化学反应比化学反应速率快 【尝试作图】 锌—铜—盐酸原电池 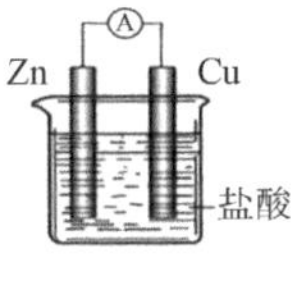	通过学生亲自动手操作，培养学生自主探究的能力 引导学生透过现象看本质

续表

教学环节	教师活动	学生活动	设计意图
环节二：实验探究析氢腐蚀	锌电极——负极：$Zn-2e^-=Zn^{2+}$（氧化反应） 铜电极——正极：$2H^++2e^-=H_2\uparrow$（还原反应） 电池总反应：$Zn+2H^+=Zn^{2+}+H_2\uparrow$ 【过渡】为什么形成原电池金属就腐蚀得快呢？课后查阅资料，下节课分享 【引导】钢铁中含有碳，将上面装置中的锌改为铁，铜改为碳，也形成原电池，请同学们写出该原电池装置中铁电极和碳电极上发生的反应 【教师活动】金属在较强酸性溶液中发生电化学腐蚀，并有氢气产生的腐蚀，叫析氢腐蚀	【书写】 铁电极——负极：$Fe-2e^-=Fe^{2+}$（氧化反应） 碳电极——正极：$2H^++2e^-=H_2\uparrow$（还原反应）	回顾原电池知识，加深对电化学知识的理解
环节三：实验探究吸氧腐蚀	【展示图片】我们常见环境中的钢铁处在自然环境条件下，水膜不显强酸性。多数金属也可发生腐蚀  【过渡】图片上大多数钢铁都没有处在酸性较强的环境之中，它们又是怎样被腐蚀的呢？你能不能从“暖宝宝”的发热原理得到启示呢 【演示实验】数字化实验：探究暖宝宝的发热原理 实验现象：氧气传感器测得体系的氧气浓度在不断地下降，而温度则在上升 【提问】这说明了什么？尝试写出氧气参加反应的电极反应方程式	【观看】图片资料，体会钢铁腐蚀的危害，思考常见钢铁腐蚀的介质环境 【思考 交流】 【观察】 【讨论 分享】 反应放热，反应中有气体被消耗。可以推测是氧气 【书写】$O_2+4e^-+2H_2O=4OH^-$	图片展示，引起学生的学习兴趣 该实验完整模拟了钢铁生锈的环境，并通过信息化手段使得钢铁

续表

教学环节	教师活动	学生活动	设计意图
环节三：实验探究吸氧腐蚀	【总结】“暖宝宝”暴露在空气中吸水后，细小的铁粉和碳粉及氯化钠溶液构成了许许多多个原电池。对于每个原电池，负极都是铁被氧化成 Fe^{2+}；正极是碳，但碳不参加反应，是 O_2 得电子，生成 OH^- 的反应；Fe^{2+} 又会与 OH^- 结合得到 $Fe(OH)_2$ 迁移到钢铁的电化学腐蚀，得出结论，钢铁在弱酸性或中性溶液中的腐蚀原理： 铁电极——负极：$Fe-2e^-═Fe^{2+}$（氧化反应） 碳电极——正极：$O_2+2H_2O+4e^-═4OH^-$（还原反应） 电池总反应：$2Fe+O_2+2H_2O═2Fe(OH)_2$ 【讲述】$Fe(OH)_2$ 很容易被氧化，最终得到红褐色的 $Fe(OH)_3$。$Fe(OH)_3$ 脱去一部分水生成 $Fe_2O_3 \cdot nH_2O$，即铁锈的主要成分 【讲述】钢铁表面吸附的水膜酸性很弱或呈中性，但溶有一定量的氧气，此时发生的反应叫吸氧腐蚀 【总结】通过上面的实验及图片可以得出，在吸氧腐蚀过程中，正极上是溶解在水膜中的 O_2 得到电子而被还原。实际上在一般情况下，析氢腐蚀与吸氧腐蚀同时存在，只是吸氧腐蚀比析氢腐蚀更为普遍	【聆听】 【聆听】 【整理 总结】 【思考 内化】	生锈过程中肉眼难以观测到的变化得以呈现，从而帮助学生认识、理解并掌握钢铁的腐蚀，实现了知识的生成性
环节四：总结提升	【提问】无论是化学腐蚀还是电化学腐蚀，是析氢腐蚀还是吸氧腐蚀，都能够得出金属腐蚀的本质，那么它是什么 【总结】结合图示讲解 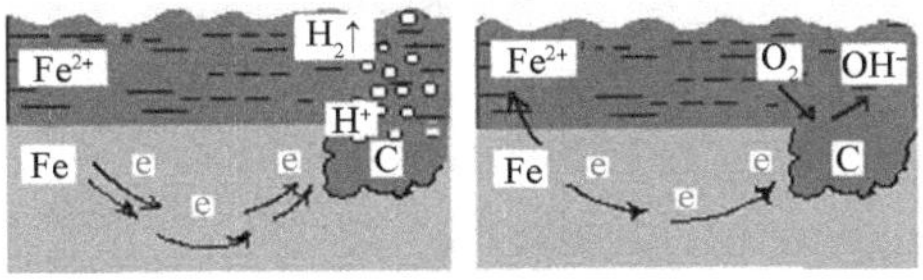 【总结】本节课我们学习了钢铁腐蚀的原理，从而知道了腐蚀的本质是铁失去电子	【回答】从本质上看，金属的腐蚀都是金属原子失去电子而被氧化的过程	结合图示让学生理解并能够自行总结出金属腐蚀的本质原因，为接下来学习金属腐蚀的防护做了铺垫

续表

教学环节	教师活动	学生活动	设计意图
环节四：总结提升	【展示】文物修复图片。文物是人类历史文明的结晶，但由于它们在土壤中受到盐分、水分、气体的腐蚀，因此有些已经面目全非。想要防止金属腐蚀，本质上就是阻止铁失去电子，你有哪些办法能阻止铁失去电子呢？前面展示的鎏金铁芯铜龙对你有没有启示呢？结合所学，提出一些金属文物防腐蚀的措施		
板书	第三节　金属的腐蚀与防护 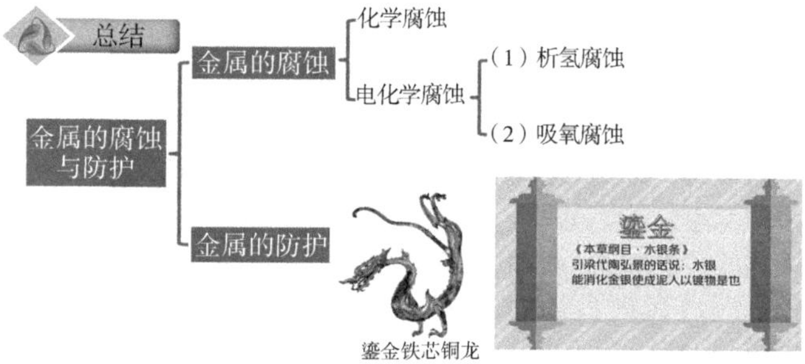 鎏金铁芯铜龙		

第六章　输出式学习法

"输入"与"输出"的关系可以用一句中国的古话来描述——"师傅引进门，修行在个人"。前者说的是师傅的作用：一是"高效输入"，也就是有效的引导、点拨；二是以适当的形式组织开展"输出式学习"。后者说的是"高效输出"，必须靠学生本人努力才能做到。教师能在实现"高效输入"的基础上，组织学生"高效输出"的学习活动，将会有效提升教学效果①。

一、输出式学习法概述

（一）输出式学习的内涵

"输出"在字典中的解释为媒介由内到外的传递过程，即提取内部信息应用到外部；"输入"便是从外部接收信息到内部的过程。输出式学习强调学习者应当积极地将所学知识与技能通过多样化的形式进行输出实践，以此来强化记忆、验证学习成效，并在此过程中不断深化理解，进而有效提升整体学习效果。

（二）输出式学习法的理论基础

1. 费曼学习法

第一章提到的费曼学习法，能验证学习者是否真正掌握了知识，能够帮助学习者提高知识的吸收效率，真正理解并学会运用知识。费曼学习法要求学习者在学习时，能用直白浅显的语言把复杂深奥的问题或知识讲清楚，促使学习者进入积极主动的学习状态，发现知识的重难点，而后达到融会贯通的境界②。费曼学习法的核心在于学习者"以教代学"，这一核心理念与输出式学习紧密相连。

---

① 王珏."费曼学习法"教学原理分析及应用[J].广西职业技术学院学报，2020，13(4)：98-102，115.

② 彼得·霍林斯.费曼超级学习法[M].彭相珍，译.北京：中国青年出版社，2022：1.

2. 金字塔理论

著名的学习金字塔(图 1-1-1)表明,用讲授给他人听的方式学习可以帮助学习者最大限度地掌握所学内容[①]。根据外部信息(新知识)相对于人脑的流向关系,可以将听讲、阅读、视听、演示归类为“输入式学习”,也就是说,外部信息是“流入”大脑的;而讨论、实践、教授给他人可归类为“输出式学习”,即外部信息是“流入”大脑的,或兼具“流入”“流出”两个方向。因此,可以从“学习金字塔”得出结论:输出式学习(或输入、输出相结合)的效果,要远远好于单纯的输入式学习!而“费曼学习法”强调学习者应具备“传授给他人的能力”,显然对应于学习金字塔中效果最好的方法“教授给他人”[②]。

3. 图式理论

“图式”(scheme)一词,早在德国哲学家康德(Immanuel Kant)的哲学著作中就已出现。在近代心理学研究中,最早对图式给以理论上高度重视的学派是格式塔心理学。瑞士著名的心理学家皮亚杰也十分重视图式概念,他认为“图式是指动作的结构或组织”。图式是指围绕某个主题组织起来的知识表征和贮存方式。个体一生要学习和掌握大量知识,这些知识并不是杂乱无章地贮存在大脑中的,而是围绕某一个主题相互联系起来,并形成一定的知识单元,这种单元就是图式。图式理论研究的就是知识是怎样表征出来的,以及关于这种对于知识的表征如何以其特有的方式有利于知识应用的理论[③]。目前,中小学教师普遍指导学生绘制的思维导图就是图式理论的一种具体表现形式,它通过图形化的方式将图式理论中的认知结构和知识结构以直观、简洁的方式呈现出来。

二、输出式学习法的教学意义

输出式学习法强调学生的主体地位,鼓励学生积极参与学习过程,符合现代教育理念中以学生为中心的教学思想。输出式学习法不仅关注学生的知识掌握情况,更注重学生将所学知识应用于实际情境中的能力,符合现代教育理念中注重实践与应用的教学要求。在教学中开展有意义的输出式学习活动,能很大限

---

① 彼得·霍林斯. 费曼超级学习法[M]. 彭相珍,译. 北京:中国青年出版社,2022:14.

② 王珏. “费曼学习法”教学原理分析及应用[J]. 广西职业技术学院学报,2020,13(4):98-102,115.

③ 孙崇勇,李淑莲. 认知负荷理论及其在教学设计中的运用[M]. 北京:清华大学出版社,2017:6.

度地促进学生综合素质的提升。

（一）加深知识理解与记忆

输出式学习法鼓励学生将所学知识通过自己的方式表达出来，这一过程需要学生对知识进行深入的加工和理解，从而促使知识从短期记忆转化为长期记忆。在对外传授知识时，学生会将多个知识点自动结合起来，经过多次练习和反复刺激大脑皮层，形成独特的记忆模式，提高记忆效率。

（二）提升学习能力与思维水平

在输出过程中，学生需要对所学知识进行筛选、整理和归纳，这有助于培养他们的批判性思维能力，让他们学会独立思考和判断。面对输出时可能遇到的问题和挑战，学生需要寻找解决方案，这有助于提升他们的问题解决能力和创新能力。

（三）增强学习自信心与兴趣

当学生能够成功地将所学知识输出时，他们会获得成就感和自信心，这种积极的心理体验会激励他们更加努力地学习。输出式学习法让学生在学习过程中扮演主动角色，通过参与、互动和分享来感受学习的乐趣，从而激发他们对学习的兴趣和热情。

（四）促进师生互动与同伴合作

在输出式学习法中，教师可以通过学生的输出情况了解他们的学习进度和存在的问题，从而提供更有针对性的指导和帮助。学生可以通过小组讨论、知识交流会等形式合作学习，相互启发、相互帮助，共同提高学习效果。

三、用思维导图提升输出式学习的效率

（一）思维导图概述

能自己动脑思考、找出问题解决方案的人，才能适应当今人才培养的需要。充分运用自己的头脑，对各种事物进行有深度、有逻辑的思考将变得更加重要。日本宫城大学久恒启一教授在他的著作《图形思考与表达的 20 堂课》中就提出如何更充分地运用自己的头脑对事物进行逻辑思考、构思新想法，他推荐的方法就是“图解”。运用图解的方法深入分析事物之间的紧密联系，什么与什么有因果关系、什么与什么有对立关系、什么又是包含关系，相对于条目式的书写，图形表达更为直观、贴切，更能让学习者对事物的架构看得透彻。而思维导图作为 21

世纪的一种学习工具，更是一种便于学生整合知识、应用知识的有力的“图解”方式。

思维导图也被称为心智图，是一种能让智力运作的方法，是一种非常有用的图形技术，最早由英国教育专家东尼博赞(Tony·Buzan)提出。思维导图注重图文结合的表述形式，通过图像与文字可以将各级主题与相关的层级直观表现出来。思维导图模式充分利用大脑对发散思维的处理优势，通过图像、文字、数字、符号等直观信息在大脑中产生相关映射，直接促使人联想起相关思维导图中概念、逻辑间的联系的认知，进而达到强化概念、加深记忆、深入理解等良好效果。

(二)基于高三化学自主复习的思维导图教学策略

思维导图可以较为系统地呈现学生的“输出”，促进知识自主条理化、结构化、简单化，可使学生在自主消化大量信息和知识的基础上一次抓住所有重点。因此，思维导图应用于课堂教学的核心是教师要教会学生绘制图形，提高学生自主绘制图形及主动运用图形的能力。

1. 高三化学复习现状和思维导图的重要性

传统高三化学在复习的过程中主要以教师的指导为核心，学生则是在教师的指导下对各个章节的化学知识展开复习。这种传统的复习方法并不能让学生更全面地回忆和了解化学知识，他们往往死记硬背一些重点和关键点，因此大部分学生的复习效率和复习质量依然很低。比如，高中化学元素化合物的知识主要分为卤素、碱金属、氧族、氮族、碳族，以及镁、铝、铁、铜等多个部分，而在针对元素化合物的知识进行复习时，基本是由教师展开指导和重点强调，学生需要根据实际学习展开复习。大部分学生在对关键知识记忆时都是死记硬背，不仅效率不高，而且压力很大，也很容易忘记。其主要原因就是没有让化学知识进行关联，无法形成一个完整的化学知识结构，因此，使学生记忆非常杂乱，并不能牢固地记住所有的知识。而且教师在引导学生复习时也并没有意识到知识结构建立的重要性，因此并没有有针对性地展开知识架构复习，导致复习效率和效果并不是很好。

由于化学知识之间具有很强的关联性，因此教师一定要注重对知识结构的建立，才能确保学生快速梳理清晰复习脉络并掌握相关知识。而思维导图在知识体系架构的过程中能够起到如下作用：一是能将新旧知识进行结合形成知识网络，确保学生复习的整体性，加深学生的记忆；二是能让学生在复习过程中形成独立思考的习惯，避免过度依赖教师引导，教师也能有更多时间制订有针对性的教学计划;三是能让学生知道自身的不足,并且有针对性地展开复习,提高学生的复习效率和质量,让学生利用更适合自己的方法进行复习。

2. 思维导图在高三化学复习课中的应用实践①

学科知识、学科能力、学科思想是学科体系三要素,而学科思想是一个学科的灵魂。化学的学科思想包括了联系思想、守恒思想、整体性思想、一般与特殊思想、极限思想、动态平衡思想、数形结合思想、构建模型思想、验证探究思想、绿色化学思想、学以致用思想等。高三复习阶段特别注重在学科思想的框架下解决具体问题。传统的高三备考一轮复习阶段,学生对知识的记忆、理解与应用大多是通过教师按照教辅资料编排的顺序、知识的罗列而巩固复习,存在较多问题:一是学生学习不系统;二是碎片化的知识使学生记忆难度大,应用知识解决问题的能力不足,复习效果差;三是教师以讲授法复习为主,讲解费力,效率低。

笔者基于思维导图这一"可以帮助学生思考时在诸多概念间建立联结,以求理解知识、发现并解决问题,进而提升学生精准、有效、主动、独立思考能力"的特点,将其应用于复习教学,充分调动学生的自主学习能力,让学生通过绘制思维导图复习知识、巩固知识和应用知识。将联系思想中的类比思想、比较思想、发散思想和有序思想充分应用到实际教学中。以"元素化合物"复习为例,具体步骤如下。

(1)指导学生,理解导图。

笔者先向学生展示了不同学科、不同领域中思维导图的样本与作品,让学生深刻理解思维导图是一种可视化的知识系统整理,具有中心发散、层级连接的特点,并强调在制作思维导图时要注意绘制前的知识点汇集、绘制过程中的知识点链接及绘制后的知识点反思。

(2)榜样示范,全体参与。

在教会学生绘制思维导图之前,要有示范样板,于是笔者挑选了班内一个心灵手巧、化学功底比较扎实的学生,给她讲解了绘制要领后,要求她用一晚上的时间完成"二氧化硫"的思维导图。这个学生的作品是比较完善的:以二氧化硫这个物质为中心,用四种颜色的绘笔绘制了四个一级分支,分别是"结构""性质""制备"和"用途"。在"结构"分支中,通过四条二级分支体现了二氧化硫的固态晶体结构、价层电子对互斥理论模型、中心原子杂化轨道模型及等电子体模型;

---

① 冯越.基于高三化学自主复习的思维导图教学策略[J].天津教育,2022(1):147-149.

在“性质”一级分支中有“物理性质”和“化学性质”两条二级分支，而在“化学性质”中将酸性氧化物、还原性、氧化性和漂白性四大化学性质以四条三级分支体现出来；“制备”这一分支更是用心将制备原理、原料、装置、收集等四个方面通过二级分支呈现出来，尤其是在“装置”分支中绘制了许多制备二氧化硫的常规装置及创新实验装置。这个思维导图很好地把整个高中化学涉及二氧化硫的知识以要点的形式呈现在图中，思路清晰，知识完整，对其他同学起到示范作用。笔者用电子白板展示了该生的作品，结合此作品逐一强调绘制思维导图应注意的事项，如绘制纸张的要求，如何使用关键词，知识点的层级关系如何呈现，每一分支的颜色、线条、箭头要统一清晰，图像使用要恰当等。学生们对样板作品羡慕不已，鼓掌点赞，同时也跃跃欲试。随后笔者立刻在任教的两个班布置了周末作业：在已经完成元素化合物模块复习的基础上，挑选一个自己需要巩固提高的物质绘制思维导图。

(3)成果分享，提升能力。

在交回的作品中，有的学生按照要求选择了一种物质或者一种元素为中心展开绘制，有的学生标新立异，选择了一个概念或一个基本理论为中心展开。比如，王同学以平衡常数为主题，将中学涉及的化学平衡常数、弱电解质电离常数、水的离子积常数、盐类水解常数、沉淀的溶度积五大平衡常数展开各知识点的连接和梳理，直观清晰，效果良好，思维导图中不仅有高中阶段涉及的各种平衡常数，还涉及其意义、表达式，如何应用，如何计算，甚至将注意事项也写在导图中。笔者惊叹他们这种高度概括和整合信息观点的能力的同时，对后期二轮复习继续应用思维导图教学策略更加有信心。

笔者及时把好的学生作品贴到自己所带的两个班教室的公布栏进行展示，大力宣传学习。学生经常会在课间认真驻足观看，许多学生还对思维导图进行点评。笔者在处理有关习题的时候，也会经常走到公布栏前，指着某个思维导图说，这道题就是用了某某同学总结的知识或方法，让这位同学的自豪感和自信心油然而生。

在后期二轮复习中，学生更加喜欢这种复习策略，每一个专题复习开始之前，他们会结合一轮复习知识，思考知识体系、知识联系及知识应用，主动绘制该主题的思维导图，在课堂上积极分享交流，完善自己的图形。随着学生能熟练绘制并应用思维导图梳理知识、系统思考、解决问题，他们的学习热情也得到了激发，学生在数学、物理学科中积极实践应用，甚至将思维导图应用到模考结束后的学情分析表中。

3. 成效分析

应用思维导图于高三复习课中，绝大多数学生都对这种学习策略表示好奇和喜欢，更加充分体现了“输出式学习法”的效果。它对高三复习课工作的促进作用不容小觑。

(1)促进了学生学习方式的改变。

思维导图的应用打破了传统教学的教师先教，学生后学，再应用解决问题这个教学流程。学生在已有知识储备的基础上进行知识梳理、整合及链接并绘制出思维导图，然后在课堂上展示作品，在教师的指导下，相互交流学习，不断完善自己的思维及知识结构。这样的输出式学习方式更有助于学生建立完整的知识体系，更加深刻认识到各个知识点之间的联系。由于是独立绘制的思维导图，因此真正实现了自主认知、自主思维的可视化，在运用知识解决问题的时候，能从大脑中快速检索出思维导图中的各个模块及相互关系，提高知识运用能力。

(2)发挥了学生的主观能动性。

学科素养的培养，不仅要对学生进行知识和素养方面的培养，更要使学生自主、自发地学习化学知识。思维导图实为训练学生“归纳整理”“多元联想”的有效策略，促进了思考，锻炼了思维，解决了学生知识碎片化、不系统、学习量大的困惑。学生在绘制思维导图前，不仅要查阅资料、自主探究知识架构，还要总结解题模板及技巧，同时学生十分关注其绘制的作品能否被其他同学欣赏，所以在绘制思维导图的过程中尽可能让知识准确完整、图形颜色标准、图示美观直观。这个精心绘制的过程提高了学生的知识整合水平、谋篇布局水平及美术欣赏水平。尽管每个学生最终展示的风采不同，但均凸显了他们显著的自主学习成果，效果良好。

(3)提高了教师创新实践的水平。

学习力既是发展力又是竞争力，这就要求教师必须不断更新并给学生提供新的学习策略。实施思维导图教学策略的教师既要有改革创新的思想、热情和勇气，又要有将信息化教学手段应用于教学活动中的能力。在实施此活动时，笔者先认真研读有关书籍、文献，将思维导图这一学习工具应用于日常教研活动，如运用思维导图相关软件制作导图式会议笔记。同时在实施思维导图教学策略时优化教学过程，提高教学效率，教师的育人理念和信息化教学方法也会得到提升和改进。

四、应用费曼学习法开展输出式学习

结合费曼学习法和金字塔理论的启示，笔者在教学实践中深刻认识到：在有效输入的前提下，如果学生没有进行知识的有效输出，那么无论增加多少知识输入、无论做过多少题目，对“学”的促进作用都是有限的。唯有通过知识的内化，并进行知识输出，学生才能真正实现有效的深度学习。

学习金字塔告诉我们，传统的教学方法也就是讲授法，学生只是听教师讲，两周后只有5%的内容被记住。美国视听教育家爱德加·戴尔提出，学习效果在30%以下的几种传统方式，都是个人学习或被动学习；而学习效果在50%以上的，都是团队学习、主动学习和参与式学习。在金字塔基座位置的学习方式，是“教别人”或者“马上应用”，可以记住90%的学习内容。

在这两个认知理论的指导下，笔者开展了学生讲题的“我是老师”课前习题分享活动①。这是一种最直观、最有效、最简便易行的输出式学习方法。从高一年级第二学期开始到高二年级结束，每周利用化学课前进行1～2次活动，这项活动在笔者所带的两届学生中开展，近百名学生参与讲题，分享高考真题150个，取得了良好的教学效果。

(一)活动流程简介

1. 领取任务

教师对班级学生进行分组，6人一组，共9个小组，并编号。按照序号，第一小组先领取教师分配的与当前所学知识相关的历年高考真题，每人1～2题。第一小组完成整个活动后再进行第二组，依此类推。

2. 精心备课

此阶段每位讲课学生要用2～3天认真“备课”，分四步进行。第一步，学生独立完成所分配的习题并准备好讲解稿。第二步，学生给教师讲一遍，教师会提出许多建议和意见来完善修改学生的讲解。第三步，学生在教师指导后完善讲稿，熟悉讲稿，并制作PPT，对照课件再给教师讲一遍。第四步，主讲学生给同组同学讲一遍，确认小组内同学能听懂，对组内同学提出的问题进行答疑。

3. 展示风采

化学课预备铃响后，主讲学生扮演老师开讲，时间把握在5～7分钟。同时，

---

① 冯越.“课前习题分享”活动的实践与探索[J]. 中学化学教学参考，2018(24)：1-2.

教师将学生的讲课过程录制成视频。

4. 微课学习

教师将学生的讲课实录制作成10分钟以内的微课（分辨率在1280×720以上保证高清），上传至网络，将网址产生的二维码分享给学生进行在线反复学习。

5. 评价反思

（1）由主讲学生完成课后评价表中的“自评”，再由主讲学生将评价表和微课视频二维码一同发给校内外同年级的其他学生，其他学生学习微课后进行“同学评价”。教师完成“教师评价”，最后反馈给主讲学生。

（2）每小组6人为一轮，每一轮完成后，由本班学生无记名投票选出小组讲题冠军。所有小组完成后师生共同评出表现最佳小组。

（二）活动设计原则

1. 学生主体与教师主导相结合的原则

对学生而言，学生扮演老师这一角色，从“备课”到讲课到反思，整个过程是活动的主角。但教师的主导也尤为重要，严格的“备课”阶段，能让教师与学生分享彼此的思考、经验和知识的认知过程，交流彼此的情感体验与观念，同时丰富教学内容，求得新的发现，从而达成共识、共享、共进，实现教学相长和共同发展。学生主体与教师主导相结合才能使活动开展得更加有针对性和实效性。教学活动基本环节如图1-6-1所示。

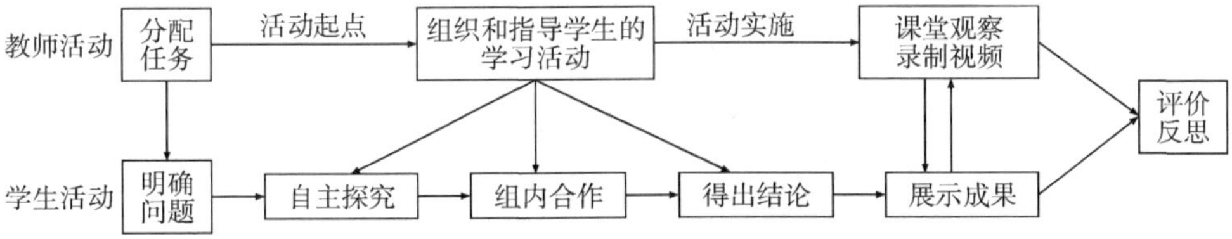

图1-6-1 “我是老师”课前习题分享活动基本环节

2. 主动学习与参与学习相结合的原则

因为任务驱动和认同感的需要，讲课学生会精心“备课”，力争讲到完美。听讲的学生也因是同龄人讲课而产生好奇与兴趣，同时也为成为下一个讲课“老师”而观摩学习，所以认真听讲，专心记笔记。而后每一个微视频又可以让学生反复学习，使得每个学生既扮演老师，又扮演学生，主动学习和参与学习相互结合，达到学习目的。

3. 个性发展与统一协调相结合的原则

展示环节中有的学生语言表达能力突出，有的学生板书设计整洁规范，还有的学生能和台下的同学互动交流，课堂教学氛围浓厚。尽管每个学生最终展示的风采不同，但教师一定在学生“备课”前对其进行培训，比如，讲课时限、讲课环节、课件的体例与标识等都有统一的规定，后期教师制作的微课也会统一片头和片尾。在统一中追求个性发展才能让活动活泼生动而不失严谨。

4. 自主探究与合作交流相结合的原则

主讲学生在“备课”时不仅要查阅资料、自主探究解题思路、总结做题模板，而且十分关注其讲解成果是否能被听讲学生接受，所以“备课”环节的“讲给同组学生听”就是要听取组内同学的建议和意见，进一步完善“备课”。在最终小组间评比奖励的动力下，组内同学互帮互助，有助于大家共同进步，实现共赢。

5. 传统课堂与翻转课堂相结合的原则

主讲的学生在课堂上和其他学生进行师生互动，之间会有情感交流，这是传统课堂教学的优点。但是如果课堂内容难度大、容量大，就不能使所有学生都掌握，此时就需要用到翻转课堂了。由学生讲课实录制作出的微课就是让内化吸收放在课后进行，节约时间，也能巩固知识，更好地突出重点、突破难点。比如(图 1-6-2)，2017 年课标Ⅰ卷第 9 题考查了有机物的结构及性质，讲课的金同学为了使听讲的学生更能直观地感受有机物的结构特点，他在课前就组装了球棍模型，对照模型讲课，效果非常好。随后笔者制作微课时对模型展示部分给予了特写、音效与文字提醒，也使微课更加生动形象。

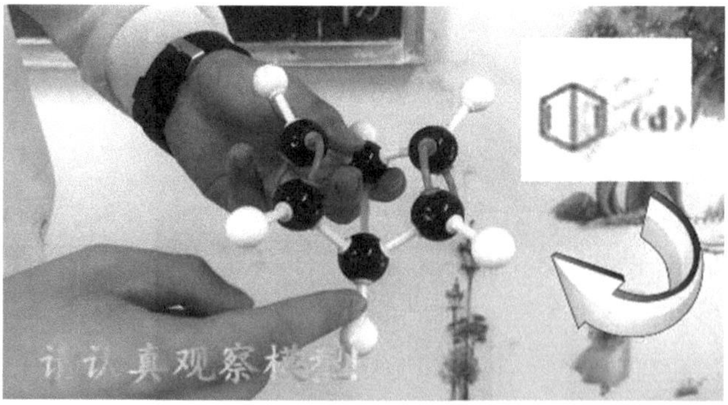

图 1-6-2　由学生拼接的有机物球棍模型

(三)活动成效分析

1. 促进了化学学科核心素养的培养

新修订的高中化学课程标准提出了“宏观辨识与微观探析、变化观念与平衡思想、证据推理与模型认知、科学探究与创新意识、科学精神与社会责任”五个维度构成的化学学科核心素养,将原来的三维目标有机整合并提升到更上位的学科哲学层面,凸显了化学学科在育人方面的教育价值。开展有益、高效、活泼、多元的教学活动,可以将化学学科核心素养有效转化为具体的课堂教学行为,这项“我是老师”课前习题分享活动的开展,对学生学科素养的培养起到了良好的推动作用。

一段段影像记录了同学们的成长与进步。他们站在讲台上,毫无怯意,落落大方,讲解清楚,板书细致,时不时还和下面听讲的同学互动。一个个难题被同学们攻克,一个个做题模板被逐渐建立,一个个知识点被重温而巩固。这一个个“小老师”的成长记录了他们的认真、勤学与坦诚。参与的学生不仅勇敢地跨越了胆怯的障碍,实现了自信与语言表达能力的提升,还显著强化了他们的逻辑思辨能力,锻造出严谨求实、追求科学真理的宝贵品质。与此同时,他们应对考试的能力也得到了加强,分析问题、解决问题的技巧也更加娴熟。尤为重要的是,这一过程中,学生们的合作交流能力也得到了显著提升,促进了彼此间的沟通与协作,使他们共同成长。王同学在她的自评中说:“我初次挑战‘小老师’,非常紧张焦虑。冯老师与同学们一直在旁边鼓励加油,我一个人在讲台上对着黑板模拟演练了三四遍才终于讲得流利了。非常感谢老师给我提供这次争当‘小老师’的机会,让我真正成为化学课堂教学舞台的主角。它不但使我克服了胆小紧张的毛病,而且战胜了自我。它满足了我的好奇心、探索欲,激起我内心深处的学习潜能,让我身不由己地爱上化学,我收获的更是一份勇敢、自信、优秀、坚强。”

2. 加强了学科知识和技能的巩固与延伸

给学生精选的习题都是结合教学实际的高考真题,既把握了教材的重点、难点,又明确了考试方向。活动在高一、高二年级学生中开展,此阶段学生的抽象思维、逻辑推理及空间想象能力都比较薄弱,仅仅通过课堂学习是远远不够的。微课的学习很好地解决了这个问题,学生可以通过点击暂停键或者回放视频达到不断学习的目的。通过反复观看,揣摩知识,了解知识逻辑,触类旁通,使化学学科的知识和技能得以巩固和应用。比如,主讲学生罗同学将他的微视频分享给了其他学校的同龄学生,那位同学看过后评价:“我听过后,感觉内容翔实,思路明确,语言逻辑感非常强,学生之间的互动比课外复习题上的生冷答案要有效很多,让我们这些平时学习并不是那么好的学生也有了弄懂习题的方法。”

3. 提高了教师信息化教学专业发展水平

活动看起来简单易行,实际上非常考验教师的教学能力。在实施此活动时,笔者熟练掌握了微课制作技术,将学生的讲课实录制作成微视频,作为对每个参与讲课学生的奖励,激励了学生,也留存了宝贵的资料,取得了良好的教学效果。同时,笔者组织校本教材开发团队,精选44节微课、74道高考真题,形成了校本教材供学生使用。参与指导、组织学生活动和微课制作的都是一线教师,在和学生的互动中,教师的育人理念和信息化教学方法也得到提升和改进。

五、案例分析

(一)案例1:一轮复习——氯及其化合物复习教学设计

课题:氯及其化合物复习。

地位分析:“氯及其化合物”是高一阶段化学教学的重要内容,也是历年高考必考内容,在近五年的高考化学卷中占分比较高。氯及其化合物在现实生活中、工业生产中有着广泛的应用价值与应用前景。通过这部分的一轮复习,能让学生对化学学科的本质和学习价值有更深入的理解,对化学基本思想观念有更进一步的把握。

素养目标:

(1)通过自主绘制知识思维导图及价类二维图,提高对知识的整合和加工能力,并构建物质之间的关系模型。

(2)通过真实情境的创设,让学生应用价类二维图、氧化还原反应规律、氯及其化合物性质等相关证据解决实际问题。

(3)树立辩证唯物主义观点,培养学生严谨求实的科学态度。

教学重点、难点:通过真实情境的创设,让学生应用价类二维图、氧化还原反应规律、氯及其化合物性质等相关证据解决实际问题。

学情分析:高三学生已经经过金属及其化合物的系统复习,对于思维导图、价类二维图的绘制有一定的掌握,并具备一定运用图示解决具体问题的能力。

教法:讲练结合法、创设情境法、探究法、活动评价法。

学法:以自主探究法、合作交流法为主的输出式学习法。

教学理念:以学生为主体,教师主导,创造和谐课堂。

教学用具:实物投影仪、多媒体、84消毒液、pH试纸等。

教学过程(表 1-6-1)：

表 1-6-1 氯及其化合物一轮复习教学过程

教学环节	教师活动	学生活动	设计意图
环节一：自主归纳，知识构建	【指导】课前，指导学生绘制“氯气”思维导图及氯的价类二维图	【自主绘制】 3 天	自主复习，培养学生自主梳理、整合知识的能力
环节二：精选作品，榜样示范	【展示作品】优秀作品：4～5 张思维导图，2～3 张价类二维图	【倾听】	展示成果，激励先进
环节三：完善体系，提炼模型	【点评并复习】 (1)氯原子结构； (2)氯气的化学性质； (3)氯气的用途； (4)氯气的实验室制备和工业制备方法。 构建“结构决定性质，性质决定用途”的知识体系	【倾听】 【书写】补充完善自己所画的思维导图	同伴互助中，完善自己的知识体系
环节四：情境探究，问题解决	【创设情境】含氯消毒剂是我们日常生活中常见的一类物质，在疫情期间需求量大，一度脱销，我跑了好多超市都没有买到。当时我就想，自己在家能不能自制些消毒液呢？我们先通过价类二维图分析常见的消毒剂，看你们能不能帮老师解决这个问题 【展示】氯的价类二维图 【提问】 (1)请在价类二维图中找到常见的杀菌消毒剂 (2)你对 84 消毒液了解多少 ①84 消毒液的由来 ②84 消毒液的性质、用途和使用注意事项 【展示】商标标签 a. 碱性——强碱弱酸盐 实验测定：石蕊试液先变蓝后褪色 b. 强氧化性——杀菌漂白 c. 易变质——易分解，易与二氧化碳反应	【交流讨论】 【书写】 【回答】	合作交流，同伴互助，组间竞争，激发热情，提高学生自主学习素养，突出重点教学内容

续表

教学环节	教师活动	学生活动	设计意图
环节四：情境探究，问题解决	【提问】用数据进行证据推理：次氯酸钠与二氧化碳的反应原理，对比次氯酸钙与二氧化碳的反应 已知：H_2CO_3（$K_{a1}=10^{-7}$，$K_{a2}=10^{-11}$）；$HClO$（$K_a=10^{-8}$）；$CaCO_3$（$K_{sp}=10^{-9}$） d. 不能与酸性物质混合使用，如洁厕灵 【提问】写出相关反应的离子方程式 ③84 消毒液的制备 【提问】结合氯碱工业分析制备原理，你能在家里自制 84 消毒液吗 【图片展示】家庭自制步骤 【视频】淘宝售卖的家庭消毒液自制仪	【演练】 【板书】 【观看】	
环节五：综合应用，思维跃进	【引出】其他消毒剂 【展示资料】二氧化氯消毒液的优点及性质 【讨论交流】 (1)二氧化氯的有效氯含量为________ (2)从佩戴式除菌卡的产品说明上分析二氧化氯缓释剂的工作原理	【倾听】 【思考】完成相关计算	分析推理，归纳整理，理性提升，培养学生的科学精神素养，突破难点
环节六：习题巩固，评价反馈	【练习】 (1)(2020·浙江模拟)某同学通过以下流程制取 $NaClO_2$ 晶体： $NaClO_3(s)$、$Na_2SO_3(s)$ $\xrightarrow[①]{浓硫酸}$ ClO_2 $\xrightarrow[②]{NaOH、30\%H_2O_2}$ $NaClO_2$ 溶液 $\xrightarrow[③]{结晶}$ $\xrightarrow[洗涤④]{过滤}$ $NaClO_2$ 晶体 已知：ClO_2 浓度过高时易发生分解，$NaClO_2$ 在温度高于 60 ℃时易分解，$NaClO_2$ 饱和溶液在低于 38 ℃时析出 $NaClO_2\cdot 3H_2O$，高于 38 ℃时析出 $NaClO_2$ 下列说法不正确的是(　　) A. 步骤①在工业上常用 $H_2C_2O_4$ 代替 Na_2SO_3	【练习】 【交流分享】(1)答案 C	感悟高考题型，练习巩固

续表

教学环节	教师活动	学生活动	设计意图
环节六：习题巩固，评价反馈	B. 步骤②发生反应的离子方程式为 $2ClO_2+2OH^-+H_2O_2 = 2ClO_2^-+O_2+2H_2O$ C. 步骤③的结晶方法为蒸发浓缩，冷却结晶 D. 步骤④中制得的 $NaClO_2$ 晶体可用略高于 38 ℃的热水洗涤 2～3 遍 (2)(2020·全国卷Ⅲ，26)氯可形成多种含氧酸盐，广泛应用于杀菌、消毒及化工领域。实验室中利用下图装置(部分装置省略)制备 $KClO_3$ 和 NaClO，探究其氧化还原性质 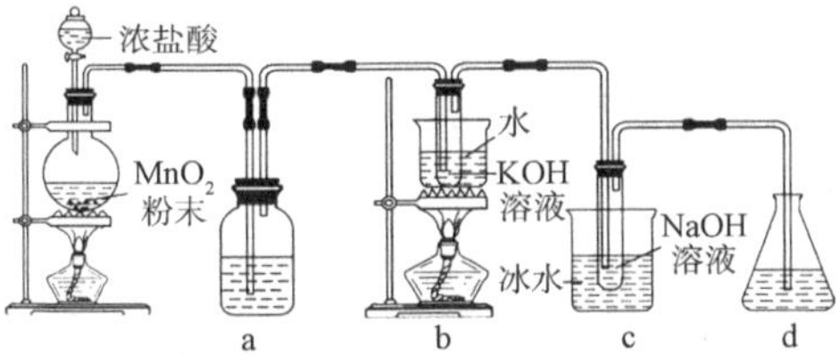 回答下列问题： ①盛放 MnO_2 粉末的仪器名称是__________，a 中的试剂为__________ ②b 中采用的加热方式是__________，c 中化学反应的离子方程式是__________，采用冰水浴冷却的目的是__________ ③d 的作用是______，可选用试剂______(填标号) A. Na_2S　　B. NaCl C. $Ca(OH)_2$　　D. H_2SO_4 ④反应结束后，取出 b 中试管，经冷却结晶，______，__________，干燥，得到 $KClO_3$ 晶体 ⑤取少量 $KClO_3$ 和 NaClO 溶液分别置于 1 号和 2 号试管中，滴加中性 KI 溶液。1 号试管溶液颜色不变。2 号试管溶液变为棕色，加入 CCl_4 振荡，静置后 CCl_4 层显______色。可知该条件下 $KClO_3$ 的氧化能力______ NaClO(填“大于”或“小于”)	(2)答案 ①圆底烧瓶　饱和食盐水 ②水浴加热　$Cl_2+2OH^- = ClO^-+Cl^-+H_2O$　避免生成 $NaClO_3$ ③吸收尾气(Cl_2)　AC ④过滤　少量(冷)水洗涤 ⑤紫　小于	

续表

教学环节	教师活动	学生活动	设计意图
反思	这节课你收获了什么： 我学到的知识有：________ 我掌握的学习方法有：________ 我感受到：________		

(二)案例 2：一轮复习——氯及其化合物复习教学设计解读

高三化学一轮复习中，学生化学学科核心素养必须而且只能在化学问题解决学习中形成和发展。化学问题解决不以对化学知识的记忆和理解为目的，而是通过在真实而复杂的情境中提出问题、开展体验和探究活动，训练和运用化学特征的思维方式，最终获得问题解决的方案和结果。在化学问题解决学习中，化学知识的掌握仅仅是问题解决的副产品。

1. 地位分析

“氯及其化合物”是高一阶段化学教学的重要内容，也是历年高考必考内容。氯及其化合物在现实生活中、工业生产中有着广泛的应用价值与应用前景。通过系列任务的完成或问题解决活动的设计进行这部分的一轮复习，才能让学生对化学学科的本质和学习价值有更深入的理解，对化学基本思想观念有更进一步的把握，从而使化学学科素养落地课堂。

2. 教学过程和设计意图

(1)环节一：自主归纳，知识建构。

[活动]学生课前任务(完成时间：3 天)：①自主完成以“氯气”为核心物质的思维导图；②完成氯元素的“价类二维图”。

设计意图：化学问题解决式学习具有体验性和过程性，思维导图和“价类二维图”在知识体系架构的过程中能够起到知识梳理与知识链接的作用，这都是输出式学习法的重要工具。通过学生自主手绘两种学习工具图，引导学生体验梳理知识脉络的过程，提高学生对知识的梳理、整合和关联的能力，拓展学生思维，加深学生记忆；让学生在完成任务过程中形成独立思考的习惯。

(2)环节二：精选作品，榜样示范。

[展示]优秀作品 4～5 张思维导图、2～3 张“价类二维图”。

设计意图：化学问题解决式学习中的问题具有开放性。笔者在设计这两项任务时，没有规定标准答案或范例，完全由学生自主完成作品，所以收回的学生作品各具特色，充分体现了学生独立地对要解决的问题的多视角分析和探索，对问题解决过程和结果的好奇、创新和决策。精选的样板一定从内容的全面性、知识的逻辑性及图示的美观性等方面考虑。最终展示的作品思路清晰，知识完整，达到让学生利用更适合自己的方法进行复习，进一步完善学生思维创新能力的目的，体现输出式学习法的价值。

(3)环节三：完善体系，提炼模型。

[引导]通过示范作品氯气思维导图的展示，复习“氯气”的必备知识。

[活动]完善并丰富自己绘制的思维导图，体现以下知识要点：①氯原子的结构；②氯气的性质；③氯气的用途；④氯气的实验室制备方法和工业制备方法。

[归纳]认知模型构建：结构决定性质，性质决定用途。

设计意图：化学问题式解决学习具有合作性。学生在与同伴交流讨论众多方案中会不断完善自我认知体系，通过完善自己绘制的思维导图，有效地培养学生的批判性思维和创新意识。

(4)环节四：情境探究，问题解决。

[引导]含氯消毒剂是我们日常生活中常见的一类物质，在疫情防控中发挥了巨大威力。但是如果不能及时购买到消毒液，那么自己在家能不能自制些消毒液呢？我们先通过价类二维图分析一下常见的消毒剂，看你们能不能帮老师解决这个问题。

[展示]氯的“价类二维图”(图 1-6-3)。

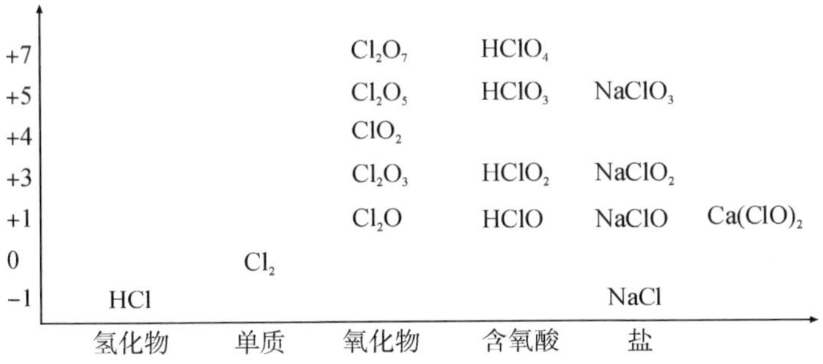

图 1-6-3 氯的“价类二维图”

[活动 1]①用箭号表示出 Cl_2 和其他物质的相互转化关系；②在图中找到熟悉的含氯消毒剂。

[活动 2]探究 84 消毒液的名称由来、性质、用途和使用注意事项。

[阅读]以次氯酸钠为有效成分的含氯消毒剂的发展史(图 1-6-4)及用途。

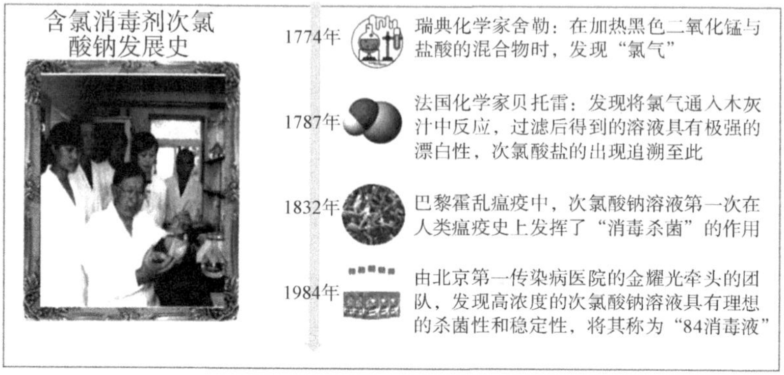

图 1-6-4　含氯消毒剂的发展史

[讨论]结合氯的“价类二维图”，归纳总结 84 消毒液的性质、使用注意事项。

[归纳]84 消毒液的性质及注意事项：①碱性——强碱弱酸盐；②强氧化性——杀菌漂白；③易变质——易分解，易与二氧化碳反应；④不能与酸性物质混合使用，如洁厕灵。

[活动 3]证据推理：根据次氯酸钠与二氧化碳的反应原理，对比次氯酸钙与二氧化碳的反应，完成以下填空和推理。

$CO_2+H_2O+2NaClO═Na_2CO_3+2HClO$(×)，正确的应为____。

$CO_2+H_2O+Ca(ClO)_2═CaCO_3\downarrow+2HClO$(√)，为什么？

已知：$H_2CO_3(K_{a1}=10^{-7}, K_{a2}=10^{-11})$，$HClO(K_a=10^{-8})$，$CaCO_3(K_{sp}=10^{-9})$。

[结论]正确的化学方程式为 $CO_2+H_2O+NaClO═NaHCO_3+HClO$。

经过计算，$CO_2+H_2O+Ca(ClO)_2═CaCO_3\downarrow+2HClO$ 反应的平衡常数约为 $10^7>10^5$，反应可以进行到底。

[活动 4]讨论交流：应用氯的“价类二维图”，结合氯碱工业分析制备原理设计家庭自制 84 消毒液的方法。

[结论]自制消毒液的步骤：电解饱和食盐水制氯气→氯气和水反应生成次氯酸。

[观看]视频：家庭消毒液自制仪广告。

设计意图：化学问题解决式学习中的问题具有情境性。真实而有意义的化学问题情境能够激发学生的兴趣，为学生探究解决问题提供持久的驱动力。学生在解决教师创设的“自制消毒液”这一情境问题中，全面运用已有的化学知识和生活经验，建构新的认知，体验探究性解决问题的方法和过程，发展化学思维品质；培养“科学态度和社会责任”素养，形成和发展正确的价值观。同时，应用“价类二维图”认知模型，从元素“价态”和物质“类别”两个视角认识物质及其转化关系，促进学生元素观、分类观和转化观的建构。本环节的活动3充分培养学生学会利用数据进行分析推理，培养“证据推理和模型认知”学科素养。

(5)环节五：综合应用，思维跃进。

[引出]其他消毒剂。

[阅读]资料卡片1：有效氯含量和二氧化氯的消毒原理及性质。

[活动1]计算：二氧化氯的有效氯含量为________。

[结论]根据“有效氯含量”的定义：每克含氯消毒剂的氧化能力相当于多少克 Cl_2 的氧化能力，计算出二氧化氯的“有效氯含量”为2.63。

[阅读]资料卡片2：佩戴式除菌卡产品说明书。

[活动2]讨论交流：应用氯的“价类二维图”，结合佩戴式除菌卡的产品说明，分析二氧化氯缓释剂的工作原理。

[结论]佩戴式除菌卡的有效成分为亚氯酸钠，会在空气弱酸(CO_2 与水)环境中发生歧化反应，缓慢释放出二氧化氯。

[活动3]链接高考：2020全国Ⅱ26(4)ClO_2 常温下为黄色气体，易溶于水，其水溶液是一种广谱杀菌剂。一种有效成分为 $NaClO_2$、$NaHSO_4$、$NaHCO_3$ 的“二氧化氯泡腾片”，能快速溶于水，溢出大量气泡，得到 ClO_2 溶液。上述过程中，生成 ClO_2 的反应属于歧化反应，每生成1 mol ClO_2 消耗 $NaClO_2$ 的量为________mol。

[结论]1.25。

[总结]学生谈感悟：

这节课我学到的知识有：______________。我掌握的学习方法有：______________。我感受到：______________。

设计意图：化学问题解决式学习具有发展性。化学问题解决式学习离不开学生对信息、证据的选择和评价，离不开学生独立地对问题情境中的众多因素进行全方位、多角度的分析。本环节三个活动的开展旨在引导学生利用“有效氯含量”的定义，通过数据推理应用于“二氧化氯为什么是高效的杀菌剂”这一实际问题的解决中；再次在运用“价类二维图”解决“佩戴式除菌卡有效成分亚氯酸钠是如何释放出二氧化氯的”问题的过程中，引导学生进一步理解和综合应用“价类二维图”认知模型的内涵，运用氧化还原反应基本规律，形成基于应用“价类二维图”及氧化还原反应规律认知模型的元素化合物复习的一般思路和方法，提升“模型认知”素养。通过学生与同伴的交流讨论，在信息量较多的资料卡片中迅速筛选出有用信息并解决问题，有效地培养了学生的“科学探究和创新意识”。

3. 实践反思

为了积极探索新时期高中育人方式的多元化需求，必须不断总结、反思我们的课堂设计和教学实践，不断进行教学实践改革。有教无研则浅，有研无教则虚，作为一线教师，必须在教学中反思，在研究中成长。

(1)构建学生主动参与的学习活动。

思维导图可以帮助学生在诸多概念间建立联系，以求理解知识、发现并解决问题，进而提升学生精准、有效、主动、独立思考能力。基于思维导图这一特点，将其应用于元素及其化合物的一轮复习教学，能充分调动学生的自主学习能力。

例如，这节课雷同学完成的“氯气”思维导图(图 1-6-5)反馈出的知识点是比较全面的，不仅有必修部分关于氯原子结构，氯气与非金属单质、与水、与碱反应的基本化学性质，氯气的实验室制备原理、装置图等，还有选修部分的有机反应、氯碱工业等。

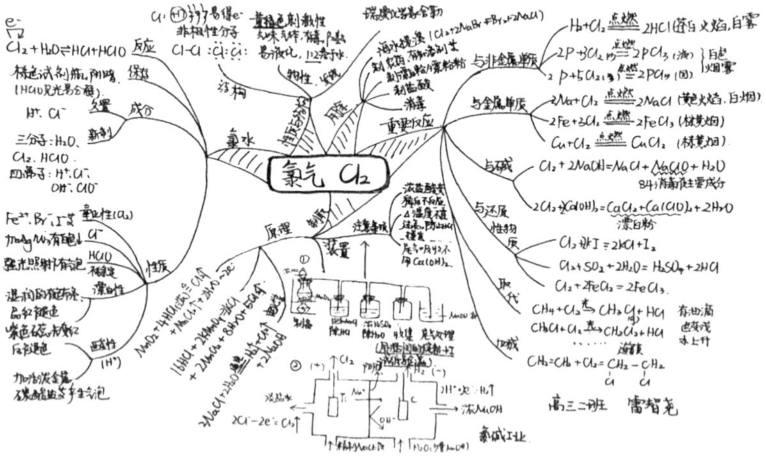

图 1-6-5　学生绘制的“氯气”思维导图

(2)从多样化视角设计化学学习活动。

课堂学习是学习者在课堂上与学习伙伴、与教师为实现特定的学习目标所进行的各种形式的学习活动的总和。能有效地培养学生学科核心素养的课堂，应该是学生参与多种学习活动的课堂。

本节课学习活动的设计，最终表现为学习任务完成或化学问题解决的设计。课前设计了绘制“思维导图”和“价类二维图”的任务。课堂上设计的问题解决活动要即时完成，如以“如何自制消毒液”为情境，探究84消毒液的由来、性质和使用注意事项这一活动的设计，能够让学生运用已有的基础知识和认知能力，通过自己的努力和学习伙伴之间的合作，加上教师的启发指导和帮助，很顺利地在课堂上解决现实中的问题，并让学生能够在学习过程中体验成功的喜悦及感受到利用化学学科知识造福人类的价值感。当然，学习活动也要有一定的挑战性，引发学生的高阶思维活动，比如以“佩戴式除菌卡”资料卡片为情境探究其工作原理的活动设计，就是为了让学生能更深层次应用“价类二维图”认知模型解决生活中的化学问题。这个过程经历了假设－论证－推翻假设－再假设－再论证－得出结论的学习过程，学生得到了深刻的思维进阶训练。

(3)“教－学－评一体化”促进学生学习。

课堂教学把评价与教、学相整合，目的是促进学生的学习，改进教师的教学。学生在学习中会有挫折、失败、错误，教师就是要能发现学生存在的问题，及时指导、补充和纠错，不能一味地追求结果的正确率，刻意让学生表现成绩。这节课有几个学习活动都需要学生用数据推理演算，比如用平衡常数计算来证明反应 $CO_2+H_2O+Ca(ClO)_2 = CaCO_3\downarrow+2HClO$ 能发生。笔者所带的两个班级就出现了明显的差异：程度相对好的班级，大多数学生能想到用“加乘、减除、系数次方”这一口诀来解决由多个反应推出一个反应的平衡常数的计算问题，且运算速度快，出错率低；但在另一个班级，大部分学生面对题目无从下手，笔者并没有越俎代庖直接讲解或者提示公式，而是给出一个由两个反应简单相加就得出的一个化学反应平衡常数的推导案例，逐渐就有学生发现得出“加乘”这个规律，笔者留有足够时间让学生继续思考“相减”“化学计量数不同”的规律总结，最终大多数学生得出了结论。虽然用了很多的时间，导致这个班并没有按计划完成全部教学任务，但笔者能根据学生的掌握情况及时调整教学进度，在课堂上看到学生从不懂到懂，从理解到应用迁移的过程，这样的课堂才真正达到“教－学－评一体化”。

第七章 翻转课堂法

自 20 世纪信息技术革命发生以来，互联网的日益普及逐渐对基础教育教学活动产生了深远影响。2019 年底，突如其来的“新冠肺炎疫情”使线上教学、混合式教学及其核心信息化教学设计变成了广大教育工作者关注的焦点①。在国家大力推进教育信息化的历史进程中，在线教学模式应时发展，成为传统线下教学模式的重要补充与协同手段。截至目前，基础教育学界与业界已经合力设计开发出以下十种在线教学模式②：同步在线教学模式、异步在线教学模式、基于学习社区的协作学习模式、基于学情分析工具的精准教学模式、在线翻转课堂教学模式、基于学科工具的自主学习模式、基于问卷调查工具的操练与练习教学模式、基于学习资源网站的主题探究教学模式、基于认知工具的支架式教学模式以及基于互联网的互动教学模式。

自 2020 年初基础教育界在国家“停课不停学”的号召下，一度主要采取在线教学模式授课，显著加快了在线教学模式在全国范围和基础教育界的应用广度。在线教学模式大多数采用学生先通过教师提供的微课程来自主“学”，而后在线直播进行点拨或答疑式地“教”，以实现“翻转课堂”。

一、翻转课堂法概述

(一)翻转课堂的内涵

关于“翻转课堂”的概念，专家、学者们根据自身的理解从不同的角度进行了解释。随着科技的进步和不同学校的运用，它的概念外延也在不断扩大和丰富。

---

① 郑小军. 主持人按语：优化信息化教学设计，提升线上教学、混合式教学效果[J]. 广西职业技术学院学报，2020，13(3)：50-51.

② 余胜泉. 在线教育 10 种模式与支持工具[EB/OL].

翻转课堂，由 Flipped Classroom 翻译过来，也可译为“颠倒课堂”。美国翻转学习网络和 FlippedClass. com 的联合创始人乔纳森・伯尔曼(Jonathan Bergmann)和亚伦・萨姆斯(Aaron Sams)认为，翻转课堂通常是指学生课前观看教学视频，在课堂上做传统的家庭作业，如课后习题、单元练习等[①]。翻转课堂强调学生在课堂内外学习时间的分配方式，将传统的课堂讲授和作业布置的顺序颠倒过来。学生在课前通过观看教学视频、阅读教材或参考其他资源进行预习，并在课堂上通过与教师和同学的讨论、实践等方式深化理解和应用知识。

(二)翻转课堂的特征

翻转课堂有三大特征：教学次序的翻转、师生角色的翻转、学习评价的翻转[②]。传统面对面教学强调的是逻辑性，就像流水线一样的“被动学习”。与之相反，翻转课堂的教学模式则是让学生自己先在课前进行知识的学习，这一行为属于主动学习。通过网络教育平台对问题进行讨论，使学生的思维不再是单一流水线式的固定思考，而是呈现网状发散思维。教师的角色也不再是传道授业解惑，而是帮助学生激发思考能力主动创造生成知识的“导师”。翻转课堂增强了学生的情感体验、合作能力、审美情趣、动手实践等一系列的综合素质，逐渐从面对所有学生到关注每一个学生个人学习成长的需求，注重学生个性化教育水平的发展。传统学习评价只有单一后测，翻转课堂的教学模式下，在课前微课教学后就设计了与之相应的前测并增加了课堂讨论环节，通过观察等多种方式对学生的学习情况进行评价，及时对教学过程中存在的问题进行反思调整，使评价体系相较于传统评价方式更为全面和公平[③]。

(三)基于微课程的翻转课堂法的理论基础

1. 自主学习理论

自主学习理论强调学习者在教育过程中的主动性、独立性与自我调节能力。这一理论认为，学习者应处于教育的中心，对自己的学习负责，根据自己的兴趣、需求和能力选择学习内容和方法[④]。自主学习的关键要素包括内在动机，即学习

---

① 沈志斌.“翻转课堂”模式下古诗词教学研究[D]. 扬州：扬州大学，2016.

② 裴微. 谈“翻转课堂”在高中化学教学中的尝试[J]. 试题与研究，2019(32)：158.

③ 李雨晨. 翻转课堂在高中化学线上线下混合式教学中的应用研究[D]. 赣州：赣南师范大学，2023.

④ KNOWLES M S. Self-directed learning：A guide for learners and teachers[M]. Association Press，1975.

者出于对学习内容的兴趣和个人成就感进行学习，而非外部奖励或压力驱动①。此外，自我调节学习（Self-Regulated Learning，SRL）构成了自主学习的核心，涉及学习者设定目标、监控进度、评估成果，并根据反馈调整学习策略②。自主学习理论还强调了支持性学习环境的重要性，这种环境应提供必要的资源、工具和支持系统，同时鼓励学习者探索、实验和创新。信息技术的应用，特别是数字化工具和在线资源，为自主学习提供了强有力的支持，使学习者能够在任何时间和地点进行学习，从而促进了自主学习的发展。

2. 微课程设计与开发理论

微课程的设计与开发需要遵循教育技术学的原则，包括学习者特征分析、学习内容分析、教学策略设计等。ADDIE 模型（Analysis，Design，Development，Implementation，Evaluation）为微课程的系统化设计提供了理论框架。ADDIE 模型是一个广泛认可的教学设计框架，用于指导教育者和培训开发人员创建有效的教学产品和课程。这个模型由五个阶段组成，分别是分析（Analysis）、设计（Design）、开发（Development）、实施（Implementation）和评价（Evaluation）。在微课程的设计与开发中，ADDIE 模型提供了一个清晰的框架，帮助教育者创建针对性强、易于消化的微型学习单元，这些单元既可以单独使用，也可以作为更大课程结构的一部分③。通过遵循 ADDIE 模型，教育者能够确保微课程内容的质量和教学效果。

3. 多媒体学习理论

多媒体学习理论由美国心理学家理查德·E. 梅耶（Richard E. Mayer）提出，它基于认知心理学原理，强调利用多种感官通道呈现信息以增强学习效果。该理论认为，由于人类大脑拥有处理言语和非言语信息的两个独立系统，即双重编码机制，因此通过结合文本、图像、声音和动画等多种媒体形式，可以促进知识的有效编码与存储④。此外，多媒体学习理论还关注认知负荷的影响，提倡通过

---

① RYAN R M，DECI E L. Intrinsic and extrinsic motivations：Classic definitions and new directions[J]. Contemporary Educational Psychology，2000，25(1)：54-67.

② ZIMMERMAN B J. Becoming a self-regulated learner：An overview[J]. Theory Into Practice，2002，41(2)：64-70.

③ 卜彩丽. ADDIE 模型在微课程设计中的应用模式研究[J]. 教学与管理，2014(24)：90-93.

④ MAYER R E. Multimedia learning[M]. Cambridge：Cambridge University Press，2001.

优化信息设计减少学习者工作记忆的负担，确保学习者能专注于核心学习内容①。随着教育技术的发展，多媒体学习理论为在线学习、翻转课堂等多种教育环境提供了理论支持和指导，推动了教学材料和方法的创新。通过合理设计多媒体教学内容，可以适应不同学习者的风格和需求，提高教学的互动性和个性化水平。

二、高中化学教学推行翻转课堂的积极意义

（一）增强学习的自主性和灵活性

翻转课堂通过让学生在课前观看教学视频、阅读教材等方式进行预习，使学生能够根据自己的学习节奏和习惯进行自主学习。这种方式打破了传统课堂中教师主导、学生被动接受的教学模式，让学生成为学习的主体，提高了学习的积极性和主动性。学生可以在课外或回家观看教师的视频讲解，完全能够在轻松的氛围中进行学习，而不必像在课堂上那样紧绷神经。学生可以自由安排时间，根据自己的情况调整学习进度，从而提高学习的灵活性和效率。比如，笔者组织学生自主学习的两节计算类微课《守恒法解决氧化还原反应有关计算》（扫码观看微课，图 1-7-1）和《巧解氢氧化铝沉淀的计算》（扫码观看微课，图 1-7-2），看第一遍视频时学生不一定能跟上，但在多次观看微课与认真思考后，学生逐渐掌握了做这两种题的诀窍。尤其是解决氢氧化铝沉淀量的“创造方程式”法，在掌握之后，对于这种类型的题处理起来就得心应手。学生在考试前，也会着重观看实验微课和知识点的微课，在观看的时候认真思考，这样，学过很长时间的快要遗忘的知识点便能够很轻松地回忆起来，学习效果极好。

图 1-7-1　微课：《守恒法解决氧化还原反应有关计算》

图 1-7-2　微课：《巧解氢氧化铝沉淀的计算》

（二）提高课堂的互动性和深度

翻转课堂将课堂时间更多地用于师生、生生之间的交流和讨论，全面增强了

① SWELLER J. Cognitive load theory[M]. Berlin: Springer, 2011.

课堂的互动性。教师有更多的时间与学生交谈,回答学生的问题,参与学习小组,对每位学生的学习进行个性化指导。学生之间的协作学习小组也让学生有机会相互学习和借鉴,促进了知识的共享和深化。在课堂上,教师不再单纯讲授知识,而是更多地扮演引导者和解惑者的角色。学生通过讨论、实践等探究式、输出式学习方法,深化对知识的理解和应用,从而提高了学习的深度和效果。比如,笔者带过的高 2019 届张同学在经历了一年多的基于微课程的翻转课堂学习后,在她的学习感悟中说道:"我印象最深的就是高一上学期的一个被叫作'和薛之谦一起做实验'的视频(扫码观看微课,图 1-7-3),通过有趣的实验来学到知识,印象会更深刻呢。还有一个关于'元素周期表'的视频(扫码观看微课,图 1-7-4),是三个班的同学一起做的,把同学们的特点全都生动地展现了出来,后来我们一起看的时候都会忍不住被逗笑。慢慢地,经过了一年的化学学习,同学们也可以当小老师啦,冯老师把几个同学给大家讲解高考题的视频也做成了微课给大家观看。这不仅锻炼了学生的胆量和讲题能力,也方便了大家的学习。"

图 1-7-3 微课:《阿伏伽德罗定律及其推论》

图 1-7-4 微课:《一起来背元素周期表》

(三)培养批判性思维和问题解决能力

翻转课堂鼓励学生在预习和课堂讨论中提出问题、质疑观点,从而培养了学生的批判性思维能力。学生不再被动接受知识,而是学会从多个角度思考问题,形成自己的见解和判断。通过课堂上的合作探究和实践活动,学生有机会将所学知识应用于实际问题中,从而培养了问题解决能力。这种能力对于学生未来的学习和工作都具有重要意义。《典型的防倒吸装置》(扫码观看微课,图 1-7-5)这节微课在创设教学情境时引入了一个因没有防倒吸装置而引起试管炸裂的实验视频,这个实验很危险,坚决禁止学生尝试。此视频来自 1986 年高中化学实验事故片段,珍贵的视频资料能激发学生的求知欲。在介绍四种装置时,文字少,图片和动画多,这样就可以避免学生的视觉疲劳。在讲解过程中添加了班得瑞的《雪之梦》作为背景音乐,音乐柔和,音量调到

图 1-7-5 微课:《典型的防倒吸装置》

较小，不喧宾夺主，还会让学生整节课都在轻松的氛围中完成学习。这节微课笔者用于高一年级学生开学第一周的周末，让学生在家自主学习。任同学学习完后说道："《典型的防倒吸装置》短短不到六分钟的视频，介绍了四种防倒吸装置以及其中的原理。视频开头说这个微课适用于高三化学专题复习，我心里顿然一惊，还以为冯老师发错了视频，但还是尝试地看了下去。我本以为是硬着头皮地一知半解，谁知看完后却觉得十分简单。微课中，每个装置的工作原理都清楚地用动画形式表现出来，装置中流动的液体自然比枯燥的讲解更易于理解。所以我认为微课把一个知识点深入浅出地展现给同学们，是一种十分新颖又有效的教学方式。这种方式与现在多媒体的信息传播紧密相连，快捷而清楚明了。"

(四)促进教育公平和资源共享

翻转课堂通过在线教学视频等方式，使得优质教育资源能够跨越地域限制，被更多学生所共享。这有助于缩小教育差距，促进教育公平。网络资源的共享还可以让更多的学生体会到更加优质的教育资源。教师和学生可以充分利用互联网上的丰富资源进行教学和学习，从而提高了教育的质量和效果。笔者带领团队开发的一系列微课程都发布到了微信公众号上，视频不用下载，如上文中扫二维码便可进入相关课程，点击视频即可在线观看。

三、基于微课程的翻转课堂实践案例

图 1-7-6 微课：《元素周期律》

以高一化学《元素周期律》(扫码观看微课，图 1-7-6)教学为例，深化认识功能互补的多元在线教学模式，坚持以学科核心素养为导向创新在线教学。下面结合笔者的教学实践，明确创新在线教学的基本思路。

《元素周期律》这节微课揭示了元素性质的规律性及其在标准元素周期表中的变化性。笔者精心设计了课前视频制作，课中直播答疑、测试及课后作业点评等教学环节与教学流程，高度重视引导学生归纳元素性质递变情况，学习感悟"结构决定性质，性质反映结构"的学科思想①，理解构建元素位置—原子结构—元素性质关系认识模型，积极促进宏微结合与模型意识素养的内化②。

---

① 王云生.基础教育阶段学科核心素养及其确定：以化学学科核心素养为例[J].福建基础教育研究，2016(2)：7-9.

② 汪杰.基于化学学科核心素养培养的课堂教学行为研究[J].科教导刊(下旬)，2017(21)：142-143.

(一)选好教学平台

这里的平台是指直播平台或者能够组织在线教学全过程的课程管理平台。

1. 选好班级和课程管理平台

笔者所任班主任的班级选用了QQ群为班级管理平台,9名课任老师担任管理员,在QQ群每日进行两次打卡签到(如"群接龙")、上传课程资源、提交作业(如"老师助手")等功能。相对而言,QQ群是目前大家普遍使用的信息交流平台,特别是学生家长基本都有QQ,而且QQ群文件具有上传文件功能,录制的视频可以直接上传到群文件中让学生下载观看。

2. 选好自主预习平台

笔者个人的微信公众号"共享化学"主要发布笔者主持的高中化学微课程团队自制微课,已经结合高中化学教材发布了近200个精品微课,为学生自主学习提供了学习资源保障。

公众号结合教学实际同步发布了高一化学微课程。每一个课程都包括了微视频、PPT图片、习题巩固等。比如,《元素周期律》这节微课揭示了元素性质的规律性在标准元素周期表中显现出的类似性、变化性。规律性强,要求学生能够归纳元素性质的递变情况,并在理解元素周期律内容和实质的基础上,形成"结构决定性质"的学科思想。为此,笔者提前制作了两个微视频(扫码观看微课,图1-7-6),每个微视频严格控制在15～20分钟,让学生在自主预习时不会产生视力疲劳和走神。发布到微信公众号的学习资源以文章形式呈现,内容丰富,包括引言、两个视频以及由PPT截图构成的知识梳理。为了解决图片上传后呈现在文章中尺寸较小,学生看不清楚的问题,笔者设置了手机屏幕可以旋转,学习者只要点击图片横屏就可以放大图片,这样的形式有助于学生记笔记。文章的最后,笔者精选了2～3个习题进行自主学习的自测与知识巩固。以达尔文名言"科学就是整理事实,以便从中得出普遍的规律或结论"来激励学生,培养学生严谨求实的科学态度。

3. 选好直播平台

直播效果好不好,不仅要看画面是否清晰、直播是否流畅不卡顿,更重要的是能否分享屏幕。在线课堂正式启动之前,笔者和学生们实践了许多直播平台,对比后确定了最佳平台DD。特别是在网络繁忙时候,DD也从未受到影响,最严重的"故障"也仅仅是延迟5秒钟。而且它最强大的功能是教师可以出镜、学生可以连麦发言、课后自动将直播课录制下来,没有跟上的学生可以反复观看直到弄懂为止。

《元素周期律》这节课基于学生事先已经在微信公众号上自主学习了相关知识，直播内容就是对重点知识进行强调，并突破难点知识及巩固应用。所以，课堂上，笔者分享展示了 PPT 课件，强调了原子半径、离子半径判断的步骤与方法。通过提问“判断元素金属性、非金属性的实验依据有哪些”来巩固重点知识，通过教师和学生们连麦进行课堂互动，每次一名学生连麦，其他学生关闭麦克风，可以听到教师和连麦学生的声音，这样保证了课堂声音清晰无杂音。没有连麦的学生可以通过在公屏上输入文字来进行师生互动、生生互动。从笔者所带的三个班分别上课进行的这个环节情况来看，随机抽查，大多数学生回答准确，声音洪亮，得到了其他学生的打字点赞、点评，在线课堂气氛良好。个别没有回答完整的学生，笔者要求他们课后再进行微课程的学习。

4. 选好测试平台

为了测试学生自主学习及直播授课的效果，最好在课堂上安排一个约 15 分钟的小测试。WJX 在线考试系统是一个功能强大、操作简单的在线考试发布平台。系统提供了包括选择题、填空题、判断题在内的 50 多种题型，可以满足日常教学过程中不同考试场景的需求。学生不需要提前注册，教师编写好试题后，只需要将网址链接或网址形成的二维码发给学生即可，学生点击链接或扫描二维码进去后，就可以清楚地看到习题及选项，答题便捷。

笔者在直播《元素周期律》突破了重难点，解决了学生自主学习的困惑后，进行了 15 分钟的随堂测试，事先将精选的 10 个单选题设置好，包括试题、分值、答案。试卷以链接形式发布给学生。这节课已经是他们在线授课以来第二次随堂测试了，所以学生们立刻进入考试状态。笔者在后台看到最快答题的同学用时 419 秒获得 100 分。测试结束后，笔者对成绩比较理想的同学进行了集体表扬，对测试不理想的学生私聊提出提高改进措施。

(二)做好在线教学设计

与课堂教学相比，在线教学的教学场景、方式、过程等不同。在线教学的难点是如何调动学生的兴趣、如何有效引导学生自主学习。因此，做好在线教学设计非常重要。

课前视频制作前，笔者按照教学设计明确了微课程的制作脚本，然后按照脚本制作 PPT。微课虽小，但结构俱全，先以问题“元素性质有哪些递变规律”来激发学生思考。然后在知识讲解环节以柱状图、形象示意图等图示展示核外电子排布、原子半径的递变规律，让学生自己归纳出核外电子排布及原子半径周期性变化的规律。提醒学生点击暂停键，留白思考。在突破同周期元素金属性、非金属性递变规律这一重点和难点知识后，笔者采用了上届学生演示的实验视频，实验不是单纯的演示，而是以两个同学的对话引发学生的实验探究欲望，继而走进实验室一探究竟。这样的故事型设计使得屏幕前自学的学生感到新鲜亲切，清晰的实验现象让他们自然而然地得出结论，最后总结出元素周期律的内容和实质。微视频中精选的习题是本节课重点知识的巩固与应用。

微课的教学流程如图 1-7-7 所示：

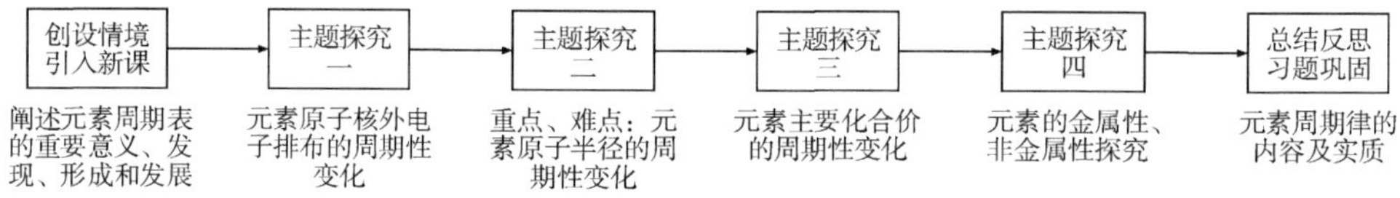

图 1-7-7　微课《元素周期律》教学流程

直播课也需要精心设计，比如，这节课是否需要老师出镜、什么时候进行答疑、什么时候需要学生连麦、什么时候进行在线测试、什么时候布置作业等，都要计算好时间，确保每个环节干脆利落，绝不拖泥带水。

课后作业的设计注重课后诊断，这节《元素周期律》测试后，笔者又给学生录制了测试题详解的微课发布给学生，学生自主学习，可以通过点暂停键、回放等对个别测试题不理解的内容再次进行学习。这个作业不是每个学生必须完成的，比如得 100 分的学生已经掌握得很好了，他们就可以直接完成本节课的配套练习题了。这样的作业根据学生的不同情况分层布置，取得了良好的教学效果。

(三)做好课后分享、跟踪与反馈

直播课一定要有回放视频，笔者选择 DD 这个直播平台也是基于其具有这一大优势。个别学生可能因为网络卡顿、网络不通或者其他原因未能观看直播，这种情况就需要观看回放视频。DD 直播无须专门软件录制，在直播时就自动录制，直播结束后几分钟内就产生了回看视频。回放时需要先打开手机，找到手机上的 APP 并点击进去，然后在主页上找到相关的群，再点击进入该群，接着点击群直播选项，在菜单里就会呈现历次的直播课，学生可以自主选择相关课程进行回看。

当然对学生提交的作业进行批阅和评价，笔者使用的是 QQ 小程序“老师助手”，它不仅可以对学生提交的作业进行点评，还可以赠送小红花奖励，个别优秀作业可以截图下载给大家展示学习。尽管笔者面对的是高中生，但是他们也喜欢这种表扬方式，期待自己的作品被教师肯定。

笔者作为班主任及课任老师，通过QQ、微信与学生家长随时沟通交流，对学生的学习、生活状态及时了解，私信鼓励学生。

尽管在线课堂与线下课堂孰优孰劣的争论始终没有停息，但是在一线教师都深刻地进行了线上教学实践体验后，诸多教师体会到线上教学之前没有被发现的优势，也对教师的信息化技术能力提出了更高的要求。笔者体会到随着教育信息化进一步深入，线下、线上教学是教育教学的双翼，必须齐头并进。通过线上教学探索实践，笔者在课程设计、促进学生自主学习、核心素养培育的诸多方面不断提高自己的教育教学能力，在探索实践中，学会了如"分享屏幕"直播、"WJX在线测试"、"在线召开班会"等技能；在教学实践中，师生关系更加融洽，家校合作更为密切；在探索实践中，自己的信息化教学手段不断得到提高，教师专业水平得到飞速提高。疫情结束复课后，笔者仍将课堂教学和线上教学紧密有机结合起来，以线下课堂求本，以线上教学求活，让学生充分享受到更好更多的教学资源，从而更好地发挥学生的自主学习能力，更好地促进学生发展。

四、实践反思

尽管微课程在高中化学教学中展现出巨大潜力，但也面临着一些挑战。例如，微课程的设计与实施需要教师具备一定的信息技术能力，同时，微课程的质量保证、学生接受度等问题也亟待解决。微课程在高中化学教学中的应用仍处于探索阶段，在微课程的系统化设计、个性化适应，以及与现有教学体系的融合等方面仍有阙如，亟待一线化学教师团队以实践为依据，进行系统化的微课程开发和设计，并实时对学生微课程的自主学习效果进行评估，在学习反馈中不断进行课程的持续改进和优化。

笔者个人认为，教师开发微课程是进行信息化教学，并提升教师数字化涵养的最直接、最有效、最简洁的方法，更是实现学生自主学习，激发学生的学习兴趣，并按照教学规律以翻转课堂实现输出式学习的重要载体。笔者在微课或系列微型课制作与开发的路上已经有了近十年的摸索，笔者将在下一编详细介绍如何让微课程真正成为信息化时代教师专业成长的抓手、学生自主学习的帮手、家校共育的助手。

第二编

学生自主学习微课程开发

第一章　翻转课堂、慕课、微课、微课程的对比和联系

21 世纪是信息技术、数字手段迅速发展的时代，时代在召唤，教育也必须顺应这个发展潮流。近年来，中华人民共和国教育部印发一系列数字赋能教育的文件，全面深化教育信息化，全面推进教育数字化，各级各类教育的数字资源日趋丰富并得到广泛共享，优质教育资源公共服务平台逐步建立，政府引导、多方参与、共建共享的资源建设机制不断完善，数字鸿沟显著缩小，人人可享有优质教育资源的信息化环境基本形成①。

因此，短短几年，"翻转课堂""慕课""微课"及"微课程"这些教育信息化名词应运而生。那么教师们对这些概念究竟了解多少？它们究竟有什么样的联系呢？笔者整理了大量文献，分析这些资料，力图给一线教师提供一些基本的理论依据和政策支持。

一、概念的界定

(一)翻转课堂

翻转课堂是 2011 年在美国各地兴起的一种新型的教育教学形式，如今也是我国信息化教育手段创新于教育教学领域的热门话题之一。

翻转课堂译自"Flipped Classroom"或"Inverted Classroom"，是指重新调整课堂内外的时间，将学习的决定权从教师转移给学生。在这种教学模式下，利用课堂内的宝贵时间，学生能够更专注于主动的基于项目的学习，共同研究解决本

---

① 教技〔2012〕5 号. 教育部关于印发《教育信息化十年发展规划(2011—2020 年)》的通知[EB/OL]. 2012.

地化或全球化的挑战以及其他现实世界面临的问题，从而获得更深层次的理解①。

(二)慕课

慕课(MOOC)，第一个字母"M"代表 Massive(大规模)，第二个字母"O"代表 Open(开放)，第三个字母"O"代表 Online(在线)，第四个字母"C"代表 Course(课程)。所以，连在一起，慕课就是大规模开放式网络课程。

(三)微课

微课的定义有许多界定，比较权威的有以下几个：

胡铁生(佛山市教育局教育信息网络中心专家)说：微课是根据新课程标准和课堂教学实际，以教学视频为主要载体，记录教师在课堂教学中针对某个知识点或教学环节而开展的精彩教与学活动中所需各种教学资源的有机结合体②。

黎加厚(上海师范大学教育技术系教授)说：微课(或者称为"微课程")是指时间在 10 分钟以内，有明确的教学目标，内容短小，集中说明一个问题的小课程③。

郑小军(广西师范学院职业技术教育学院教授)说："微课"是为支持翻转学习、混合学习、移动学习、碎片化学习等多种新型个性化学习方式和网络教研方式，以短小精悍的微型媒体教学视频为主要载体，针对某个知识点或教学环节而精心设计开发的一种情境化、趣味性、可视化的数字化学习资源包。"微课"不是"微课程"④。

(四)微课程

微课和微课程是两个联系最紧密也最容易混淆的概念。郑小军界定微课程为：为解决单一知识点，微课缺乏深度和广度，容易导致浅阅读、加剧知识碎片化等问题，从一门课程某个学习单元/模块/主题缜密的知识体系出发，选取其中的重点、难点、关键点、疑点、考点、易错点、易混淆点、热点和拓展点，设计和制作一系列既相对独立，又环环相扣的微课，再加上一系列与之配套的教学活动组织(包括思考、讨论、练习、测试、实验、实习、展示、交流等)，就构成了单元/模块/主

---

① 翻转课堂[EB/OL].[2017-07-23].

② 胡铁生."微课"：区域教育信息资源发展的新趋势[J].电化教育研究，2011(10)：61-65.

③ 黎加厚.微课的含义与发展[J].中小学信息技术教育，2013(4)：10-12.

④ 郑小军.我对微课的界定[EB/OL].[2013-10].

题微课程，简称“微课程”①。

二、各自的特点

(一)翻转课堂的特点

1. 能更好地发展学生的核心素养

主要是自主发展方面的“学会学习”素养。比如，在观看教学视频时，学生可以根据对知识理解的程度自己控制播放节奏，对于掌握很好的知识可以看一遍，掌握不透的知识可以反复看，直到弄懂为止。

2. 丰富学生获取知识的方式

学生在课外可以通过观看教学视频、访问教师博客、听播客、阅读电子书等方式学习。在这种多渠道获取知识的前提下，教师更多地成为指导者而不是知识的唯一传播者。

3. 重新建构学习过程

翻转课堂对学生的学习过程进行了重构。“信息传递”是学生在课前进行的，教师不仅提供了视频，还可以提供在线的辅导；“吸收内化”是在课堂上通过互动来完成的，教师能够提前了解学生的学习困难，在课堂上给予有效的辅导，同学之间的相互交流更有助于促进学生知识的吸收内化过程②。

4. 翻转课堂提倡的是以学生为本

在翻转课堂里，学生课前自学基础性知识内容，观看教师准备的微视频，完成课前制订的自主学习计划；课中解答课前学习反馈的问题，学生合作学习；在课后进行练习与评价，师生互评及反馈，相应考核测试。与传统的教学模式相比，翻转课堂的教学活动更多从学生角度出发，更好地激发学生的参与性与积极性③。

(二)慕课的特点

1. 规模大

与传统课程只有几十个或几百个学生不同，一门慕课课程动辄上万人，最多

---

① 郑小军.微课发展误区再审视[J].现代远程教育研究，2016(2)：61-66，97.

② 翻转课堂[EB/OL].[2017-07-23].

③ 章呈，熊萍萍.慕课、微课、翻转课堂的概念对比与应用联系[J].当代教育实践与教学研究，2016(10)：7.

达16万人；以兴趣导向，凡是想学习的都可以进来学，不分国籍，只需一个邮箱就可注册参与；学习在网上完成，无须旅行，不受时空限制①。

2. 网络学习

不受传统课程时间、地点的影响，全世界各地的人都可以在家通过互联网学习到国内外的课程。

3. 开放与免费

慕课是以连通主义理论和网络化学习的开放教育学为基础的。这些课程跟传统的大学课程一样循序渐进地让学生从初学者成长为高级人才。课程的范围不仅覆盖了广泛的科技学科，比如数学、统计学、计算机科学、自然科学和工程学，也包括了社会科学和人文学科。慕课课程并不提供学分，也不算在本科或研究生学位里。绝大多数课程都是免费的。

（三）微课的特点

微课的特征可用“短”“少”“小”“多”来概括。

1. 短——教学时间短

按照学生的认知水平和心理接受能力，微课时间不超过10分钟，以5～8分钟为宜。

2. 少——教学内容少

一个微课只有一个主题，讲述的是一个具体问题、一个明确的观点。和传统的课堂教学内容相比，微课问题聚焦性强、主题突出、指向性明确，所有教学设计与制作都围绕某个知识点展开②。

3. 小——资源容量小

一般来说，微课视频或配套辅助资源（如文档、演示文稿等）的容量只有几十兆左右，这样教师制作好微课后，便于上传到网络，或者共享到QQ群中，供学生下载到手机或电脑观看使用。

4. 多——微课类型多

学生学习的微课按照不同标准可以分为很多类型，比如有预习使用的，也有课堂观看的，还有课后复习巩固的等。也有按照微课的内容不同分为讲授类、练习类和实验类等。学生也可以参与到微课的制作中，使得微课的种类更加丰富

---

① 慕课[EB/OL].[2017-07-23].

② 吴萍.“微时代”背景下我国微课的应用现状与发展路径[J].教育评论，2016(1):43-45.

多样。

(四)微课程的特点

1. 微课程属于课程序列

课程包括设计、开发、实施及评价四个领域，是基于信息技术下单元课时教学活动的目标、任务、方法、资源、作业、互动、评价与反思等要素优化组合为一体的教学系统。

2. 微课程由微课专题或序列构成

微课只有与学习单元、学生的学习活动等结合起来，才是一个完整的微课程。比如，笔者所在学校就成立了微课程开发与应用课题组，针对高中化学人教版必修教材化学 1 和化学 2 各章节知识点，设计开发配套教材的有针对性的微课，编写校本教材，在实践中运用微课，使用中测评学生，征求家长和学生的建议，不断反思摸索改良微课的制作类型和内容，形成了基于学校的校本“微课程”体系。

3. 微课程的开发一定是集体行为

如果一个人的电脑水平高超，那么他可以轻松制作一个微课。但是微课程的开发和利用是一项系统工程。一个由具有多年教学经验的同行教师组成的微课制作及微课程开发团队必须通过制作培训→集体讨论→任务分工→个性化制作→实践运用→反思改良技术→再实践→评价反馈→编写校本教材这些环节，才能形成“微课程”体系。比如，笔者所在学校参与微课制作的四个人，用了近两年时间才完成两本有关“微课程”校本教材的编写与使用的书。

三、四者的联系

慕课教学的实质就是把教师在课堂上讲授的内容，以视频、文档等形式放到网络，给更多人提供学习的机会。慕课平台上大量的教学视频，也为实施翻转课堂提供了资源支持。但目前已开发的慕课绝大部分是大学课程资源。

微课是微课程、新型网络课程、慕课、专业教学资源库的基本单位，是信息化教学常态化、个性化、智能化的基础。可见，微课程中包含着微课。

微课和微课程都是翻转课堂实施的基础和前提条件。教师应用微课于翻转课堂的过程，也是教师逐步完成教学理念和教学方法转变的过程，有利于促进学习的变革与创新[1]。

而翻转课堂的大范围推行，将会发展成为智能教育的主要教学方式。这样能够更加充分地运用教育资源，更能提高课堂质量和效率，以及更加有效地引导学生[2]。

笔者经过多年的教学改革探索，认为作为一个新时代的一线教育工作者，要提高学生的思想道德水平，落实学生的核心素养，提升学生的学业水平，必须紧跟时代步伐，对信息化时代的教学理念、教学策略、教学方法、教学手段进行了解和研究。特别是对微课及微课程在教学中的应用进行深入研究和探索，并使其成为教师转变教学方式、激发学生学习兴趣、促进学生自主学习、提高教育教学质量的必备利器。

---

① 郑小军.微课发展误区再审视[J].现代远程教育研究，2016(2):61-66,97.

② 章呈，熊萍萍.慕课、微课、翻转课堂的概念对比与应用联系[J].当代教育实践与教学研究，2016(10):7.

第二章　我国中小学微课发展与应用现状

近年来，随着翻转课堂教学模式的兴起，微课首当其冲成为翻转课堂的突破口。我国中小学对微课的研究与应用表示了极大的关注，如大规模微课比赛的举办、微课网站的建立，微课在中小学课堂教学中的应用研究日益成为中小学教师关注和探索的焦点。

一、时代背景

数字化战略在重塑新时代教育中扮演着至关重要的角色，它正在推动教育领域的深刻变革和创新。以下是我国近几年关于教育数字化的重要文件或会议要领：

2018 年教育部发布《教育信息化 2.0 行动计划》，明确指出“发挥技术优势，变革传统模式，推进新技术与教育教学的深度融合，真正实现从融合应用阶段迈入创新发展阶段，不仅实现常态化应用，更要达成全方位创新”，以教育信息化撬动教育变革的行动拉开序幕。

2019 年 6 月国务院办公厅颁布《关于新时代推进普通高中育人方式改革的指导意见》提出，积极推广应用优秀教学成果，推进信息技术与教育教学深度融合，加强教学研究和指导。

2022 年 1 月，全国教育工作会议提出，实施国家教育数字化战略行动，推动实现教育数字化转型。

2022 年 6 月，教育部部长怀进鹏在出席教育变革峰会预备会议及 2030 年教育高级别指导委员会领导小组会议时指出：“大力推动教育数字化转型，改变教育生态、学校形态、教学方式，帮助人们适应数字化时代。”

2022 年 10 月，党的二十大胜利召开，教育数字化被明确写入大会报告。至此，教育数字化战略上升为国家意志。

2023年2月，中共中央、国务院发布《数字中国建设整体布局规划》，强调"大力实施国家教育数字化战略行动，完善国家智慧教育平台"。

2023年5月29日，习近平总书记在主持二十届中央政治局第五次集体学习时指出："教育数字化是我国开辟教育发展新赛道和塑造教育发展新优势的重要突破口。进一步推进数字教育，为个性化学习、终身学习、扩大优质教育资源覆盖面和教育现代化提供有效支撑。"

2024年1月30日，教育部部长怀进鹏在2024年世界数字教育大会上的主旨演讲中指出："我们将积极推动以智助学，开发智能学伴、实施智能辅导，不断提升学生的科学和人文素养，让每个学生成为最好的自己。以智助教，研发智能助教，支撑教师备授课，实现减负增效，让教师有更多精力去从事创造性教学活动、育人活动。以智助管，建设人口预测、资源配置、决策支持等智能工具，适应人口和社会结构的变化，提升教育治理体系和治理能力的现代化水平。以智助研，借助模拟计算、数据挖掘等手段，构建数据驱动的研究新范式，不断深化规律性认识。"

为深入实施国家教育数字化战略行动，进一步加强数字教育资源供给能力，教育部重新修订了《国家智慧教育平台数字教育资源内容审核规范》，加大国家智慧教育平台数字教育资源平台建设。微课、微课程是重要的资源之一。数字化战略正在以不可阻挡的趋势重塑新时代教育。它正在推动教育模式的创新、促进教育资源的均衡分配、提升教育质量和管理水平，以及培养适应未来社会的人才。

二、微课研究现状

在国外，"微课"(Micro-lecture)的雏形最早见于美国北爱荷华大学勒罗伊A. 麦格鲁(LeRoy A. MeGrew)教授所提出的60秒课程(60-Second Course)以及英国纳皮尔大学基(T. P. Kee)提出的一分钟演讲(The One Minute Lecture, OML)[①]。现今热议的"微课"概念是2008年由美国新墨西哥州圣胡安学院的高级教学设计师、学院在线服务经理戴维·彭罗斯(Divid Penrose)提出的[②]。他提出建设微课程的五个步骤：罗列教学核心概念；写15～30秒的介绍和总结，为核

① 关中客. 微课程[J]. 中国信息技术教育，2011(7)：14.

② SHIUERSEH D. These lecture are gone in 60 seconds[J]. Chronicle of Higher Education，2009，55(26)：A1－A13.

心概念提出上下文背景；录制时长为 1～3 分钟的视频；设计引导学生阅读或探索课程知识的课后任务；将教学视频与课程任务上传到课程管理系统①。

在这之后，孟加拉裔美国人萨尔曼·可汗(Salman Khan)开发的微型网络教学视频课程被广大中学生认可，视频闻名于美国基础教育领域，并迅速风靡全球。于是，可汗在 2007 年成立了非营利性质的可汗学院(Khan Academy)，越来越多的美国中学生在家浏览可汗的视频用来学习新知识②。2012 年，网易公开课正式推出了可汗学院的课程，并持续更新。

TED(Technology Entertainment Design)(技术 娱乐 设计)也非常出名，同样也在网易公开课上推出。TED 是美国的一家私有非营利机构，以精彩的演讲出名，其演讲通常在 18 分钟以内，具有观点响亮、开门见山、种类繁多、看法新颖的特点③。

2010 年微课在我国兴起，其起源可追溯到佛山市教育局在 2010 年 11 月开展的全新的信息化大赛形式——全市中小学教师优秀微课作品征集评审活动，活动很成功。佛山市教育局的胡铁生最早以“微课”为主题撰写论文，他于 2011 年首次提出“微课”的概念。

2012 年 9 月，教育部教育信息管理中心举办首届中小学教师微课大赛，15 个省(区、市)的 7 万多名教师上报的优秀作品超过了 2 万件。2012 年 12 月 28 日，华南师范大学与凤凰卫视集团面向全球推出了“凤凰微课”，分专题、模块发布微课，课程时间为 10 分钟。此外，提供微课的网站还有第九课堂、微课网、中国微课网、油菜花网等④。

陕西省从 2015 年举办首届中小学微课大赛，到 2024 年已经进行了八届。

经过 2011—2012 年早期先行者的摸索、试验和推广，微课在 2013—2024 年的十余年成为教育信息化的热点和潮流。微课的发展如火如荼，基础教育、中等职业教育、高等职业教育、普通高等教育、成人教育、继续教育与培训等各级各类教育均把微课作为信息技术与教育教学深度融合的载体、切入口和突破口。可以说，我国正在发生一场规模宏大、先自下而上再自上而下、具有广泛群众基础

① 梁明辉，曹俏俏，张宝辉. 微课程设计模式研究：基于国内外微课程对比分析[J]. 开放教育研究，2013，(1)：65-73.

② 焦建利. 微课及其应用与影响[J]. 中小学信息技术教育，2013(4)：13-14.

③ 赵冀. 基于 TED 学习模式的微课程研究[J]. 才智，2013(19)：101.

④ 吴萍. “微时代”背景下我国微课的应用现状与发展路径[J]. 教育评论，2016(1)：43-45.

的教育信息化变革①。

三、我国中小学微课发展中存在的问题

在国家大力发展基础教育，特别是大力推进教育信息化的历史进程中，在线教学模式应时发展，成为传统线下教学模式的重要补充与协同手段。自2019年底“新冠肺炎疫情”突发以来，基础教育界在国家“停课不停学”的号召下，一度主要采取在线教学模式授课。在线教学模式依托微课的应用，显著加快了微课在基础教育界的应用广度。

（一）实践先行，理论滞后，认识差距大

通过对近五年来全国各省市微课大赛的参赛作品数量及获奖作品的质量分析，可以看到，在全国教师队伍中涌现了相当数量的微课先行者、跟进者。他们与时俱进，更新教学理念，积极践行课改，顺应信息技术与教学紧密结合的时代要求。

短短数年，研究微课的理论迅速发展，足以说明教师队伍中不乏冷静思考者。

但是诸多教师对微课认识差距大，许多教师受功利性（优质课、信息化大赛、微课比赛获奖、职称评定等）驱使，使“竞赛型”（为竞赛而竞赛）、“高大上型”（过分注重包装，华而不实）、“烧钱型”（外包给专业技术公司，高档演播室录制）的微课大行其道，平民化、低门槛路线式少，违背了微课发展的初衷，加重了学校和一线教师开发微课资源的成本负担②。在此种状况下，许多教师对微课抱以观望、中立甚至反对的态度。

（二）应用效果不明显

目前，我国关于“微课”研究的文章以基础理论研究居多，虽然不同学科背景的学者提出了各自的看法，但多停留在对“微课”概念的理解、相关概念的辨析、微课的功能和发展状况上，缺少实践层面的研究，没有形成严密的理论体系。笔者虽然于2018年由华中师范大学出版社出版了一部专著《微课在高中化学教学中的制作与应用研究》，但也是浅尝辄止，距离全面研究和理解还有一定距离。

教师开发的微课资源大多不能与课堂教学有效结合起来，仅仅停留在微课比赛和教师互相借鉴以及教研活动方面，没有将其作为学生的学习资源而广泛

---

① 郑小军.微课发展误区再审视[J].现代远程教育研究，2016(2)：61-66，97.

② 郑小军.微课发展误区再审视[J].现代远程教育研究，2016(2)：61-66，97.

应用。网上的微课资源虽然丰富，但寻找资源应用于教学的教师不多，亲自制作有针对性的微课帮助自己的学生学习的教师更是寥寥无几。

(三)教师设计制作微课面临诸多困难

大部分教师遇到的首要问题是技术问题，部分教师对微课表示了极大兴趣，但是教学教研任务繁重，精力和时间跟不上，加之硬件设备陈旧和技术薄弱，导致许多教师对微课望而却步。

(四)过分依赖微课平台的资源

教育部积极推进教育数字化战略行动，“国家中小学智慧教育平台”于 2022 年 3 月 1 日上线试运行。教育部 2024 年 1 月统计并公布：平台资源总量达到了 8.8 万条，覆盖教材 65 个版本共 565 册；开发了教师备授课工具、个人资源库、直播专区、活动专区等，提供了在线组卷、线下练习等功能，配套近 1.5 万道习题，为每道题提供了解析视频，方便进行随堂练习，巩固所学知识、提高学习效率。各地市也建立了优质数字教育资源，如“西安市优质教育资源共享平台”收录了大量制作精美的微课。

这些丰富的教育资源可以让教师借鉴更多人的想法，让自己的课程素材更多，在授课过程中可以给学生更多的收获、更多的启迪，但同样也会让一部分教师滋生惰性，直接从网上下载课件或直接将视频资源发给学生，导致部分教师因“拿来主义”缺乏教研思考与创新，还会出现部分优质微课因教材版本、知识难易等情况与本校不同而不适合本校学生使用，加重学生的认知负担。

(五)缺乏学习效果评价系统

在微课实践中，微课平台没有学习效果评价功能。在理论研究中，许多学者都认为学习效果评价很重要，但是目前还没有形成系统的评价体系。教师对学生应用微课自主学习的效果更是缺乏系统的评价体系。

四、启示和建议

(一)更新理念，加强培训

教师应注重校本研修，研究课堂改革、反思教学、同伴互助及专业引领等方式学习和应用微课。学校应组织教师进行有关微课制作的通识培训，开展评比活动促进教师微课制作技术的成长。通过建立“校本微课”网站，以学科、章节、知识点开发微课程，编写微课的校本教材，立足于学校，服务于学生，从而发挥微课的最大效能。

(二)高度重视由微课组成的微课程的设计工作

教师在制作微课前,不要盲目跟风,要先做好充分的调研工作,比如,现行教科书分成哪些专题或板块来形成微课程体系?学生喜欢什么样的微课?一节课的哪一部分知识需要做成微课?制作的微课是在课前、课中还是课后使用?这节微课以什么类别呈现?如何创设情境?如何编写微课配套习题及 PPT?微课用什么软件制作?诸多问题。从整体到细节做好微课制作和运用教学的计划表。最好是一个团队,根据计划分解任务,个性制作后交流讨论打磨成成品再运用于教学。

上海师范大学教育技术系黎加厚教授提出了微课程设计的 17 条建议:

(1)时刻谨记您的微课程用户是学生。

(2)一个微课程只说一个知识点。

(3)尽量控制在 10 分钟以内。

(4)不要轻易跳过教学步骤,即使是很简单、很容易的内容。

(5)要给学生提供提示性信息。例如,用颜色线标识,屏幕侧边列出关键词,用符号、图形标注等。

(6)微课程是整个教学组织中的一个环节,要与其他教学活动环境相配合,记住:在微课程中适当位置设置暂停或者后续活动的提示,便于学生浏览微课程时转入相关的学习活动,让学生在学习单的统一调度下学习微课程。

(7)微课程应有恰当的提问,问题的设计要恰当安排基本问题、单元问题和核心问题,灵活使用多样化的提问策略促进学生思考。

(8)每一个微课程结束时要有一个简短的总结,概括要点,帮助学习者梳理思路,强调重点和难点。

(9)对一些重要的基本概念,要说清楚是什么,还要说清楚不是什么,让学生明确基本概念和原理;对于关键技能的教学,要清楚地说明应该如何做、不应该如何做。

(10)用字幕方式补充微课程不容易说清楚的部分。注意:只需呈现关键词语,不必像电视剧一样将所有的台词都打出字幕,这会增加学生的阅读认知负荷。

(11)教师要使学生养成良好的自主学习的习惯。例如,要根据学习单的指导来看视频,看完视频以后要回到学习单上来讨论、练习。要告诉学生使用微课程的技巧。例如，遇到没有听懂的地方，可以暂停重听。

(12)在学习单上将微课程和相关的资源与活动超链接起来，方便学生在学习单的统一调度下跳转学习。

(13)一门课程开始的时候，要清楚地介绍这个课程的评价方法和考试方式，引导学生根据教学目标学习。

(14)开始时，要介绍主讲教师本人的情况，让学生了解教师。

(15)注意研究借鉴可汗在讲与你的类似课程时所采用的教学方法。

(16)留心学习其他领域的设计经验，注意借鉴、模仿与创造。例如，从电影、电视、广告等大众媒体中找到可以借鉴的创意。

(17)有关微课程制作的操作技术细节(很多时候，细节往往影响了微课程的使用效果)：鼠标不要在屏幕上乱晃；字体和背景的颜色要搭配好；讲解课程时，鼠标在屏幕上的速度不要太快；画面要简洁，与教学内容无关的图标、背景、教师个人头像等，都要删除；录制视频的环境要安静，不要有噪声①。

(三)重视微课的质量

微课的价值和贡献一方面在于它能在短时间内高质量地传递出精华内容，另一方面在于它能引发学习者的深度思考。而微课的深度也就体现在它能否引起学生对内容进行螺旋上升式的提问和思考，即一个问题或一种回答能否使学生延伸想到另一个问题或另一种回答。因此，优秀的微课应是“智慧”“美貌”与“技术”的“兼容体”②。

(四)正确处理微课制作与应用的关系

教师在建设微课资源的同时，要考虑微课的应用环节(教与学活动的实施)。通过以建设促进教学应用，以教学需求与应用实践来引领微课建设的有序发展，切忌走上“重建设轻应用无研究”的老路③。

笔者所在学校开发的微课程配套教材《走进我们的化学微课堂》，按照人教版《普通高中课程标准实验教科书・化学 1》(必修)和《普通高中课程标准实验教科书・化学 2》(必修)的内容和要求，参与此书的编者针对不同课型自制了不同

---

① 黎加厚.微课的含义与发展[J].中小学信息技术教育，2013(4)：10-12.

② 郑小军，张霞.微课的六点质疑及回应[J].现代远程教育研究，2014(2)：48-54.

③ 胡铁生，黄明燕，李民.我国微课发展的三个阶段及其启示[J].远程教育杂志，2013，31(4)：36-42.

类型的微课，并结合笔者所在学校学生的实际情况应用到教学实践中，旨在研究如何有效使用微课，将课堂延伸，提高教育教学效果。同时在应用微课和制作微课的过程中，编者们不断摸索研究微课的制作技巧，探究不同课型的微课，以提升教师们的信息化教学应用手段，使微课多元化，提高学生学习化学的兴趣，发挥微课使用的最大效能。

第三章　核心素养视域下实施高中化学微课教学的有效路径

教育部在2014年印发的《关于全面深化课程改革落实立德树人根本任务的意见》中明确提出，核心素养是育人的重要目标。尽管近年来高中化学教师对此颇为重视，但却没能形成比较成熟的培养手段和教育方法。微课在某些方面与核心素养的内涵存在价值耦合，在培养学生核心素养方面具有得天独厚的优势。因此，高中化学教师应积极探索核心素养视域下的高中化学微课教学，为高中化学教学谋求更高质量的发展。

一、高中化学核心素养的内涵

所谓核心素养，即学生应具备的，能够适应终身发展和社会发展需要的必备品格和关键能力，是关于学生知识、技能、情感态度与价值观等多方面要求的综合表现。具体到高中化学学科而言，核心素养应包含以下五个方面：①宏观辨识与微观探析，主要涉及对物质的组成、结构及变化的了解；②变化观念与平衡思想，基于能量转化与元素守恒分析化学反应的过程；③证据推理与模型认知，从观察到的化学现象中总结、抽象出科学结论，并用以解释其他复杂的问题；④科学探究与创新意识，能够提出猜想且通过实验来印证检验；⑤科学精神与社会责任，正确看待学科同社会发展、自然环境的关系。

二、核心素养视域下高中化学微课教学的意义

(一)课堂教学提质增效的客观要求

化学是理科中的文科，学好这门学科既依赖大量的记忆，又对学生的逻辑思维有着较高的要求。在有限的课时内，教师往往很难两头兼顾，如果想细致地讲解理论知识，就不得不舍弃思维训练的环节，核心素养的培养也就成了一句空

话。微课则具有小而美、精而微的特点，短短几分钟的视频，就可以将一个知识点甚至一个小章节系统地收罗其中。教师可以要求学生在预习阶段观看微课视频，使他们对当堂课的基础知识有初步的了解，这不仅能节省新授课的时间，而且便于后续教学环节的推进。可以说，在高中化学教学领域引入微课，能够立竿见影地起到提质增效的作用，使核心素养的培养与提高事半功倍①。

（二）适应学生个人发展的必然选择

以往的高中化学教学更侧重化学知识、化学现象的讲授，课堂的建构有着浓厚的师本位色彩。学生的主体地位被严重弱化，他们学习化学知识的积极性必将受挫。诚然，填鸭式教学也能令学生掌握化学知识、化学现象，但却难以生成相应的素养。建构主义认为，学习者必须具备主动性，才能在与情境的互动中生成意义、建构理解。微课教学同样强调学生与微课的交互、学生与教师的交互，通过这种方式来凸显学生在课堂中的主体地位，这无疑是对传统课堂模式的颠覆。经由微课教学培养出来的学生，不仅能掌握扎实的化学理论知识，而且能具备相应的核心素养，能够运用学科知识去解决实际问题。因此，开展高中化学微课教学，有助于学生核心素养的生成与提高，更符合他们个人发展的需求②。

三、核心素养视域下高中化学微课教学的有效路径

党的二十届三中全会提出，教育、科技、人才是中国式现代化的基础性、战略性支撑。必须深入实施科教兴国战略、人才强国战略、创新驱动发展战略，统筹推进教育科技人才体制机制一体改革，健全新型举国体制，提升国家创新体系整体效能。创新思维的养成、创新人才的培养是基础教育的时代命题，也是高中育人方式改革的主攻方向，化学学科教学改革应不辱使命。

化学学科核心素养是能够适应终身发展和社会发展需要的必备品格和关键能力，是关乎学生知识、技能、情感态度与价值观等多方面要求的综合表现，高中化学教学应当以核心素养的培养为终极目标。微课作为教育信息化的产物，在培养学生核心素养方面具有得天独厚的优势。基于此，笔者提出了核心素养视域下高中化学微课教学的实施路径，包括整合知识要点，厘清宏观辨识与微观探

---

① 蔡晓霞.基于核心素养引入微课教学焕发高中化学课堂新色彩[J].数理化解题研究，2022(6)：107-109.

② 毕华林.对高中化学学科核心素养的认识和理解[J].化学教学，2021(1)：3-9.

析;创设具体情境,体会变化观念与平衡思想;构建直观模型,聚焦证据推理与模型认知;巧妙设置疑问,引领科学探究与创新意识;课外拓展延伸,启发科学精神与社会责任。

(一)整合知识要点,厘清宏观辨识与微观探析

从本质上来讲,宏观辨识与微观探析反映的是学生的认知能力,考查他们能否灵活运用两种截然不同的思维来解释化学现象。大多数学生都只具备其中一种思维,或者虽然两种思维都具备,但却不能有效结合,因此他们对物质及化学变化的认知不够全面。究其原因,主要是传统教学模式缺乏系统梳理化学知识的功能,学生在分析和解释化学现象时,也就习惯于运用孤立的视角和逻辑思维。鉴于此,核心素养视域下的高中化学微课教学,应注重知识要点的整合,帮助学生形成完整的知识体系,从而具备灵活运用宏观辨识与微观探析两种思维的素养和能力①。

在《氯水成分探究》这节微课中,学生通过向氯水中滴加硝酸酸化的硝酸银来验证氯离子的存在,白色沉淀现象很明显,笔者在拍摄这个实验的视频时,镜头拉近,对试管进行了微距摄像。在证明氢离子存在的实验中,学生们演示了向盛有氯水的试管中加入打磨过的镁带,堵住试管口一小会,然后用点燃的火柴靠近管口,听到尖锐的爆鸣声,证明有氢气生成,继而证明有氢离子。其他两个学生还选择石蕊试液证明氢离子,结果演示时发现,向黄绿色氯水中加入几滴紫色石蕊试液,并没有变红色。经过讨论,他们预测氯水中有能使石蕊褪色的物质,于是他们立即反向滴加,另取试管先加入紫色石蕊试液,然后逐滴加入氯水,发现溶液先变红,加多了氯水后溶液褪色,证明了他们的猜测。笔者肯定了他们的结论,并演示了氯水使品红褪色的实验,证明了氯水中存在漂白性物质次氯酸。

(二)创设具体情境,体会变化观念与平衡思想

变化观念与平衡思想是指学生对物质发生化学反应的方向、限度、规律及能量守恒等的基本认识,它不仅属于化学学科的关键理念,也是解决化学问题的基本视角。以往教师主要借助可逆反应来训练学生,使他们在对化学反应动态连续的分析中逐渐形成变化观念与平衡思想。但这种训练方式枯燥乏味,起到的

---

① 许美羡,林燕丽.以微课为载体落实高中化学核心素养的实践[J].福建基础教育研究,2020(5):129-130.

效果也并不理想。相比之下，微课能给学生带来图、文、音、画等多感官的刺激，将枯燥乏味的化学知识转化为生动有趣的视频，从而激发学生的学习兴趣。因此，高中化学教师可以利用微课来创设教学情境，并将变化观念与平衡思想训练渗透其中，给学生带来耳目一新的课堂体验。

在《判断化学反应进行的方向》微课中，笔者通过"水往低处流""室温冰融化""潮湿铁生锈"三个生活中的现象，让学生感受到这三个变化过程是自发的，从而深刻理解"自发"这个概念。在讲授"熵变"这一概念时，笔者用散落的火柴和无序的扑克牌让学生体会到无序是稳定状态，为后续理解吉布斯自由能作好铺垫。

（三）构建直观模型，聚焦证据推理与模型认知

所谓证据推理，指的是获取、筛选信息，并以此为依据来证实或证伪某个观点，这实际上是要求学生厘清观点、结论和论据之间的逻辑关系。回顾历年高考化学真题不难发现，推断题一直是必考的题型，可见培养学生证据推理素养的重要性。模型一词则是舶来品，大意是尺度、样本、标准。当客观对象不能直接研究时，需要抽象出这个事物的特征，并构建一个既简洁又能准确反映该事物本质关系的模型。模型认知不仅是高中化学核心素养的重要组成部分，也对我们研究其他领域的问题有很大的帮助。但不可否认的是，证据推理与模型认知一直是高中化学核心素养培养的薄弱环节。要想彻底改变这一窘境，教师可以尝试运用微课来构建模型，将抽象的推理过程和客体对象直观地呈现出来，以便于学生核心素养的生成和发展。

首先，教师可以构建实物模型。高中化学大量涉及微观范畴，如分子、离子，即便借助常规仪器也很难观测到它们。以往的教学过程中，只是利用教科书上的插图来展示，这很难让学生理解物质的微观结构。针对这种情况，教师可以制作简易的动画并以微课的形式给学生讲解，使物质的微观结构一目了然。其次，高中化学还存在一些非常抽象的概念，如气体摩尔体积等，仅凭死记硬背很容易造成混淆。因此，教师也可以运用可视化手段，以微课视频的方式构建概念模型。如此一来，学生就能更好地理解相关知识，从感性认识过渡到理性认识。最后，值得一提的是，以微课构建模型对辅助学生证据推理同样有所帮助。通常而言，学生在证据推理过程中，会根据已有知识和经验形成假设，亦即某种观点或者模型。然后继续搜集证据进行二次推理，若得出的结果与假设不符，则是对模

型的推翻或修正①。

《惰性气体对化学平衡的影响》这节微课，教师用动图形象揭示：恒温恒容下，加入惰性气体，总压虽然增大，但反应体系内各组分气体的分压和浓度并没有改变，平衡不移动。而恒温恒压下，加入惰性气体，由于体系体积增大，各组分气体浓度减小，因此平衡向气体体积增大的方向移动。

（四）巧妙设置疑问，引领科学探究与创新意识

科学探究与创新意识要求学生能够独立思考、手脑并用，通过对化学物质、化学现象的刨根问底，最终形成自己独特的认知。传统课堂模式一直是以教师为中心，教师将知识灌输给学生，而学生无须思考全盘接受。久而久之，学生就形成了盲目迷信书本、教师等权威的习惯，逐渐丧失了独立思考、自主探究的能力，创新意识更是无从谈起。微课的应用是课堂教学对学生本位的回归，主张激发学生的主观能动性，这对科学探究与创新意识素养的生成有很大的帮助。教师可以设计问题研讨型微课，以若干个问题逐步引导，学生解答问题的过程就完成了科学探究的整套流程。不仅如此，由于在科学探究过程中学生的主体地位得到了保证，因此他们形成的认知和观点也一定是千人千面的，这对增强他们的创新意识具有重要意义。

在《五光十色的魔法茶》这节微课教学中，教师向若干个酒杯中分别倒入一种神奇的魔法"茶"，这种"茶"在不同酒杯中呈现了不同颜色、不同状态的液体，学生们的好奇心一下子被点燃，特别想知道这个魔术的神奇之处。其实，教师设计这节微课的意图就是探究三价铁离子的性质。魔术之后，教师通过介绍铁离子和不同物质的化学反应，逐一揭秘魔术的奥秘。在这个过程中，学生们在兴趣盎然中将知识落实，他们的探索欲望得以增强。

（五）课外延伸拓展，启发科学精神与社会责任

科学精神与社会责任即通过对化学科学实际价值、本质的认识，明确环境、社会、技术及科学之间存在的关系，并以此作为基础，逐步针对化学学科形成相应责任感及科学精神。此种素养更为关注精神层面对学生提出的要求，属于前几种素养的重要升华。在以往的高中化学教学中，师生们往往更关注知识与技能、过程与方法，严重忽视了情感态度与价值观。因此，核心素养中科学精神与

① 刘悦，翟宏菊. 激发学习兴趣，提升高中化学课堂教学效果[J]. 科技风，2022(32)：142-144.

社会责任的培养也就成了短板，而微课教学能使这个问题迎刃而解。教师可以制作微课视频上传至互联网，通过课外延伸拓展的方式来激发学生的科学精神与社会责任感。这样既不会占用宝贵的课堂教学时间，又能确保学生的核心素养得到全面提高①。

众所周知，化工行业是造成环境污染的罪魁祸首，高中化学涉及的很多化学物质、化学反应都对环境有着巨大的威胁。在学习相关知识点时，教师可以借助微课视频，以科普的形式向学生晓以利害。一来可以让他们意识到化学物质对环境的危害，令他们在今后的学习和生活中多加注意；二来也激励他们运用所学知识来解决当下面临的环境污染问题，肩负起个人对社会的责任。

立德树人的核心是培养学生的爱国情怀。在化学这一自然学科领域，有许多中华民族的伟大贡献，通过微课展示化学前沿科技、弘扬优秀人物的奉献精神，可以培养学生的爱国情怀和积极向上的激情。笔者制作的微课《屠呦呦与青蒿素》中，屠呦呦接受采访时表示："诺贝尔生理学或医学奖这个荣誉不仅仅属于我个人，它也是中医中药走向世界的一项荣誉。它属于科研团队的每一个人，属于中国科学家群体。"这样的感言，让每个孩子听后都自豪、感动，爱国情怀油然而生。

---

① 荆红亮."互联网＋"背景下高中化学信息化教学策略研究[J]. 学周刊，2022(29)：18-20.

第四章　做学生喜欢的微课

——精心设计、合理运用不同类型的微课

微课是为支持翻转学习、混合学习、移动学习、碎片化学习等多种新型个性化学习方式和网络教研方式，以短小精悍的微型媒体教学视频为主要载体，针对某个知识点或教学环节而精心设计开发的一种情境化、趣味性、可视化的数字化学习资源包①。

一、正确认识微课的应用价值

随着教育改革的深化，翻转课堂引起的教学方式的变革越来越引起广大教育工作者的关注与探索。微课则成为广大中小学教师实施翻转课堂的重要推手。从2011年“微课”概念的提出到今天广大教师积极参与制作微课、运用微课掀起了教育系统的“微课热”，一定程度上给课程改革增添了诸多的活力。微课以其内容短小精悍、针对性强、视频占内存少、可反复观看等特点弥补了学生学习兴趣低、课堂听课效率差、课后辅导不及时等不足。

(一)微课可以激发学生的学习兴趣

学生一旦对某事物感兴趣，就会主动求知、探索和实践，并在学习探究过程中获得愉悦感和成功感。一节贴合学生心理特点，能激发学生兴趣的微课，会极大促进学生主动学习。笔者自制微课《一起来背元素周期表》选择了近20名学生参与表演，通过说唱、相声等形式激发学生背诵元素周期表的热情。后期制作成音乐动感、画面喜感的微视频，在学习《元素周期表》第1课时之前播放，一下子引起学生对“周期表”知识的学习兴趣，达到了教学目的。

---

① 郑小军. 我对微课的界定[EB/OL]. [2013-10].

（二）微课可巩固知识、突破难点

对部分学生来说，虽然课堂上听老师讲课了，但是不一定能够真正掌握知识。有了微课，他们就可以针对疑惑不解的地方重复播放，还可以和其他同学一起对话、交流，吸收内化，直至掌握①。高一学生在必修有机物的学习中，对同分异构体数目的确定掌握不好，笔者制作了《同分异构体数目巧确定》这一八分钟左右的微课，带领学生学习了“记忆法”“等效氢法”“定一移二法”及“换元法”四种方法，便于学生在课后自学、互学。从随后的反馈来看，对考试题目中有关同分异构体数目的考查，学生普遍得分率比较高。

（三）微课可提升学生的自主学习能力

自从引微课于教学中，经过多年的实践，学生的学习状态发生了很大转变，学生能自觉运用微课进行课前预习，重温微课进行复习，课堂上听课认真了，注意力集中了，课后作业抄袭现象减少了。周末或者寒暑假，学生还会主动问笔者有没有微课学习任务。不少学生表示，根本不用上什么校外预科班、辅导班了，看老师的微课就能学到足够的知识。

二、构建微课程体系，精心设计制作微课

目前诸多教师对微课的认识差距较大，有些教师追求“高大上型”，走“平民化、低门槛”路线少，违背了微课发展的初衷，加重了学校和一线教师开发微课资源的成本负担②，挫伤了他们参与、使用微课的积极性。在这样的状况下，许多教师对微课抱以观望、中立甚至反对的态度。笔者所在团队在开发微课程过程中始终坚持“平民化、草根型、低门槛、实用性”的微课制作与应用路线。不追求高大上，概括为“制作简单，成本不高，使用简洁，课堂实用”，近年来取得了良好的效果。

一线教师制作微课时要注意以下三个方面的问题。

（一）科学选择教学内容

在微课制作中，一要围绕教学目标确定教学主题，二要贴近学生需要确定教学内容。比如，围绕“氧化还原反应”这一主题，笔者所在团队分别制作了三个微

---

① 朱成立. 高中化学基于微课教学的实践与反思[J]. 化学教与学，2015(10)：22-23，40.

② 郑小军. 微课发展误区再审视[J]. 现代远程教育研究，2016(2)：61-66，97.

课，成为专题系列：根据学生对概念的理解需求，制作了微课《氧化还原反应的概念》；根据个别倾向于学理科的学生需求，制作了微课《氧化还原反应的配平》；根据高考题目对知识拓展和延伸的考查，制作了微课《守恒法解决有关氧化还原反应的有关计算》。每一节微课在内容选择上不能贪多，应聚焦到一个或几个知识点或技能点上，由单个或几个知识点构成的“微课”组成的系列“微课”就使一个庞大的教学内容细化分解，形成体系，有针对性。内容为主，选好主题，概括为：目标要明确，选题需聚焦，内容须科学，微课成系列。同时应把握五个原则：思想性、科学性、可视性、趣味性和探究性。

(二)合理选择制作软件

微课设计、开发与应用的关键内容之一是教学视频，对于一线教师来说，很多年前这也许是个障碍，但在过去的几年间，随着网络技术的普及和学校硬件设施的改善，微课制作技术在硬件和软件上取得了重大突破①。

目前中小学微课制作主要采用 PPT、录屏软件和剪辑软件等，可采用 DV＋白纸、录屏软件＋PPT 或手写板＋录屏软件＋PPT 等组合。这些技术完全可以满足微视频清晰美观的要求。

如果是 DV、手机等摄像手段制作的微课，后期制作可以用“爱剪辑”软件或“剪映”软件插入字幕、叠加素材等提醒学生应注意的内容。通过转场效果、音效等手段提高微课的可视性和美观程度。容易出现的问题就是手机拍摄和视频后期制作有待加强，如果出现微课视频不够清晰，晃动厉害，没有增加标注、必要的字幕或者声音不清楚等硬伤，就是失败的微课。

特别推荐一线教师录制以 PPT 形式呈现的教学内容，这就只需要电脑和外置话筒(笔记本自带话筒)。这种技术简单易行，便于掌握。

(三)制作不同类型的微课

1. 按照课堂教学方法进行分类

欧阳芬、艾安丽、赵凌在他们编著的《高效教学技能理论与应用方法》一书中提到了“微课”的 11 种分类，详见表 2-4-1：

---

① 陈明，戴乐梅. 论高中化学微课教学[J]. 西部素质教育，2016，2(4)：148-149.

表 2-4-1　微课的分类

分类依据	常用教学方法	微课类型	适用范围
以语言传递信息为主的方法	讲授法	讲授类	适用于教师运用口头语言向学生传授知识(如描绘情境、叙述事实、解释概念、论证原理和阐明规律)。这是中小学最常见、最主要的一种微课类型
	谈话法(问答法)	问答类	适用于教师按一定的教学要求向学生提出问题,要求学生回答,并通过问答的形式来引导学生获取或巩固检查知识
	启发法	启发类	适用于教师在教学过程中根据教学任务和学习的客观规律,从学生的实际出发,采用多种方式,以启发学生的思维为核心,调动学生的学习主动性和积极性,促使他们生动活泼地学习
	讨论法	讨论类	适用于在教师的指导下,由全班或小组围绕某一个中心问题,通过发表各自意见和看法,共同研讨,相互启发,集思广益地进行学习
以直接感知为主的方法	演示法	演示类	适用于教师在课堂教学时,把实物或直观教具展示给学生看,或者做示范性的实验,或通过现代教学手段,通过实际观察获得感性知识,以说明和印证所传授的知识
以实际训练为主的方法	练习法	练习类	适用于学生在教师的指导下,依靠自觉的控制和校正,反复地完成一定动作或活动方式,借以形成技能、技巧或行为习惯。尤其适合工具性学科(如语文、外语、数学等)和技能性学科(如体育、音乐、美术等)
	实验法	实验类	适用于学生在教师的指导下,使用一定的设备和材料,通过控制条件的操作过程,引起实验对象的某些变化,从观察这些现象的变化中获取新知识或验证知识。在物理、化学、生物、地理和自然常识等学科的教学中,实验类微课较为常见
以欣赏活动为主的教学方法	表演法	表演类	适用于在教师的引导下,组织学生对教学内容进行戏剧化的模仿表演和再现,以达到学习交流和娱乐的目的,促进审美感受和提高学习兴趣。一般分为教师的示范表演和学生的自我表演两种

续表

分类依据	常用教学方法	微课类型	适用范围
以引导探究为主的方法	自主学习法	自主学习类	适用于以学生为学习主体，通过学生独立地分析、探索、实践、质疑、创造等方法来实现学习目标
	合作学习法	合作学习类	合作学习(Collaborative Learning)是一种通过小组或团队的形式组织学生进行学习的策略
	探究学习法	探究学习类	适用于学生在主动参与的前提下，根据自己的猜想或假设，运用科学的方法对问题进行研究，在研究过程中获得创新实践能力及思维发展，自主构建知识体系

值得注意的是，一节微课作品一般只对应于某一种微课类型，但也可以同时属于两种或两种以上微课类型的组合(如提问讲授类、合作探究类等)，其分类不是唯一的，应该保留一定的开放性。同时，由于现代教育教学理论的不断发展、教学方法和手段的不断创新，因此微课的类型也不是一成不变的，需要教师在教学实践中不断发展和完善①。

在笔者所在团队制作的实验类微课里，设计了由学生通过情景剧演示实验，比如微课《少男变少女》(图 2-4-1)既属于实验类又属于表演类，用于“浓硫酸性质”的课堂教学上，又属于启发类。

图 2-4-1　微课:《少男变少女》

2. 按照微课制作手段进行分类

(1)录屏型微课:通过录屏软件结合 PPT，教师播放制作好的 PPT 同步讲解录屏所制作的微课。讲授类微课多属于录屏型微课。

---

① 欧阳芬，艾安丽，赵凌. 高效教学技术的理论与应用方法[M]. 天津:天津教育出版社，2014:201.

(2)摄像型微课：用如 DV、智能手机等摄像设备录制教学过程形成的教学视频。实验类、表演类的微课(图 2-4-2)基本都是录像后制作的。

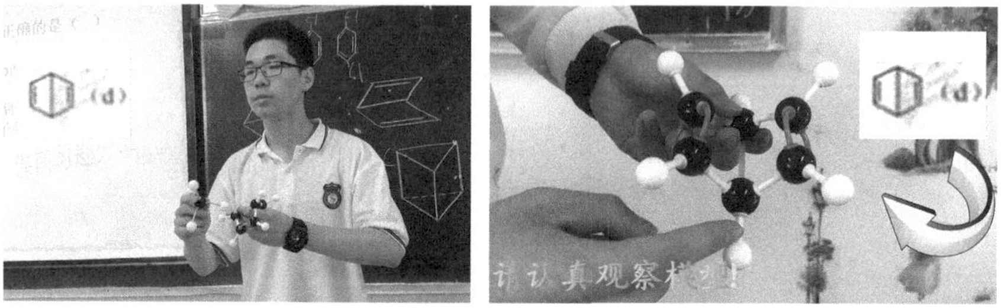

图 2-4-2 微课：《一道高考有机化合物习题详解》

(3)混合式微课：运用以上两种主要手段编辑合成制作的教学视频。现在参加比赛的微课作品基本是使用多种手段制作的混合式微课。比如，微课《原电池的工作原理》(图 2-4-3)以家庭实验“水果电池的制作”(录制)导入，再以实验(网络下载视频，后期配音)清楚显示了铜锌原电池的操作，再展示动画“原电池工作原理”(网上下载的 Flash 动画结合 Camtasia Studio 录屏软件)，更加直观清楚，便于学生理解。而后讲解知识及例题解析(PowerPoint 和 Camtasia Studio 录屏软件)巩固知识。

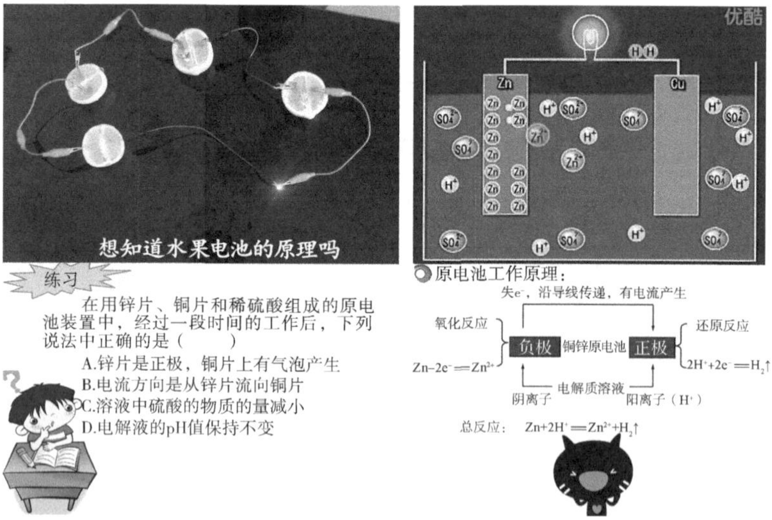

图 2-4-3 微课：《原电池的工作原理》

3. 按照运用微课的不同学习时段进行分类

(1)课前预习型微课：用于让学生预习课堂难点的微课。因为一节微课的时间不超过 10 分钟，所以以基础知识为主要内容的讲授类微课或者问答类微课可以用于课前预习。比如，“物质的量”第 1 课时授课前，笔者就给学生布置了观看微课《物质的量及其单位摩尔》(图 2-4-4)的任务，学生在视频中看到了教师提出的问题：一杯水中有多少个水分子，学生根据微课提出的问题，结合视频后面的讲解，逐步解决了这个问题的计算，关于物质的量的计算公式自然而然有所掌握。

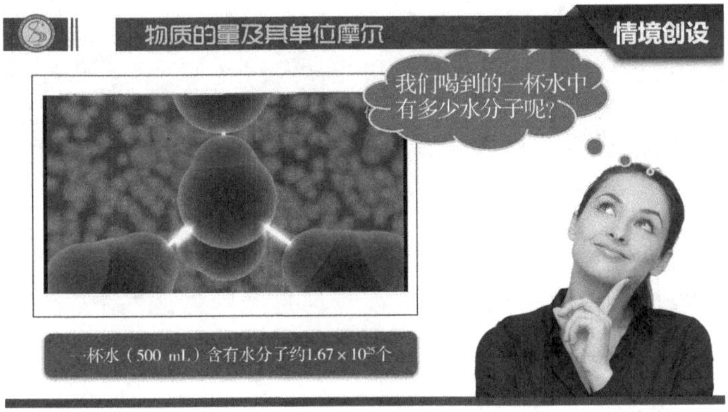

图 2-4-4　微课：《物质的量及其单位摩尔》

(2)课堂使用型微课：这类在课堂上使用的微课，有的是用于创设情境激发学生学习兴趣的；有的是能通过直观形象的动画帮助学生理解抽象概念或帮助学生提升“宏观辨析和微观探析”化学核心素养的；有的是为了让学生能清楚地掌握实验所需的仪器和药品、实验步骤、实验现象及误差分析，以便模仿和创新的。《中和热的测定》(图 2-4-5)这节实验类微课不仅演示操作，而且实验原理、实验数据处理及误差分析都需要教师讲授。课堂上使用此微课可以节约时间，规范操作，为学生实验起到示范引领作用。

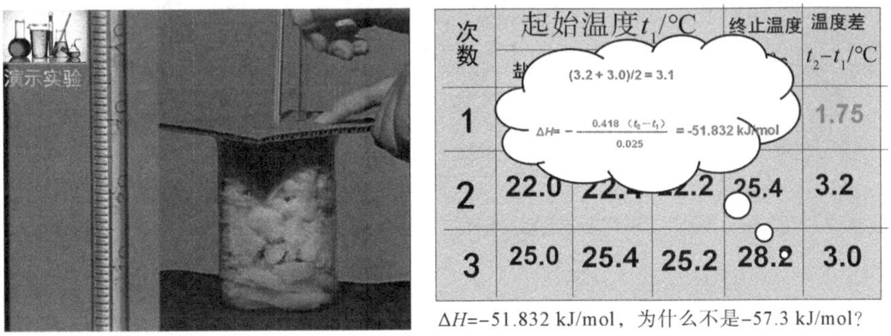

图 2-4-5　微课：《中和热的测定》

再如，实验类微课《二氧化氮和一氧化氮的制备和性质》(图 2-4-6)实验涉及的气体毒性大，有关实验课本上没有要求做。笔者在实验室完成了二氧化氮与一氧化氮的制备和性质实验并用手机录像，配合讲解，能让学生更清楚地观察到二者的性质。

图 2-4-6　微课：《二氧化氮和一氧化氮的制备和性质》

特别值得一提的是，以往的实验操作视频都是以实验员、教师为主体进行拍摄的。学生观看此类视频时认为这些视频都是老师做的"完美实验"，难免距离感较强，学习的积极性较低。实验类微课的教学内容多以需要学生掌握实验操作的实验为主，新课标也明确要求突出学生的主体地位，教师可以让学生当"编剧"，参与到实验类微课的设计中，让学生当"演员"，进行实验操作、演示及录制[①]。

实验类微课《魔棒点灯》(图 2-4-7)就是让学生参与表演，以"魔术：冰棒点灯"引出对比实验：钠和钾分别放入水中的实验。对学生在实验中出现的不规范操作，比如"胶头滴管滴加液体未能竖直加入"及时指出，加深学生对实验基本操作要领的掌握。当笔者把这节微课在课堂上播放的时候，学生们都很羡慕"演员"，积极报名下一次"演出"。

有些习题类微课也可以让学生参与讲解，能提高学生的学习主动性。这样

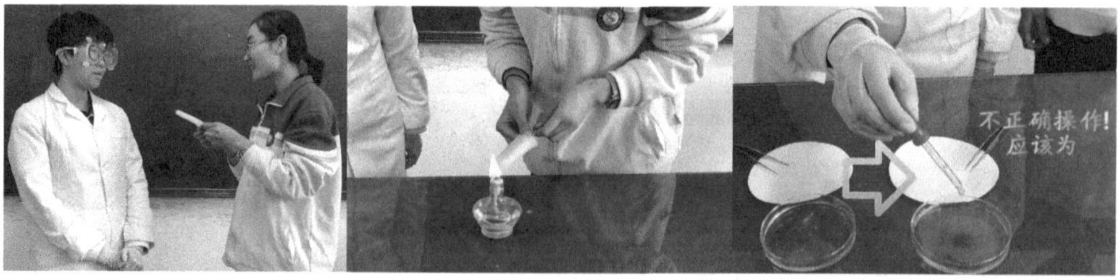

图 2-4-7　微课：《魔棒点灯》

① 胡小勇. 设计好微课[M]. 北京：机械工业出版社，2017：99.

制作微课，学生的积极性自然会被调动。学生不仅能从做中学、从教中学，还能观看到同学的精彩表演，学起来兴趣盎然，对微课的热情大增。

(3)课后复习型微课：微课运用于课后，主要是为了让学生巩固知识、拓展知识。比如，习题类微课详细讲解一道或几道习题，分析总结出某一类题的解题思路和方法，这种微课在制作时一定要注重题面的解析和讲解的过程。所以在制作 PPT 时就要用“线条”“箭头”等标注符号展示推理过程。例如，《电子得失守恒法配平氧化还原反应方程式》(图 2-4-8)这节微课，针对复杂方程式的配平，和讲解同步出现的各种“标注”会引领学生分析推理从而得出结论。想象一下，如果没有标注，那么学生一旦跟不上老师讲解的节奏，就会走神，甚至失去探究学习的兴趣。

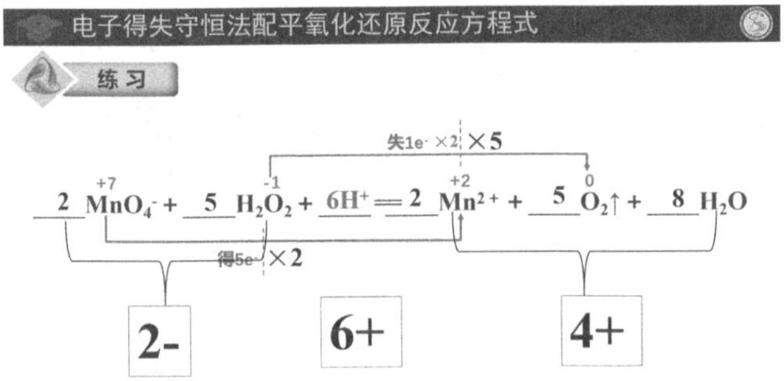

图 2-4-8 微课:《电子得失守恒法配平氧化还原反应方程式》

三、以学生为本，合理运用微课

做好微课，更要用好微课，实用、有效才是开发制作微课的初心。微课的学习对象是学生，对学生学习有用的微课就是成功的微课。按照学生学习的时间和场所，教师运用微课应注意以下几点。

(一)课堂展示要灵活，适时适度促效能

将微课运用于课堂，主要是为了激发学生的学习兴趣。学习新课时，导入一些活泼有趣的微课，会调动学生的学习积极性，让学生更好地集中精力，从而能够以较高的热情吸收新知识①。在微课《哪支火箭飞得更高》(图 2-4-9)中，学生喜欢的明星薛之谦在做实验，一下子吸引了学生(图 2-4-10)。这节微课引出了物质的量和质量的计算公式，学生很容易就掌握了知识点。这节完整的微课不

① 唐美洁. 微课在高中化学教学中的有效运用[J]. 中国教育技术装备，2017(3)：103-105.

仅有明星表演的内容，后面还有教师的详解，因此可在课后完整播放学习巩固公式。如果在课前使用，就一定要在演示完实验后关掉视频。

图 2-4-9 微课：《哪支火箭飞得更高》

图 2-4-10 课堂播放表演类微课

通过微课展示化学实验时，可以采用暂停、回放、慢放等方式，让学生看清楚实验过程及现象，从而帮助他们完成化学实验。对于复杂的操作、有一定危险性或者现象出现较慢的实验，可以在课堂上使用微课。但是，绝不能用实验视频代替学生实验，不能因为学生看过了实验视频就可以不动手操作实验。

再比如，课堂上使用的一些习题类微课，在遇到一些难度较大的习题时，教师应实时观察学生的神态，了解学生的掌握情况，及时用重复播放或暂停的方式让学生充分思考与交流。

（二）课外学习靠网络，家校合作促成长

微课是教师精心制作的学习材料，配套的还有练习、PPT、教学反思等，这些资料不可能在课堂上全部分享给学生，而且有些微课的制作就是为了拓展加深知识，用于学生课外自主学习的。那么搭建这些学习资源的平台就极为重要，目前云端、邮箱、QQ 群等都是中小学教师可选的网络分享平台。笔者建议将这些

学习资源分享到家长的QQ群(图2-4-11),注意不是学生的QQ群。一方面,对于自觉性不高的学生,家长可以督促其学习;另一方面,用家长的手机观看可以避免孩子借机上网聊天、玩游戏等干扰学习的行为出现。家校合作会让孩子进步更快。

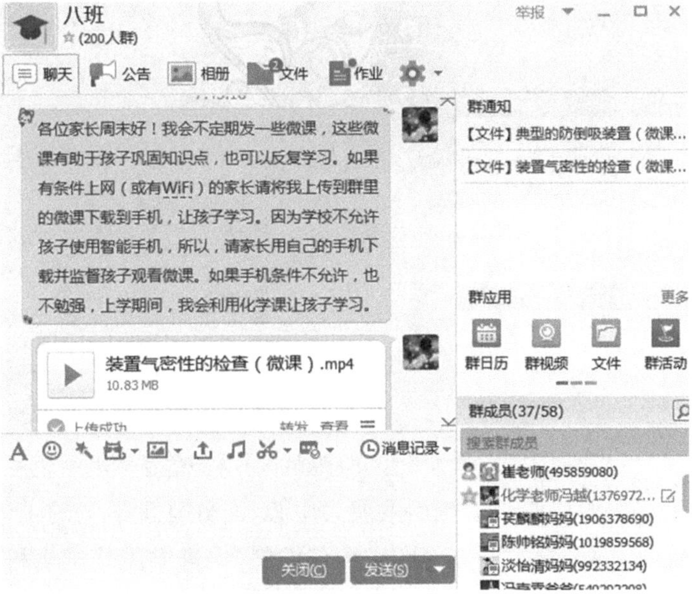

图2-4-11　通过家长QQ群分享微课

(三)课后分享重评价,交流反馈要及时

将微课运用于课后,主要是为了让学生巩固知识、拓展知识。学生的学习效果如何,教师是必须掌握的。教师分享微课后,学生先学习,把弄不懂的问题记录下来,之后可以通过家长QQ群(图2-4-12)在线问老师,或者与其他同学讨论。教师要布置微课作业,明确作业内容,如“记笔记”“背公式(概念)”或者“将课程所涉及的题目再做一遍”。只有明确了这些任务,才会让学生正确运用微课,提升学习水平,而不是走马观花看热闹。

评价是教学中的一个重要环节,是教师在教学过程中必须进行的一项重要活动,它通常用来评定学生学习各方面的价值大小和水平高低。在学生学习过程中进行的评价,既可起到及时调节、补偿学生学习不足的作用,同时也可以及时纠正教师工作中的不足。对于微课的学习评价,除了调查问卷、观察、问答、纸笔测试等形式以外,还要结合整体教学评价进行。

图 2-4-12　通过家长 QQ 群明确学生的学习任务

微课学习评价要以学生的全面发展为中心，充分尊重学生的主体地位，通过不同形式的评价，促进学生各方面的进步与发展，促进学生化学学科核心素养的形成和提升。评价方式要依据评价内容和目的的不同需要，灵活地选择和运用。

第五章 高中化学微课案例分析

在本章中，笔者将以三节省级以上微课大赛获奖作品为例，分别从实验类微课，表演类、故事类微课，以及讲授类微课三种类型微课来说明微课的设计理念与制作方法。

一、案例 1：微课《科学认识 84 消毒液》

（一）第一部分：教学设计

1. 教材分析

新人教版高中化学必修第一册第二章第二节《氯及其化合物》属于典型的非金属元素教学，学习完氯气后，作为课外拓展，这节微课在培养学生的学习兴趣，促进学生科学精神、责任担当、实践创新等核心素养方面会起到重要的作用。学生可以从课本走向生活，从生活中体验化学学科知识。

2. 教学目标

(1)通过商品说明，科学认识 84 消毒液的基本性质。

(2)通过设计实验，探究使用消毒液时的注意事项。

(3)明确化学与日常生活息息相关。

3. 教学重点和难点

重点、难点：通过设计实验，探究使用消毒液时的注意事项。

4. 教学过程(表 2-5-1)

技术媒体：mp4 格式，电脑、手机等。

表 2-5-1 微课《科学认识 84 消毒液》教学过程

教学环节	教师活动	学生活动	设计意图
开场	卡通画面伴随着欢快的音乐进入微课堂 明确本节课的学习目标	【欣赏】	吸引学生注意，以轻松愉快的心情进入课堂
环节一：创设情境，引入课题	【引入】动画片《名侦探柯南》片段 【动画】清洁剂混用有毒案例	【倾听】 【观看】	激发学生的学习兴趣，引导学生做好学习准备
环节二：阅读商品说明书，预测其性质	【引入】课题《科学认识 84 消毒液》 【展示图片并分析】84 消毒液的主要成分是次氯酸钠，其用途是杀菌消毒。再看使用注意事项：避免原液接触皮肤、稀释使用等，说明消毒液有腐蚀性。对织物有褪色作用，预测消毒液有漂白性，结合消毒功能预测其漂白性是强氧化性所致。避光阴凉处保存，说明消毒液见光受热易变质 【总结】能得到这么多信息，看来读商品说明书是一件非常有意义的事情 那不妨多看几个品牌消毒液的商品说明书吧 大多数 84 消毒液的使用说明书不尽相同，但细心的同学发现有些消毒液还特别补充说明“不可与酸性清洁剂混合使用，如洁厕液”。多了这条提示，这个使用说明看来是相当全面了 【引言】那么，让我们进入实验室一探究竟，科学地揭开 84 消毒液的神秘面纱吧	【倾听】 【体会】 【思考】	通过在商品说明书中分析 84 消毒液的性质，来提高学生获知信息的能力
环节三：学生活动——实验探究 84 消毒液的性质	【学生实验】 第一组同学选择用 pH 试纸检验 84 消毒液和洁厕液的酸碱性，实验结果由学生汇报 再把 84 消毒液滴加到淀粉碘化钾试纸上，发现试纸变蓝，说明 84 消毒液具有强氧化性 第二组同学将紫甘蓝放于研钵中挤压出紫甘蓝汁液，检测溶液的酸碱性，根据紫甘蓝汁液遇酸变红、遇碱变绿的变色特性，也测出洁厕液显酸性、84 消毒液显碱性。同时他们观察到，继续滴加 84 消毒液后绿色褪去，证明了消毒液具有强氧化性 第三组同学进一步探究漂白性，根据两个烧杯中红花褪色的时间得出结论（结论由学生汇报）	【观看】 【聆听】	实验探究，直观环保

续表

教学环节	教师活动	学生活动	设计意图
环节三：学生活动——实验探究84消毒液的性质	洁厕液与84消毒液能否混合使用 第四组和第五组同学用生活中的用品设计了简易环保的实验装置 第四组同学向饮料瓶中加入少量84消毒液，再向瓶中放入一个固定有湿润淀粉碘化钾试纸的塑料管，盖好瓶盖，用注射器向瓶中注入洁厕液，轻轻振荡，发现试纸变蓝，说明有强氧化性气体产生 第五组同学用密封盒和点滴板组合装置继续探究，在点滴板中分别加入淀粉碘化钾溶液、硫氰化钾和硫酸亚铁混合液、品红溶液、溴化钠溶液、紫甘蓝汁液等五种溶液，周围加入消毒液，封好盒盖，用注射器向盒内加入洁厕液，仔细观察现象(现象由学生汇报)		
	【总结讲解】根据实验现象，查阅有关资料，同学们得出结论：84消毒液和洁厕液混合会产生有毒的氯气。这是因为大多数洁厕液的成分是盐酸，它会和84消毒液中的次氯酸钠发生氧化还原反应产生氯气	【分析】	观察启发，加深理解
	【学以致用】同学们，这节课你学到了什么？84消毒液的碱性与强氧化性提醒我们应严格按照说明书稀释并戴手套使用消毒液。它的漂白性提醒我们不宜对有色衣物进行消毒使用，更不宜将消毒液用于丝毛织物的洗涤，绝对不能将消毒液与酸性洁厕液混合使用	【感悟】	化学知识走入生活，加强联系，学以致用
环节四：课后任务	【作业】课后，请同学们调查目前消毒液的种类，仔细查阅说明书，对商品的使用提出合理化建议	【参与】	参与研究性任务，培养学生责任担当素养
结束语：化学，我们的生活，我们的未来。			

(二)第二部分：设计理念及设计分析①

1. 微课制作背景

新课标提出化学科学与生产、生活和科学技术的发展有着密切的联系。作为化学教育工作者，要让学生认识到化学能够创造更多物质财富以满足人民日益增长的美好生活需要，要能使学生综合运用所学知识认识、解释和解决有关生

① 冯越.实验类微课：耳听为虚眼见为实：以“科学认识84消毒液”为例[J].高中数理化，2019(18)：69.

产、生活等方面的问题，要让学生理解化学学科的价值。氯及其化合物是高中学生必须认识和掌握的重要知识，笔者一直在思考如何将含氯元素物质的性质和生活联系起来，并通过实验探究活动学习化学。最终确定以实验探究为内核进行该微课的设计，达到了较好的教学效果。该微课荣获陕西省第三届微课大赛一等奖。扫码即可观看微课(图 2-5-1)。

图 2-5-1　微课：《科学认识 84 消毒液》

2. 微课设计思路

(1)微课虽小，结构俱全。

微课虽小，其组成要素却必须完整，以达到预定的教学目标。在整个微课的教学设计中，包括了教学目标、情境创设、知识讲解、总结反思、练习反馈等完整的教学环节。

本节微课由学生喜闻乐见的动画片段引入“84 消毒液不当使用会引起中毒”这样的思考，继而通过阅读商品说明书预测消毒液的性质。通过学生分组实验探究得出 84 消毒液显碱性，具有强氧化性、漂白性，不能与盐酸型洁厕液混合使用等结论。自然而然可得出 84 消毒液在使用时的注意事项。

在知识讲解环节中，笔者围绕高中化学核心素养发展的关键环节，引导学生开展探究学习和问题解决学习，设计了多样化的实验探究学习任务，引导学生通过小组合作进行实验探究、汇报交流等多样化方式解决问题。

在总结反思环节中，笔者通过实验现象回顾总结 84 消毒液的使用注意事项(图 2-5-2)，使得知识理性提升，开阔视野，突出了本节重点。

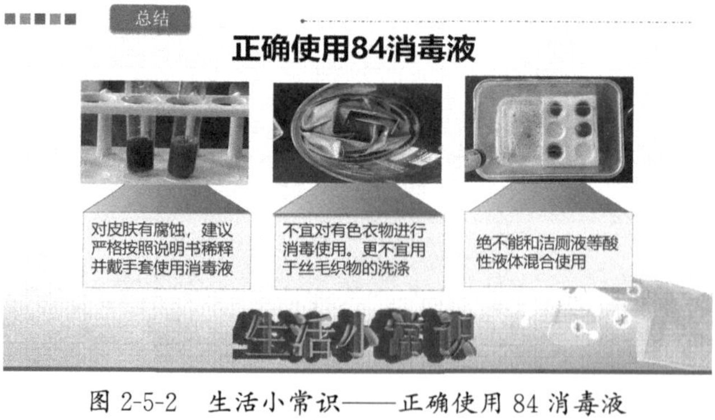

图 2-5-2　生活小常识——正确使用 84 消毒液

在练习反馈环节，笔者设计了研究性学习任务：“调查目前消毒液的种类，仔细查阅说明书，对商品的使用提出合理化建议”。这样，一定程度上将微课的知识进行了深化应用。

(2)实验类微课,突出探究。

对于学生来说,很多学科知识与术语离他们的生活较远,是冷冰冰的、令人望而生畏的。对于冷冰冰的知识与术语,如何让学生乐学、易懂、易记,是教学设计的一大难题。

笔者在制作这节微课之前,对于学生如何通过实验探究出 84 消毒液的主要性质构思了很久,由学生参与设计并实验比教师给出实验方案及演示实验效果要好得多。基于此,笔者提前一周就给学生布置了实验探究作业,尤其对探究"84 消毒液和洁厕液反应"的实验设计,学生想出了许多方案,经过师生共同讨论,选择了两种方案进行实施。拍摄当天,学生们从家里拿来紫甘蓝、饮料瓶、密封盒、吸管等家用品,结合实验室的药品和仪器分组实验,学生们的参与热情很高,很配合拍摄,实验一遍一遍地做、一遍一遍地演练。四个探究实验的拍摄用了近两个小时时间。但在这个过程中,学生们体会到了实验的乐趣。

本实验的用品来自生活,环保便捷。笔者鼓励学生设计绿色实验、开展微型实验,学生在设计创新实验过程中激发了探究实验的欲望,达到了较好的实验效果。

(3)包含思想,提升素养。

这节微课在培养学生的学习兴趣,促进学生树立科学精神、责任担当、实践创新等核心素养方面起到重要的作用。学生可以从课本走向生活,从生活中体验化学学科知识。

本节微课无论以动画片段创设情境,还是对 84 消毒液的性质进行预测,到最后的实验探究,整个过程都紧紧围绕"科学认识 84 消毒液"这一主题,这一主题源自课本,却又超越课本,是课本知识的拓展与延伸。这个问题和生活的环境保护、生命安全息息相关,这一问题的提出就是要求学生运用化学方法来解决,充分体现了化学的学科价值。也就是在这样的问题解决过程中,学生的生态文明意识得到了增强,对生命的敬畏之情油然而生。此节微课使知识性、探究性和思想性很好地融为一体。

3. 微课制作方法

这节微课在制作时主要采用录屏软件+PPT 的技术组合,简便而实用,完全满足了微课的制作要求。

本微课的具体制作步骤分为以下五步。

(1)脚本创作。

“实验类微课”的脚本尤为重要。直观呈现过程、满足探究过程、以实验原理为基础及语言表达规范,这四个指标都需精心把控,还要紧紧围绕教学重点、难点来设计。所以,笔者创作了“知识”和“实验”两个脚本,“知识”脚本主要突出整个微课的环节,明确每个环节的过渡语言,并按照“知识”脚本制作了 PPT;“实验”脚本主要解决实验过程如何直观展示,如何设计让学生当“演员”,参与到实验操作、演示、录制过程中等问题。

(2)实验拍摄。

有了“实验”脚本后,笔者根据学生提出的实验方案,先分组做实验,每组学生做 1～2 次,熟练操作后,就可以进行拍摄。笔者使用手机拍摄,将拍摄分辨率调至 1280×720,拍摄完成一组再进行下一组拍摄(图 2-5-3)。对实验现象进行了微距拍摄,保证画面更清晰。

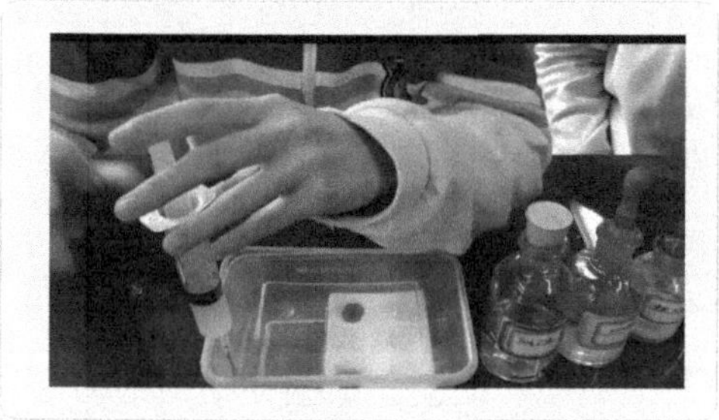

图 2-5-3 实验视频

(3)PPT 制作。

在 PPT 的制作页面中,笔者力争做到版面简洁、重点突出,尤其是实验展示部分,页面左侧为实验视频,右侧突出知识点(图 2-5-4),便于提高学习者的认知加工效率。

图 2-5-4 实验探究环节页面设计

(4)音画录制。

为了做到声音与画面的一致性，首先，笔者用手机录音的方式诵读脚本；其次，通过 PowerPoint 软件中的“录制幻灯片演示”功能，根据音频节奏设置了 PPT 页面动画及切换时间；最后，笔者边播放 PPT，边用 Camtasia Studio 软件将 PPT 播放的完整过程录制成视频。

(5)后期处理。

音频、视频都录制好后，就进入最后的冲刺阶段——视频后期处理阶段。笔者使用 Camtasia Studio 软件导入音视频文件，将它们合成到一起，并插入音效及符合意境的背景音乐(图 2-5-5)，个别地方采用了注释手法突出讲解部分，用绿幕抠屏技术将自己的人像放入视频中。最后输出视频，就大功告成了！

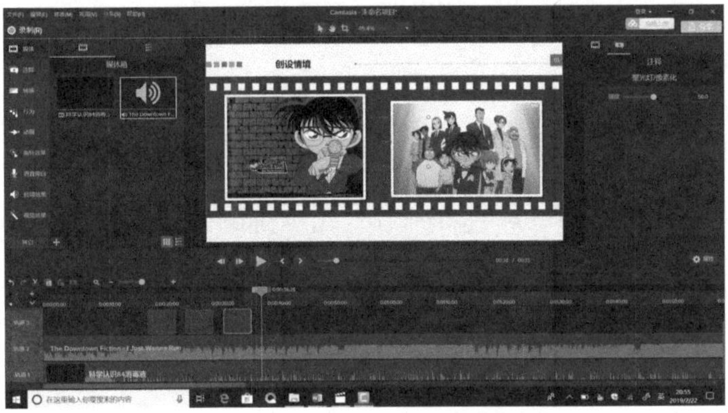

图 2-5-5　视频编辑界面

4. 教学效果及反思

笔者在校园大课堂时间播放了该微视频，学生们非常喜欢，当听到柯南的片头曲响起时都惊呼起来。看完视频后，学生们都表示，回家一定提醒父母使用 84 消毒液的注意事项，以后购买商品要多看说明书、多学习。

二、案例 2：微课《乙醇、乙醛、乙酸和酯的转化关系》

(一)第一部分：作品介绍①

1. 微课制作背景

作为一个新时代的教师，掌握并利用好信息化技术应该是基本技能。笔者

① 冯越. 高中化学微课《乙醇、乙醛、乙酸和酯的转化关系》[J]. 中国信息技术教育，2018(22)：71-72.

紧紧抓住最近几年的微课浪潮，在几年的时间里制作了近二百个微课，并充分将其应用于教学之中，亲身感受到：微课是一种转变教师教学方式、激发学生学习兴趣、提高教育教学质量的必备利器。

本文以笔者制作的《乙醇、乙醛、乙酸和酯的转化关系》微课为例，说明该微课的设计、制作与教学应用情况。

“有机合成”是近几年来高考的难点题型之一，若要熟练解答有关有机合成的题目，则必须厘清各类有机物的组成、结构、性质和相互演变关系。但是，这些知识比较抽象、枯燥，而且过程复杂，不易掌握。笔者一直在思考如何才能让这样的知识更为生动、易懂、易记。最终，笔者以故事化设计为内核，进行了该微课的设计，达到了较好的教学效果。扫码即可观看微课(图 2-5-6)。

图 2-5-6　微课：《乙醇、乙醛、乙酸和酯的转化关系》

2. 微课设计思路

(1)微课虽小，结构俱全。

微课虽小，其组成要素却必须完整，以达到预定的教学目标。在整个微课的教学设计中，包括了教学目标、情境创设、知识讲解、总结反思、练习反馈等完整的教学环节。

本节微课以复习乙醇的主要化学性质切入课题，在复习过程中强调了与乙醇性质有关的重要物质乙醛、乙酸、乙酸乙酯，向学生指出了厘清四者转换关系对解决有机合成题目的作用，明确了本节课的学习目标及重点、难点。

在知识讲解环节中，笔者利用故事《迷失的美丽》揭示了乙醇、乙醛、乙酸及酯四者的转化关系。而且通过故事，不仅让学生获取了学科知识，还让学生感悟了人生哲理。

在总结反思环节中，笔者通过展示物质转换关系网络图(图 2-5-7)，使得知识理性提升，便于学生整理笔记，突出了本节课的重点。

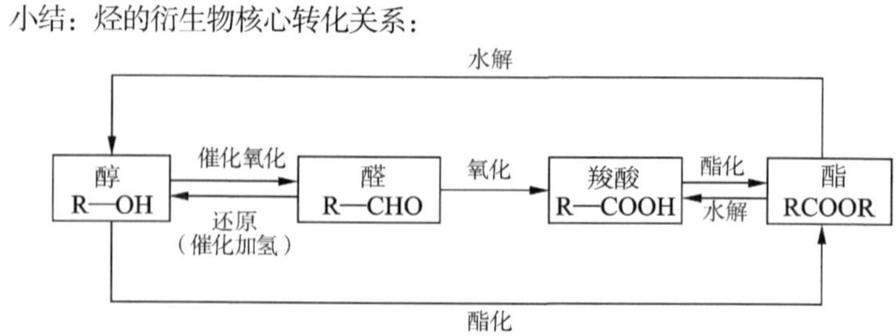

图 2-5-7　物质转换关系网络图

在练习反馈环节，笔者设计了本节课所有化学方程式的书写训练，回归课本，强化化学用语方面的规范书写。

(2)故事化设计，突破难点。

对于学生来说，很多学科知识与术语离他们的生活很远，是冷冰冰的、令人望而生畏的。对于冷冰冰的知识与术语，如何让学生乐学、易懂、易记，是教学设计的一大难题。

笔者经过长期思考，最终找到了一条有效的"故事化"设计方法。在微课中，笔者根据乙醇、乙醛、乙酸及酯四者之间的转换关系，设计出"形不同而神相似"的情感故事：

小姑娘(乙醇)央求大哥(铜)改变容颜，铜大哥在烈日中将自己变成黑色(氧化铜)后氧化了乙醇姑娘，让她变成了和乙酸容颜较为相似的乙醛。小姑娘不满意。铜大哥又牺牲了自己，变成蓝色絮状沉淀(氢氧化铜)继续氧化乙醛，将其变成乙酸，但是铜最后变成了再也无法转变回去的砖红色沉淀(氧化亚铜)。而小姑娘由乙醇经乙醛最后变为乙酸后，的确美了，可是她却发现原来好朋友乙酸是利用她获取一个氢原子生成芳香的乙酸乙酯来掩盖身上的刺激气味。乙酸发现乙醇变成和自己一样，再没有利用价值了，就把乙醇小姑娘抛弃了。

听故事是人类共同的爱好。而学生在听故事的过程中，借由故事中各"人物""情节"的隐喻，可以很容易地和相关的化学知识建立类比，进而达到化难为易、帮助理解的效果。

当然，故事在讲述的同时，也需要同时体现知识性。故事中涉及的重要化学方程式都在相应位置标注出来，有助于学生快速对应到相应的化学知识。

(3)包含思想，提升素养。

本节微课通过故事讲述的形式渗透了人文教育。悲剧的结果让人反思，让学生受到教育：一个人来到这个世界上最大的悲哀就是想成为另一个人，无论你怎样付出，甚至去伤害至亲，到最后都只有迷失，再也找不回原来的自己！而那些接受自己不完美且一直不断完善自身的人，最终自我升华，从内而外散发着吸引人的芬芳。

此节微课意境纯美、伤感，令人深思感悟，知识性、趣味性和思想性很好地融为一体。

3. 微课制作方法

笔者这节微课在制作时主要采用录屏软件＋PPT的技术组合，简便而实用，完全满足了微课的制作要求。

本节微课的具体制作步骤分为以下五步。

(1)脚本创作。

“故事型微课”的脚本尤为重要。主题思想、人物、故事情节、语言、表现手法等要素都需要精心把控,还要紧紧围绕教学难点来设计。所以,笔者创作了“故事”和“漫画”两个脚本,为期半个多月的构思才有了《迷失的美丽》这一故事的产生。笔者还专门请学校的语文教师修改脚本,使故事的语言优美流畅。

(2)手绘漫画。

有了“故事”脚本后,笔者又根据故事发展的情节构思了10幅图,并请两名学校电脑绘画社团的学生手绘了漫画图片(图2-5-8),图片具有较强的艺术表现力,增强了微课的艺术感染力。

图2-5-8 手绘漫画

(3)PPT制作。

在PPT的故事讲述部分,笔者将每个故事情节所对应的图片单独显示出来,采用适合女孩子的粉色和蓝色作为过渡背景色。

在讲解知识的页面中,笔者力争做到版面简洁、重点突出,尤其使用“图表化”的设计手法,突出呈现各个知识元素之间的关系(图2-5-9),便于提高学习者的认知加工效率。

(4)音画录制。

图片和音频动画相互结合,用声情并茂的配音来展示跌宕起伏的故事情节,是这节微课的亮点。

为了做到声音与画面的一致性,首先,笔者用手机录音的方式,声情并茂地诵读脚本;其次,通过PowerPoint软件中“录制幻灯片演示”的功能,根据音频节

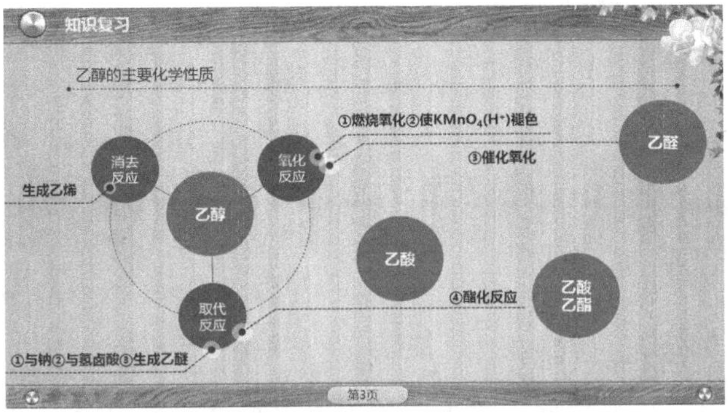

图 2-5-9　用“图表化”呈现知识元素之间的关系

奏设置了 PPT 页面的动画及切换时间；最后，笔者边播放 PPT，边用 Camtasia Studio 软件将 PPT 播放的完整过程录制成视频。

(5)后期处理。

音频、视频都录制好后，就进入最后的冲刺阶段——视频后期处理阶段。笔者使用 Camtasia Studio 软件导入音视频文件，将它们合成到一起，并插入音效及符合意境的背景音乐(图 2-5-10)。最后输出视频，就大功告成了！

图 2-5-10　Camtasia Studio 视频编辑界面

4. 教学效果及反思

虽然本节微课讲述的是高二的知识点，但笔者在高一学生学完《生活中两种常见有机物》一课后，就将这节微课分享到家长群，要求学生在课后观看。从对学生的问卷及访谈中可以看出，学生非常喜欢这种短小精悍的微课教学，它不受时间空间影响、随时随地获取知识的特点，能够很好地满足学生学习的个性化需求。

(二)第二部分:专家点评

又见"拟人化小故事"微课

故事型微课,即用故事化的教学设计策略来承载教学内容,而用微课的手段来表达故事。

从教学设计方面来看,"故事化"是一种巧妙的教学设计策略。根据作者在文中的描述,我们知道:作者是在该知识非常抽象、复杂、不容易理解和记忆的情况下,经过长时间苦思冥想,最终才找到了"故事化"的设计方法。

为什么"故事"会有助于理解呢?这是因为故事是符合全人类心灵结构的叙事方法。人类在长期的社会文化生活的演进过程中,形成了固有的故事讲述的"套路"——社会事件或人物遭遇的典型情节。人们生活在社会中,对其他人发生的各种事件耳熟能详,而且人类天生地关注同类的命运,会产生较强的"代入感",很容易把主人公的命运和自己的经历联系在一起。因此,无论故事有多么跌宕起伏,人们总是能够接受、能够理解、能够深深地参与其中。

《乙醇、乙醛、乙酸和酯的转化关系》微课就是如此。该微课把远离人们生活的抽象生涩的化学术语,转变为"拟人化"的"小姑娘""大哥"等人物后,瞬间就拉近了与学生的距离,学生转而关注拟人化人物的遭遇和命运。

那么,"拟人化的人物"又如何和知识建立关联呢?这就需要在构建故事时,使得人物的特点和知识元素的特点相类似,故事发展的情节和知识元素发展演变的情节相类比。正是这种"类似",使得学生在深入故事中后,能够比较容易地将故事中的内容迁移到知识的理解方面。可以看出,故事其实就是知识的"脚手架"。

因此,正像每一部电影都必须先有一个好剧本一样,一堂好课、一节好微课需要先进行一个好的故事设计。

而从媒体设计的角度来看,同一个故事,用微课的方式来表达,比用文字或教师纯口头方式来表达具备更大的优势。

这是由于文字、语言使用的都是单一感官通道,对情境营造的能力并不理想。而微课是一种视频媒体,在视频中经过精心设计、丰富恰当且相互配合的声音与画面,就会营造出远远超越语言、文字的情境感受。

《乙醇、乙醛、乙酸和酯的转化关系》微课就证明了这一点。通过精心手绘的漫画、精心设计的PPT页面效果与动画效果,再加上略带忧伤的音乐、作者深情的旁白,共同为故事内容创造出强烈的情境感受,大幅增强了信息表达的吸引力,使得学习者的印象更加深刻,知识迁移效果也会更好。

（K12 教育网　王珏）

三、案例 3:微课《走进化学科学(绪言)》——浅谈高中必修课程绪言课的教学策略①

2017 年颁布的《普通高中化学课程标准》明确指出:普通高中化学课程是与义务教育化学课程或科学课程相衔接的基础教育课程,是落实立德树人根本任务、发展素质教育、弘扬科学精神、提升学生核心素养的重要载体;化学学科核心素养是学生必备的科学素养,是学生终身学习和发展的重要基础;化学课程对于科学文化的传承和高素质人才的培养具有不可替代的作用。化学第一课,也就是绪言课尤为重要。这节课必须使学生认知高中化学体系、明确高中化学目标、激发高中化学求知欲,为学好高中化学奠定良好基础。

高中化学第一课迎来了新一批高一学生,他们经过初三一学年对化学入门级的学习,对化学这门学科有了一定的了解。但高中化学与初中化学相比,教学内容及教学方法都有很大差异,人教版旧教材第一章涉及的物质的量、摩尔质量等抽象概念,让学生因不易理解而应用起来生涩、不够灵活。即便人教版新教材进行了调整,将物质的量放到第二章,但第一章物质及其变化也需要学生具有较强的归纳整合、分析推理能力和宏微结合思想。所以,如何通过高中化学第一课的教与学,打消学生的学习顾虑,让学生以热情饱满的求知欲开启高中化学课程,尤为重要。基于以上思考,笔者就如何上好绪言课作如下探讨。

(一)研教材精髓,整合信息

研究 2019 年国家教材委员会专家委员会审核通过并已经开始使用的两套新教材《普通高中教科书化学必修第一册》,无论是人教版还是鲁科版,都将开篇第一课安排为绪言课,人教版直接命名为《绪言》,鲁科版第一章第一节名称为《走进化学科学》。而 2004 年通过的人教版《普通高中课程标准实验教科书化学 1(必修)》仅有一页半篇幅的“引言”。可见,新教材更为注重绪言课的教学。对比两套新教材必修课程第一册第一课,内容编排如表 2-5-2 所列。

① 冯越.浅谈高中必修课程绪言课的教学策略[J].中学化学教学参考,2023(24):21-23.

表 2-5-2　人教版和鲁科版第一课对比

人教版《高中化学必修第一册》:绪言	鲁科版《高中化学必修第一册》:走进化学科学
化学课程的定义 我国在化学领域中取得的成绩和成果 近代化学发展的几个重要里程碑 化学在近代社会发挥的作用 20 世纪以来我国在化学领域作出的贡献 宏观与微观结合,符号表征来学习化学 实验探究对学习化学的重要性 高中化学理论体系及内容介绍 学好化学的意义	一、化学科学的形成与发展 化学的起源 近代化学发展的几个重要里程碑 20 世纪化学的发展及我国在化学领域作出的巨大贡献 资料:研究领域与化学有关的国家最高科学技术奖获得者名单及贡献 二、化学科学的主要特征 化学课程的定义 现代化学研究的重要手段 交流・研讨　屠呦呦发现并提取青蒿素 三、化学科学的探索空间 化学在促进人类社会发展和文明进步中的巨大贡献 交流・研讨　升学深造、职业发展、社会生活等方面畅想个人与化学科学的关系

笔者认真研读比对了两本教材第一课的编写内容,整合了相关信息,将绪言课标题确定为“走进化学科学”,分为四个教学环节。第一个环节,让学生谈谈什么是化学,通过对比初中和高中对化学的定义,让学生明确到了高中,化学学科更强调宏微结合思想。第二个环节,展示我国古代炼铁、酿酒、烧制陶瓷等的图片,再展示李时珍《本草纲目》和宋应星《天工开物》两本蕴含丰富化学知识和经验的著作。然后通过时间轴动画展示近代化学发展的几个重要里程碑,给学生讲为人类近代化学作出巨大贡献的科学家的故事。最后再介绍我国 20 世纪以来在化学领域取得的辉煌成就,如侯氏制碱法、结晶牛胰岛素的合成、屠呦呦发现青蒿素等。第三个环节,和学生聊一聊化学与我们生活的哪些方面有关,在学生们积极热烈的讨论中,大家发现人们的衣食住行、丰富多彩的生活都与化学有关。笔者进一步让学生观看现代分析和测试物质结构的仪器和用途,让学生惊叹于研究化学反应微观世界的技术手段发展迅猛。第四个环节,通过展示人教版全套教材,让学生了解未来三年他们将要学习的必修课程、选择性必修课程及相关课程下设置的主题。对比初中化学教材知识、学习方法,提出高中化学学习的建议,对学生进行学法指导。

(二)讲化学史实,浸润心灵

我国著名的化学教育家傅鹰院士说:“化学可以给人以知识,化学史可以给人以智慧。”掌握化学的产生和发展的系统历史知识,有利于培养良好的素质;通过学习化学史,可以正确处理化学中实验与理论二者的辩证关系;通过学习化学史,有利于培养学生为化学事业献身和严谨的科学态度,对培育和落实化学核心素养有着不可估量的重要意义和价值。

在高中化学第一课绪言课的教学中,笔者以讲故事的方式介绍了近代化学发展的几个重要里程碑,从波义耳提出化学元素的概念,标志着近代化学的诞生,讲到道尔顿提出的原子论,为近代化学的发展奠定了坚实的基础;从门捷列夫发表的第一张元素周期表,把化学元素及其化合物纳入一个统一的理论体系,讲到阿伏伽德罗提出分子学说,系统地解决了在物质组成和相对原子质量测定方面存在的混乱问题,让学生理解化学学科的科学体系和内涵联系。课前,笔者查阅了大量资料,不仅介绍重大事件,而且介绍这些科学家的探索历程和点滴故事,让学生感悟科学研究的艰辛和欢乐,以及人生极大的成就感。同时和学生互动,笔者提出问题,比如,对比古希腊神学论定义的“原子”,英国科学家道尔顿在研究气体的分压规律过程中也提出了原子论,为什么道尔顿被称为近代化学原子之父呢?学生们在听了有关故事后不约而同地回答:因为道尔顿经过实验、推理,得出了有科学依据的结论。再比如,在门捷列夫发表元素周期表的故事中,让学生深刻感受到科学家不畏困难的探索精神、不惧权威的批判与创新精神,这正是科学知识情意价值的体现。

(三)赏实验之美,激发兴趣

实验是化学课程的灵魂,是化学的魅力和激发学生学习兴趣的主要源泉。化学实验形象直观,丰富多彩,能同时调动学生各种感官接收信息。在绪言课中选择几个恰当的化学实验,不仅可以让学生初步体验知识的建构过程、观摩实验基本操作技能,还能通过其有趣的现象激发学生学习化学的兴趣。笔者在学习方法归纳环节演示了两个趣味实验:一个是“喷泉实验”,还有一个是“水火共容”实验。通过观察美丽的红色喷泉,引导学生思考实验原理,涉及的烧瓶中的气体的性质有哪些。学生们虽然不清楚里面放的是氨气,但从现象很容易推理出“烧瓶内外存在气压差”这个实验原理,也能推理出烧瓶中的气体极易溶于水这一性质。第二个实验虽然操作非常简单,就是将一小块绿豆大小的钾投入水中,但一小团火在水面上迅速游走的现象震撼到了学生，学生们都非常想知道投入水中的固体是什么，为什么会有这么剧烈的反应。笔者趁机说明后面的学习中将会认识这个神奇的物质，并强调做实验的规范性和安全性要求。两个实验的演示激发了学生的探究欲望，激发了学生学习化学的兴趣，一定程度上提高了学生通过实验分析问题、解决问题、探究得出结论的能力。类似的趣味实验可以在绪言课上演示的还有很多，如“吹气点棉”“滴水点棉”“玻棒点灯”“烧不坏的手帕”等。

(四)析学科价值，励志促学

徐光宪院士曾指出：化学作为一门社会迫切需要的中心科学，与我们的衣、食、住、行，以及信息、生命、材料、环境、能源、地球、空间和核科学等八大朝阳科学都有紧密的联系。

化学知识来源于生活。近年来媒体报道的一些食品安全事件、毒气泄漏事件、爆炸事件、污染问题等，让许多人听闻化学就害怕，这也暴露了传统化学教学课堂上的一些弊端。比如，个别老师讲到氯气、二氧化硫等物质时，创设的情境就是一些骇人听闻的气体泄漏产生污染的事故。鲜有老师从正面引课。笔者呼吁广大化学教育工作者应该为自己的学科正名，多呈现正面的材料，比如，二氧化硫的学习可以让学生阅读“葡萄酒配料中为什么都有二氧化硫这一原料”，氨气的学习可以以“三位科学家因为研究氨气的制备而获得了诺贝尔化学奖”为素材进行引课。

在高中化学第一课中，充分展现化学学科价值并体现其育人功能就更有意义了。所以笔者在绪言课中通过学生交流和图片展示等方式，让学生看到和感受到化学的学科价值，如促进粮食生产的化肥、农药的制备，保证人类健康的药物的研制，颜色鲜艳舒适的各种面料的合成，现代交通工具所用的汽油、柴油的提取以及新能源汽车电池的开发和利用，丰富了我们生活的功能各异的高分子材料的研制和生产，与信息产业有关的硅及其化合物为原料制造出的芯片和光导纤维……

学生只有认可了学科价值，才会更积极主动地去学习、去钻研，也会在分科选课时做出明智的选择，他们未来的职业规划才会有更明确的目标。

(五)谈学习方法，自信笃定

相比初中化学学习容量小、内容简单、以记忆为主、整体简单易学的学科特点，高中化学表现出学习容量大、概念繁多、原理规律多、知识点零散难度大、难学易忘、综合性强、主要考查知识迁移和应用能力的特点。因此，有必要在绪言课上对学生进行学法指导，帮助学生减少畏难情绪，树立“我的课堂我做主”的信心。

笔者在介绍了高中化学课程结构和相关主题后，提出四点学习建议：一是自主预习，认真听课。建议学生以微课、学案为帮手，做好课前预习，课堂上在教师的帮助下解决疑难困惑。二是勤练巧练，善于总结。通过练习总结归纳基本解题方法、技巧和规律，并经常进行分散知识的归纳整理和知识体系的构建。三是重视化学实验，探索本质。实验探究不但能培养学生观察记录、思考分析、动手操作等能力，还能加深他们对相关化学知识的认识和理解，探究其本质。笔者强调，在高中阶段学习时，学生除了按要求完成必做实验，还要开展与生活息息相关的实验探究活动，比如“84 消毒液的有效成分性质探究”“维生素 C 的还原性实验”等。四是知行合一，学以致用。要关注与化学有关的社会热点问题和生活问题，善于把书本知识与实际结合起来，养成阅读相关书籍的好习惯。

在绪言课最后的结束语中，笔者在 PPT 上醒目显示出“化学，我们的生活，我们的未来！”这句口号，就是为了让学生充满信心、充满斗志地开启高中化学新旅程。扫码观看微课（图 2-5-11）。

图 2-5-11　微课：《走进化学科学》

第六章　高中化学系列微课程开发与教师专业成长

根据新时代《教育信息化 2.0 行动计划》关于教师素质和教师专业化发展的要求，教师必须把信息化教学手段和教育教学深度融合。国务院办公厅印发《关于新时代推进普通高中育人方式改革的指导意见》指出，深入推进适应学生个性发展的教育教学改革，要优化课程实施，积极探索基于情境、问题导向的互动式、启发式、探究式、体验式等课堂教学，努力培养创新型人才。笔者深刻认识到，要转变教师育人理念，改变教学方式方法是关键。作为一线教师，应用信息化手段，实现翻转课堂，促进学生输出式学习是突破口之一。制作并用好微课是提升教师信息化教学手段的有力抓手。实用、有效才是开发制作微课的初心。微课的学习对象是学生，对学生学习有用的微课就是成功的微课。学科系列微课作为一种系统化、专题化的教学视频资源，具有独特的设计策略和应用场景，它能够有效促进学生的自主学习和教师的专业成长。

一、正确开发并制作系列微课

(一)认识系列微课程

系列微课是针对某个章节或者某个专题知识进行统一设计的、以相互关联的核心知识点为学习内容的一系列教学视频。它不仅具有微课的一般特点，如主持人讲授性、流媒体播放性、教学时间较短、教学内容较少、资源容量较小等，还具备以下独有的特征。

1. 系统化

系列微课是在某一专题框架下设计的一系列微课，这些知识点是互相关联的核心知识点。通过这些知识点的学习，学生能够系统地掌握该专题的内容。因此，系列微课的首要特征是系统化，它将多个微课设计成为一个相对独立、完整的知识系统。比如，系列微课《高中化学基本概念》的系列作品一共有 24 个，涉及教材的前两章。按照章节顺序分别是：

主题 1　从实验学化学(6 个)：《典型的防倒吸装置》《装置气密性的检查方法》《过滤操作中的常见热点》《认识蒸馏的操作》《几种溶剂密度的比较》《排水法测量气体体积》；

主题 2　化学计量(8 个)：《物质的量及其单位摩尔》《摩尔质量的概念》《气体摩尔体积的概念》《阿伏伽德罗定律及其推论》《物质的量浓度的概念》《一定物质的量浓度溶液的配制》《溶液的混合定律》《二氧化碳与碱反应产物的定量判断》；

主题 3　物质的分类(2 个)：《简单分类法及其应用》《分散系及其分类》；

主题 4　离子反应(3 个)：《离子反应及发生的条件》《酸、碱、盐的电离》《复杂离子方程式的书写》；

主题 5　氧化还原反应(5 个)：《氧化还原反应的本质》《常见的氧化剂和还原剂》《氧化还原反应规律的应用》《守恒法解决氧化还原反应有关计算》《电子得失守恒法配平氧化还原反应方程式》。

这些微课涉及“物质分类”“物质的量”“离子反应”“氧化还原反应”等贯穿于整个高中化学学习始终的基本概念，每一个主题下的系列微课程都具有内在知识逻辑联系。比如，“氧化还原反应”主题下的 5 个微课从知识难易、知识应用方面由浅入深、循序渐进，学习者按照顺序学习就能全面系统地掌握这部分知识。

2. 专题化

系列微课并不是微课数量的增加，而是在某一专题之下，围绕该专题的核心内容提取的系列知识点。这些知识点通过视频的呈现方式进行讲解，实现了对该专题领域知识的教学。通过学习这些系列微课，学生能够全面掌握该专题的知识。不同专题的微课可以设计成不同的系列，一个大的题目下面还可以进一步分成子系列，形成一个树状结构的系列知识。比如，系列微课《指向深度学习的单元系列微课——人教版新教材·高中化学·必修第一册一、二章》新课标中“常见无机物及应用”主题下，基于物质的分类、离子反应、氧化还原反应、钠及其化合物、氯及其化合物等五个大单元教学设计而开发的系列微课作品有 16 个，每一个单元下的系列微课程具有内在知识逻辑联系，相辅相成，通过学生自主学习，有助于其思维进阶发展；每个视频制作精良，采用统一的模板、框架和结构，时长控制在 8 分钟以内，体现了微课“短小精悍、精准教学”的特点；在课型设置上，有讲授类、实验类、探究类和习题类等；在内容设计上，都独具匠心，通过素养导向的学习目标、引领性的学习主题、化学实验为主的多种探究活动和持续性的学习评价，引导学生走向深度学习，提升化学学科核心素养。

（二）构建微课程体系，形成微课程开发模式

教师开发微课程是进行信息化教学，并提升教师数字化涵养的最直接、最有效、最简洁的方法。笔者所在的微课程研发团队在微课或系列微型课制作与开发的路上已经有了近十年的摸索，按照 ADDIE 模型理论①总结了微课程开发的五步模式来构建微课程体系，如图 2-6-1 所示：

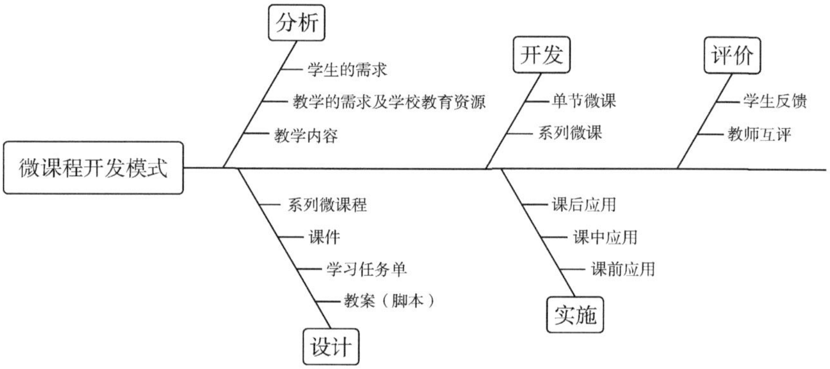

图 2-6-1　微课程开发的五步模式

1. 分析（Analysis）

学生的需求调研是微课程开发的第一步，它直接关系到微课程内容的针对性和实用性。这一环节不仅涉及对学生学习需求的了解，还应包括对教师教学需求、学校教育资源及社会教育趋势的广泛调研。通过问卷调查、访谈、数据分析等多种手段，可以确保微课程的开发方向与目标受众的实际需求紧密相连，从而提高微课程的针对性和实用性。

内容分析是微课程开发的核心环节。它要求教师不仅熟悉课程标准和考试要求，还要具备将庞大的知识体系提炼为精练、易懂的教学内容的能力。在这一阶段，对知识的结构化处理、重难点的识别及教学目标的明确至关重要，它们共同构成了微课程内容的基础框架②。

---

① 卜彩丽. ADDIE 模型在微课程设计中的应用模式研究[J]. 教学与管理，2014(8)：90-93.

② 苏弘扬，赵义泉. 教师微课学习研究[J]. 现代教育科学，2016(9)：91-95.

2. 设计(Design)

设计包括微教案(脚本)设计、学习任务单设计、微课件设计及系列微课程设计。

(1)微教案(脚本)设计。

微教案(脚本)是微课程教学的蓝图,它要求教师明确教学目标,清晰界定教学内容,并精心规划教学策略。教案中应详细列出每一个教学环节的具体内容、时间安排及预期的教学效果。同时,为了增强互动性,教师还应考虑如何在教案中融入提问、讨论和小组合作等互动环节,以激发学生的学习兴趣和主动性。此外,为了确保教学的连贯性和逻辑性,教师还需对教学内容进行科学合理的排序和衔接,使学生能够在轻松愉快的氛围中逐步掌握所学知识。

(2)学习任务单设计。

学习任务单是引导学生自主学习的重要工具。在设计学习任务单时,应注重任务的针对性和可操作性,确保学生能够通过完成任务达到预定的学习目标。任务单中应包含具体的学习任务、学习提示、资源链接和评价标准等内容,以便学生能够清晰地了解学习要求、掌握学习方法并自我评估学习效果。同时,为了激发学生的学习兴趣和探究欲望,教师还可以在任务单中设置一些开放性问题或者具有挑战性的任务,鼓励学生进行深入思考和创造性发挥。

(3)微课件设计。

微课件是微课程的重要组成部分,它直接影响学生的学习体验和教师的教学效果。在制作微课件时,应注重内容的简洁明了和视觉效果的吸引力。课件中应使用清晰易懂的文字、生动形象的图片和图表及适度的动画效果来呈现教学内容。同时,为了保持学生的注意力和提高学习效果,课件的页面设计应简洁大方、色彩搭配合理且避免冗余信息。此外,在制作过程中还应注重细节处理,如字体大小、颜色对比、排版布局等,以确保课件的专业性和易读性。

(4)系列微课程设计。

系列微课程是针对某个章节或者某个专题知识进行统一设计的、以相互关联的核心知识点为学习内容的一系列教学视频。它不仅具有微课的一般特点,还具备系统化和专题化的特征。教师设计时要考虑通过该专题的核心内容提取的系列知识点。这些知识点通过视频呈现的方式进行讲解,实现了对该专题领域知识的教学。

3. 开发(Development)

微视频是微课程的核心呈现形式之一,它要求教师在录制时具备专业的录制技术和编辑能力。在录制微视频时，应选择适合的录制设备和软件以确保视频画面和声音的清晰度。录制过程中应注重语言表达的准确性和流畅性，避免冗余和无关内容干扰学生的学习。录制完成后还需进行细致的后期编辑和处理工作，如剪辑多余镜头、添加字幕和注释、调整音频和画面效果等以提高视频的质量和观赏性。此外，为了增加互动性和趣味性，教师还可以在视频中插入一些小游戏或互动环节以吸引学生的注意力并激发学生的学习兴趣。系列微课程的开发要注意在某一专题之下，学生通过学习能够全面掌握该专题的知识。不同专题的微课可以设计成不同的系列，一个大的题目下面还可以进一步分成子系列，形成一个树状结构的知识系列。

4. 实施(Implementation)

实践应用是微课程开发模式的最终落脚点。无论是课前预习、课中辅助还是课后复习，微课程都应展现出其灵活性和有效性。通过在不同教学阶段的应用，微课程不仅能够提升教学效果，还能促进学生自主学习能力的培养。

(1)课前应用微课程可以帮助学生提前预习新知识，提高课堂学习效率。教师可以将微课程视频和学习任务单提前发放给学生，引导他们自主学习和探究。学生可以通过观看视频了解即将学习的知识点和难点，并通过完成任务单来检测自己的学习效果。这种方式不仅可以培养学生的自主学习能力和探究精神，还可以减轻教师的课堂负担，提高教学效率。同时，教师还可以通过收集学生的反馈意见来了解他们的学习需求和困惑，以便在后续的课程设计中有针对性地进行改进。

(2)课中应用微课程可以将其作为辅助教学手段，帮助学生更好地理解和掌握课堂内容。教师可以在课堂上播放相关微课程视频以吸引学生的注意力并激发学生的学习兴趣。同时他们还可以结合视频内容进行讲解、演示和互动问答等活动以加深学生对知识点的理解和记忆。此外，教师还可以利用微课程的灵活性和可重复性特点，针对不同学生的学习情况进行差异化教学以满足他们的个性化需求。例如，对于基础较薄弱的学生，可以提供更多的讲解和示例；对于能力较强的学生，可以提供更具挑战性的拓展任务以激发他们的学习潜力。

(3)课后应用微课程可以作为复习巩固和拓展提升的重要手段。教师可以将微课程视频和相关练习题打包成复习材料提供给学生，帮助他们巩固所学知识并查漏补缺。同时还可以设计一些拓展任务或挑战性问题鼓励学生进行深入思考和创造性发挥，以拓展他们的知识面并提升其综合素质。此外，教师还可以通过收集和分析学生的作业和测试成绩来了解他们的学习效果和问题所在，以便在后续的课程设计中有针对性地进行调整和优化。

5. 评价(Evaluation)

反思评价是微课程开发过程中不可或缺的一环，它要求教师对每一个环节进行深入反思和总结以便不断改进和优化课程①。在反思评价中应建立全面的反思机制，包括学生反馈收集、教师同行评议和自我评估等方式。通过收集和分析这些反馈信息，教师可以及时发现课程中存在的问题和不足并制定相应的改进措施。同时，教师还应注重经验的积累和分享，通过成立微课程研发团队，与其他教师交流和合作，共同提升微课程的设计水平和教学效果。

(三)优化学习路径，形成微课程资源平台

在“互联网+”的数字时代，微课作为优质的新型教育资源，它的出现正是伴随着现代教育技术的背景而产生的。在整合信息技术与教育教学资源的同时，微课能够充分地将学生的课余时间利用起来，有利于学生自主定制适合自己的个性化课程，促进教师教学方式与学生学习方式的变革。

微课程资源平台的设计理念是以学生为中心，以满足学生的个性化学习需求和提升自主学习能力为目标。平台功能丰富，包括在线浏览、下载学习资源、在线测试、互动交流等。所有资源均经过精心挑选和设计，以微视频、图文、音频等多种形式呈现，旨在激发学生的学习兴趣，提高他们的学习效果。

微信是我国腾讯公司推出并提供的一款免费、即时通信服务软件。用户可借助移动手机与平板电脑等在微信中迅速发送文字、图片、语音及视频等内容，与联系方进行互动交流。微信还为用户提供微信公众号(微信平台)、微信群及朋友圈等多种功能，尤其是微信公众号，可在其上进行信息共享、信息推送等多种操作。用户可通过扫描二维码、搜索公众号等方式关注公众号，阅览公众号相关内容。

微信已经成为人们沟通交流、获取信息、传播信息的主要渠道，这是一种新型社交媒体。有调查研究指出，教师可在微信公众号上创建自己的账号，指导学生关注自己的微信公众号，师生建立互相沟通交流的平台，可让学生体验全新的

---

① 陈娜. 微课在小学数学教学中的运用研究：以图形与几何为例[D]. 武汉：华中师范大学，2019.

学习模式①。

因此，笔者带领微课程研发团队深入探索技术融合创新的路径，不断研讨，制定方案，着手打造一个集成、便捷的微课程资源平台。该平台以笔者创立的“共享化学”微信公众号线上资源为主，以“高中化学 7+1 习题讲解”“师生共讲高考题”“我是小老师”“厉兵秣马练精英”等校本教材（移动码书）为辅，在此基础上构建了一个高效、互动的微课程资源平台。

“共享化学”微信公众号和校本教材作为笔者团队微课程资源平台的重要组成部分，其在实际应用中发挥了巨大的作用。它们不仅提供了丰富的学习资源和互动的学习环境，还帮助学生解决了学习疑难、提高了学习效率、快速定位了知识点等。

通过微课程资源平台，笔者团队将线上、线下的教学资源进行了有机整合。线上资源以微信公众号为主，提供丰富的学习材料和互动的学习环境；线下资源则以课堂教学和校本教材为主，为学生提供实践机会和及时的指导。这种整合方式不仅打破了时间和空间的限制，还使得学生的学习过程更加连贯和高效。在微课程资源平台的建设和应用中，笔者发现学生的自主学习能力和化学素养得到了显著提升。一方面，平台提供的多样化学习资源和互动的学习环境激发了学生的学习兴趣和动力；另一方面，线上、线下教学资源的融合使得学生的学习过程更加完整和深入。这些都有助于培养学生的自主学习能力、问题解决能力和创新思维。

综上所述，笔者团队通过优化学生学习路径并形成微课程资源平台的方式，在信息化时代背景下对高中化学自主学习微课程进行了创新探索与应用研究。实践表明，这种方式不仅可以提升学生的自主学习能力和化学素养，还可以为其他学科的自主学习微课程开发提供有益的借鉴和启示。

（四）聚焦资源应用，形成高效互动课堂

教育本质上可划分为两大阶段：知识传授阶段与知识内化阶段。在传统教育模式下，知识的传授主要在课堂上由教师主导完成，学生主要通过聆听和思考来接收信息；而知识的内化，即理解、吸收和应用所学，则更多地依赖学生课后的自主学习。然而，这种模式往往未能充分发挥课堂作为集体学习环境的优势，也

---

① 季红楼. 基于微信平台的中职化学翻转课堂教学实践[J]. 化工设计通讯，2021，47(6)：105-106.

未能有效促进学生自主学习能力的培养，从而限制了教学效果和教学效率。

针对这一现状，翻转课堂作为一种创新的教学模式应运而生，它彻底颠覆了传统的教学流程。在翻转课堂中，知识传授的初步阶段被移至课堂之外，学生利用课余时间，通过视频、阅读材料等多种资源自主学习新知识。这样一来，课堂时间便得以重新分配，主要用于深度讨论、问题解决和知识的进一步内化。学生不再仅仅是知识的被动接受者，而是成了主动探索者和学习过程的主体。

翻转课堂的优势在于，它不仅提高了学习效率，还促进了学生自主学习和批判性思维能力的发展。学生在课前自学过程中遇到的问题和挑战，成为课堂上讨论和协作的焦点，这种互动不仅加深了学生对知识的理解，还培养了他们的合作精神和解决问题的能力。此外，翻转课堂还充分利用了碎片化时间，使学生能够在任何时间进行学习，从而更加灵活地安排自己的学习计划。

在教育过程中，教师需要担当的角色不仅是单纯的“知识传授者”，还是培养学习者“学习能力”的支架构建者。支架即学习者在形成学习能力过程中所需要的帮扶，它根据学习者的学习情况予以支撑和撤离。支架的意义即在学习者的现有发展区，通过使用“支架”，教师可以有效地教任何学习者任何学科，当所教学习者的知识超出教师现在的技巧和知识水平时，教师需要通过“支架”激活自身的最近发展区，这样就能促使学习者的技术水平超过学习者现有的水平，继而引领学习者进入下一个水平阶段①。

微课程的设计、制作与应用则可以成为学生翻转课堂学习的“支架”，通过学生在课前自主观看视频学习，独立搜集相关资料、获得信息，并通过自主的、独立的思维加工，初步构建自己的知识体系，然后在课堂上通过小组讨论、生生合作、师生合作的方式解决学生在自学过程中遗留的问题。在这个过程中，通过会的学生教不会的学生，也使得会的学生得以马上应用其知识，感受教会别人从而完善自我建构的过程。比如，在《影响化学反应速率的因素》一课中，可以采用翻转课堂的模式，课前让学生自主预习《影响化学反应速率的因素 1》。

上课前，学生观看教师发放的视频进行预习，可以根据自己的接受能力选择观看的速度，看不懂的地方可以反复观看。前置学习结束后，完成配套的限时训练习题，并根据答案进行自我纠错与反思，将自己不会的部分及视频教学中的困难进行总结。课堂上首先由学生提出问题，小组合作展开讨论，掌握知识点的学

① 曹树坤. 微课先行支架推进[J]. 数学学习与研究，2021(23)：64-65.

生帮助没有掌握知识点的学生，解决彼此之间的困惑，再以小组为单位汇报本小组的学习成果和目前还存在的困惑，由教师进行课堂讲解，再加以相应的习题检查学生的掌握程度。学生在观看教学视频后，能对影响化学反应速率的因素有一个总体的了解与认识，并清晰地知道本节课自己要学习的是其中的两类影响因素，即温度和催化剂，另外也明白了温度和催化剂对化学反应速率的具体影响是什么。相比于传统课堂而言，翻转课堂以极高的效率完成了知识体系的搭建，使学生在学习这部分新知识前就初步形成了自己的知识体系，再配合小组讨论相互补充，进而完善知识体系。这样一来，学生能把这部分知识掌握得很清晰且很牢固，留存率也能因其经历了讨论和演示给他人的主动学习过程而变得很高。对于部分学困生，一开始他们不能提出问题，但能通过他人的解题思路、创新理念等来丰富自己的知识存储量，久而久之，也就学会了主动调整自己的学习方式，以提高自身的学习质量①。

翻转课堂模式不仅提升了学生的学习效果，还激发了他们的学习动力和自主学习能力。在这样一个“以学生为中心”的学习环境中，学生们学会了如何主动寻求答案、如何批判性地思考问题，以及如何在团队中有效沟通与合作②。这些技能对于他们的终身学习和未来职业发展而言，都是极其宝贵的财富。

此外，翻转课堂还促进了师生关系的积极转变。教师不再是高高在上的知识权威，而是学生学习旅程中的伙伴和引导者。他们鼓励学生提出疑问，挑战权威，共同探索未知领域。这种开放、包容的学习氛围，让学生感受到被尊重和被理解，从而更加愿意投入学习，积极参与课堂活动。

随着翻转课堂模式的深入实践，广大教师也看到了它在推动教育创新方面的巨大潜力。它鼓励教育者不断探索新的教学方法和手段，以适应学生多样化的学习需求。同时，它也促使教师重新审视传统教育模式的弊端，思考如何通过技术创新和理念更新来优化教育过程，提高教育质量。

翻转课堂模式已成为连接传统教育与未来教育的重要桥梁，引领教师走向一个更加开放、灵活、个性化的教育新时代。在这个新时代里，每个学生都将根据自己的兴趣、能力和需求，获得最适合自己的教育资源和学习路径，从而实现个人潜能的最大化发展。

---

① 李广元.信息化视角下学生自主学习能力的培养[J].数学学习与研究，2021(20)：92-93.

② 张锦清.利用微课打造高效高中数学课堂的措施[J].家长，2019(23)：90.

总之，翻转课堂以其独特的优势和创新的教育理念，正在逐步改变着教育。它让教师看到了教育创新的无限可能，也为教师培养具有创新精神和实践能力的人才提供了有力的支持。我们有理由相信，在未来的日子里，翻转课堂将会继续发挥其积极作用，为教育事业的发展贡献更多的智慧和力量。

二、提高视频质量，促进教师专业提升

当前，推动基础教育质量与均衡发展已成为教育改革的核心任务与目标，这一共识已深入人心，社会各界对此寄予厚望。在这一背景下，高质量的教育资源无疑是实现这一目标的关键所在，而高质量的师资则是教育资源中最宝贵的部分。因此，如何有效改进师资培养模式，以培养出更多优秀的教育工作者参与到教育的改革之中，成为教育领域亟待解决的重要课题。从 2017 年起，笔者先后作为市级学科带头人、省级学科带头人、省市两级基础教育教学名师工作室主持人，成立了微课设计与开发团队，组织本校和外校的教师结合学生实际，不断摸索研究微课的制作技巧，探索不同课型的微课，使微课多元化，提高学生学习化学的兴趣，发挥微课使用的最大育人功能。

（一）技术赋能教育，重塑学习体验

面对信息技术的飞速发展，笔者带领教师们深入探索技术融合创新的路径，特别是如何利用先进技术优化翻转课堂的实施效果。通过精心编写的 Camtasia Studio 9.0 安装使用图文教程及系列培训活动，团队不仅掌握了先进的视频制作技术，还开发出了一系列高质量、互动性强的微课程资源。这些资源不仅丰富了教学内容，更以直观、生动的形式激发了学生的学习兴趣，极大地提升了学生的学习体验。

近 5 年，团队围绕人教版教材同步开发了近 200 个单节微课，开发了 6 个系列微课程专题，它们分别是："高中化学必修课程基本概念（24 节）""新教材必修第一册一、二章（16 节）""选择性必修 2：物质结构与性质（25 节）""高考化学 7＋1 习题讲解（34 套）""高考真题讲解（14 套）""高考选择题讲解（20 套）"。

为了打破教育资源的地域限制，笔者积极推动资源的共建共享工作。指导各校优秀教师联合开发微课程资源、教学案例及学习工具，形成了一套覆盖广泛、内容丰富的教育资源库。通过"共享化学"微信公众号等线上平台，这些优质资源得以免费向全社会开放，为广大师生提供了便捷的学习途径与交流空间。微信公众号的每一篇文章所涉及的微课资源，不仅有在线点击就可观看学习的

视频,有便于学生记笔记的课件截图,还有有利于学生巩固知识的习题。这种资源的开放共享模式不仅拓宽了学生的学习视野,也促进了教师之间的教学合作与经验交流,推动了教育资源的均衡分配与整体提升。

(二)强化师资培训,引领教学革新

教师是翻转课堂成功实施的核心,笔者将提升教师的专业素养与教学能力作为工作的重中之重。我们不仅定期组织多元化的研讨会,邀请教育专家、学科带头人及一线优秀教师分享前沿理念与实践经验,还通过模拟教学、案例分析等多种方式帮助教师们掌握先进的教学方法与策略。同时,积极鼓励教师参与课题研究、教学实验及学术交流活动,通过实践与研究相结合的方式,促进教师专业成长与团队整体教学水平的提升。笔者担任市级以上培训专家,近 5 年做了 30 余场关于"微课制作与应用"的培训主讲,培训人数上万。一位工作室成员经培训后完成了第一个习题微视频,他在研修心得中说:"视频做出来以后得到了其他同行老师的肯定,通过此次实践研修活动,我深刻感受到,只要摸清学生的认知特点,结合学生实际,采取学生感兴趣的方式解决问题,只要肯动脑、肯学习,就一定会找到更好的方法!从其他优秀教师的微视频中我也发现了许多闪光点,汲取了很多有益的经验,对于我今后微视频的制作有很大的帮助。所以非常感谢冯老师为我提供了这样快速成长的平台,这次微视频制作让我认识到许多优秀的化学同仁,也为高三的孩子们提供了学习上的便利,也更好地锻炼了自己的能力!我相信在这个团结奋进的大家庭中我会快速成长!"

(三)实践内化成果,教研成效显著

作为主持人,笔者在近 10 年的微课探索中,带领团队以课题为抓手,以教学实践为主阵地,不断凝练教学成果。关于微课程开发与应用的 3 项省级课题结题、1 项市级课题结题;带领团队发表相关论文 10 余篇,其中《高中化学微课制作与应用研究》荣获陕西省第十一届基础教育教学成果二等奖;专著《微课在高中化学教学中的制作与应用研究》(24 万字)由华中师范大学出版社公开出版。获省、市级以上教科研成果奖 20 余项。"高中化学必修课程基本概念"和"新教材必修第一册一、二章"微课两次荣获西安市微课大赛团体一等奖,其中 1 项还荣获陕西省第七届微课大赛团体二等奖。多名教师在团队开发的习题类系列微课如"高考化学 7+1 习题讲解"的基础上,立足本校实际,开发了 7 部校本教材。

团队教师在数字化实验、虚拟实验室、人工智能(AI)等前沿技术上进行了

探索与研究，这些新技术使得抽象知识得以具体化、形象化，极大地降低了学习难度，提高了学生的参与度。比如，团队成员的展示课《微波探秘，加热之源——键的极性与分子的极性》在人工智能＋课堂探索交流活动中取得了良好的反响。多位教师在西安市高中理化生教师数字实验技能提升教研活动中担任培训主讲。

在此过程中，团队成员的业务能力也得到了显著提升。大家不仅掌握了更多的教学技术和方法，还学会了如何运用技术手段来优化教学过程、提升教学效果。这种技术引领下的创新实践，不仅为翻转课堂的落地生根提供了有力支撑，更为学生的全面发展和成长开辟了新的路径。比如，团队教师张老师的《基于色度传感器探究影响化学反应速率的因素》实验说课入围全国现场展示环节，被评为 2023 年度全国中小学实验教学能手；张老师和于老师的《沉淀溶解平衡及其影响因素的探究——基于数字化实验的“四重表征”教学》和《传感技术用于碳酸钠和碳酸氢钠的性质探究》两节课例，分别在 2023 年西安市中小学实验说课大赛中荣获一等奖，并进入陕西省中小学实验说课活动现场展示环节；李老师的《基于手持技术对高中化学实验改进——以“探究压强对化学平衡的影响”为例》，在 2023 年西安市雁塔区实验说课高中学段化学学科活动中荣获一等奖。

三、研修案例

《普通高中化学课程标准(2017 年版 2020 年修订)》基于学生核心素养发展和现代教育教学理念对课程结构进行了再优化，课程标准中明确了《物质结构与性质》作为选择性必修模块的核心地位。相较于 2003 年课程标准的实验稿中作为选修模块的定位，这一调整是对整个高中化学教学体系的一项重大挑战。笔者通过研究、比较旧版本及多种其他版本的教材，对人教版高中化学(2019 年版)选择性必修 2《物质结构与性质》的教材架构及其优势特点等进行了全面剖析，组织成员开发系列微课程并应用于教学。

在设计、制作并应用微课的过程中，笔者带领团队，以课题研究为研修手段，提升教师将教学实践内化成教研成果的能力。下面以已经于 2023 年顺利结题的课题结题报告为例来说明。

案例　陕西省基础教育资源建设专项课题：基于新教材的情景化高中化学教学系列微课开发与应用研究——以选择性必修 2《物质结构与性质》结题报告为例(表 2-6-1)

表 2-6-1　课题结题报告

一、课题成果论述

(一)选题意义和价值

1. 顺应新时代,构建优质自主学习平台

传统课堂开展的教学活动通常会有以下三个缺点:一是崇尚“教师讲得清清楚楚,学生听得明明白白”这一理念,学生掌握知识的效率不高;二是学生学习的方式基本为接受学习,课堂以教师为主体,学生被动学习,学生的自主创新能力得不到发展;三是课堂交流匮乏,师生互动、生生互动鲜有呈现,情感认知难以实现。新课程改革则要求在教学中培养学生的学科核心素养,重视学生学习思维、学习能力的全面发展。在过去的教学中,由于学生长期接受传统的被动学习方式,已经养成了“老师教什么,我就学什么”的习惯,即便部分学生有自主学习能力,也被其他同学紧跟教师上课节奏的氛围影响而难以有自主学习的时间和空间,所以有必要创新学生的学习方式,构建新的课堂模式。

诚然,传统教学方式对学生学习习惯养成的影响是根深蒂固的,这给课程改革带来极大的阻碍,但为了学生的成长,课改势在必行,需要一线教师重新认知、觉醒、付出探索并实践。系列微课的开发与应用研究是课改团队的先行力量,可以带动一部分教师的积极性,其应用与实践推广也必将影响和助力更新教师教育教学理念,为激活和保护学生自我学习能力找到新的出路和生机,为教师落实核心素养教学提供优质的资源和平台。

2. 适应新高考,优化高中化学学习架构

《普通高中化学课程标准(2017 年版 2020 年修订)》中明确了高中化学课程分为“必修”“选择性必修”和“选修”三类课程,为学生提供基础性、多样性和可选择的课程。其中,必修课程为全体学生奠定共同基础,选择性必修课程是学生根据个人需求与升学考试要求选择修习,选修课程是学生自主选择修习的校本课程。

旧的课程中,原选修 3《物质结构与性质》与选修 5《有机化学基础》在全国卷高考题目中是由学生 2 选 1 来完成的。因此,在学生进入高二年级后,对于选修 3 和选修 5 两个模块,大多数学校只选择一个模块或者重点开展一个模块,而弱化另一个模块的教学工作,导致部分老师没有教过“物质结构与性质”这一模块。与旧的课程结构不同的是,对于新高考而言,学生要依据各省的高考考试方案和高校的相关要求,在 6 或 7 个学科科目中任选 3 个科目进行学业水平等级考试(计入高考录取成绩),如果选考化学科目,那么学生必须完整修习化学的选择性必修课程的 3 个模块(选择性必修 1《化学反应原理》、选择性必修 2《物质结构与性质》、选择性必修 3《有机化学基础》),且这 3 个模块全部都是考查内容。

因此,设计和开发以选择性必修 2 为主要内容的研究主题,对于辅助一线教师教学、优化高中化学学习架构、帮助学生适应新高考化学学习都有至关重要的意义。

续表

（二）研究内容 1. 总体框架 在“新课标”“新教材”“新高考”背景下，融入新课程理念和教学评一体化的思想，聚集一线高中优秀教师的集体智慧、教学资源及教学经验，以人教版高中化学选择性必修2为载体，展开以落实学科核心素养为目标的基于高中化学教学的情景化教学系列微课开发与应用研究。 2. 重点难点 “物质结构与性质”为新教材的选择性必修2模块，虽是选修模块，却是学生选择化学学科参与高考的必考内容，面对新教材和新高考，对于研发团队都是较大的考验。在微课设计开发阶段需要深度研究新课标、新教材和新高考的同时，还需要参阅大量的与课程相关的学习材料，才能完成最精准、最优化的微课教学设计，使得最终落地的系列微课程能够有效服务一线课堂和新高考。因此，前期的教师自学、教案制定、研读备课是本项研究的重点、难点工作。 3. 主要目标 通过本次团队微课的制作与应用研究，引发教师对应用微课辅助教育教学功能的关注，激发学生的自主学习能力。同时，通过交流运用，使得“平民化、草根型、低门槛、实用性”的微课技术得到广泛推广和应用，带动一大批一线教师从“赛教型”微课的设计和制作转向重设计、重应用的“实践型”微课的制作和应用方向。 4. 主要内容 本课题的主要内容主要包括系列微课的开发制作与微课成果的实践应用研究两个方面。 在微课开发制作方面，通过团队精心研读新课标、人教版高中化学选择性必修2《物质结构与性质》教材以及参阅其他版本教材后，在分工完成各节知识框架、任务学习单、教学设计等教学准备材料的基础上，以统一的PPT模板和课程设计内容板块完成PPT的制作；然后，对课题组成员进行录制技术的专业再培训，课题组熟练应用Camtasia Studio 9.0、“Focusky”“爱剪辑”“万彩动画”等软件来完成类型丰富、形式多样的高质量的系列微课制作工作。 在微课成果的实践应用方面，课题组教师通过让系列微课成果进课堂、进校园及在“共享化学”微信公众号平台推广等途径，引导教师通过应用微课熟悉选择性必修2相关的教学内容，了解新课标、新高考的风向，引导学生养成利用微课自主预习、自主学习、自主复习的良好学习习惯，通过学情变化、质量检测和教学反馈的数据追踪，评价学生必备知识、关键能力和核心素养的发展情况。 （三）创新之处 随着“三新”教育时代的到来，原来教师针对旧教材的教学设计、教学策略、教学方法尤其是教学理念都应该得到及时的更新并展开新的探索，甚至是颠覆性的重新再学习再认知。本次课题研究的主要教材为新教材的选择性必修2模块《物质结构与性质》，采用的教学呈现方式是微课，旨在辅助教师开展教育教学工作，拓展教师教学的途径和方法，提升学生的自主学习能力和化学学科核心素养。

续表

从研究内容上看，内容来源于新教材，这对广大教师团队是一种挑战，需要课题组成员个体首先对新教材进行深度学习，在前期进行课程设计时，就要重视实验探究与实践活动，引导学生关注社会生活、科技发展，体现科学与人文的融合。同时，重视习题的设计与创新，关注学生学习方式的转变，这一项探索和学习是一线教师教研团队一次大胆的尝试和迈步。 从呈现方式上来看，本课题紧跟时代步伐，以录制系列微课的形式来承载教育教学内容，每一节课都由来自名师精心打磨的教学设计、10～15 分钟的精品微型课视频、课后训练及学科拓展四部分组成，来帮助学生有效、高效地突破教学重点、难点，通过科学、严谨、新技术及多渠道的方式向面临新高考的师生展示新课标、新高考的教学导向，在教学环节设计和微课使用过程中落实核心素养教育，是新时代教育者极具前瞻性和创新性的体现。 从研究目的上来看，本课题试图突破传统教育教学理念，创新教学途径：在教学中重视高中化学教学的情境化，以激发学生化学学习兴趣为起点，围绕提升学生“核心素养”、更新教师教育理念为最终教学目的，通过一线教师应用来尝试拓展教师教学策略的选择、建立学生新的学习习惯和学习途径，对于推进新课改具有长远和发展性的意义。 **（四）研究成果** 1. 成果形式 (1)三份报告：开题、中期和结题报告。 (2)微课获奖及论文发表情况： ①系列微课（主持人及课题组所有成员均参与）荣获陕西省第七届微课大赛二等奖、西安市一等奖，作品在西安市教育局公众号展出。 ②课题组成员李老师的《糖类》荣获部级精品课。 ③课题组成员张老师的《沉淀溶解平衡及影响因素的探究——基于数字实验的“四重表征”教学》荣获西安市 2023 年实验说课大赛一等奖。 ④课题组成员毛老师的《基于跨学科学习的实验创新教学——镁海水电池的原理探究》荣获西安市 2023 年实验说课大赛二等奖。 ⑤主持人独撰的论文《核心素养视域下实施高中化学微课教学的有效路径》发表于省级期刊《智力》2023 年 1 月。 (3)系列微课程：开发制作选择性必修 2《物质结构与性质》系列微课程，其中部分成果发布于微信公众号“共享化学”进行交流学习及应用。 ①微视频 15 个（每个视频 10～15 分钟），包括课题组成员主创，以及冯越工作坊其他教师联合录制的视频。 ②配套教学设计 15 篇。 ③配套教学课件 15 个。 ④配套学习任务单 15 个。 2. 成果特点 成果以微课或微型课形式呈现，微课是教师精心制作的学习材料，配套的还有练习、PPT、教学反思等，这些资料是为拓展加深知识，用于学生课外自主学习制作的。 本次课题研究成果所涉及的微课程是新教材选择性必修 2《物质结构与性质》围绕着

续表

“原子结构与性质”“分子结构与性质”和“晶体结构与性质”三个大单元教学设计而开发的系列微课作品(15个)。每个单元下的系列微课程具有内在知识逻辑联系,相辅相成,通过学生自主学习,有助于其思维进阶发展。 每个视频制作精良,采用统一的模板、框架和结构,时长控制在10～15分钟,体现了微课“短小精悍、精准教学”的特点。在内容设计上独具匠心,通过素养导向的学习目标、引领性的学习主题、化学实验为主的多种探究活动和持续性的学习评价,引导学生走向深度学习,提升化学学科核心素养。 3. 应用场景及成效 (1)应用场景: ①课堂展示灵活,适时适度促效能。微课运用于课堂,主要目的是激发学生的学习兴趣。导入新课时,采用一些活泼有趣的微课,会调动学生的学习积极性,让学生更好地集中精力,开展自主探究式、互助式学习。 ②课外学习靠网络,家校合作促成长。微课是教师精心制作的学习资源,配套的还有练习、PPT、教学反思等,这些资料不可能在课堂上全部分享给学生,甚至有些微课的制作就是为了拓展加深知识,用于学生课外自主学习。因此,搭建这些学习资源的平台就极为重要。目前课题组主要使用QQ群或微信公众号来展示微课,每一节微课除了展示视频外,还明确了学习目标,发布了课件的截图,以便于学生在自主学习时进行笔记梳理。展示的练习题也是为了让学生巩固相关知识。 ③课后分享重评价,交流反馈要及时。课后运用微课是为了让学生巩固知识、拓展知识。教师分享微课后,学生先学习,把弄不懂的问题记录下来,之后可以通过家长QQ群在线问老师,或者与其他同学讨论。教师要布置微课作业,明确作业内容,才会让学生正确运用微课,提升学习水平。 (2)成效分析: ①微课设计制作不断创新。通过我们的探索与研究,微课制作的要点即目标要明确、选题要聚焦、内容须科学、微课成系列,已经成为我们设计与制作微课的基本原则,并得到了广大教师的认同。 ②学生自主学习素质增强。课堂进行输出式学习是翻转课堂的精髓,而微课恰是实现课堂输出式学习的有力推手,学生在课前提前学习,课堂上就可以开展交流讨论、分享学习成果。课堂教学质量得到提升,知识得以巩固。 ③学生互动学习效果良好。学生主动学习和参与学习相互结合,从而达到学习目的。 ④教师专业得到发展。教师的教学设计水平得到不断提升,微课制作技术更加娴熟,更多的微课获奖或发表,教师制作的微课赢得了越来越多学生的喜欢。发布的微课也受到化学界及信息技术领域教师的一致好评。 4. 存在问题 (1)研究中遇到的问题与难点。 翻转课堂理念下的课堂教学是教师要组织学生开展有效的“输出式学习”活动。一线教师通过制作与应用微课将实现翻转课堂教学。有很多教师会担心:如果学生在课前已经“学会”了知识,那么他们在课堂上该干什么呢?其实仅仅初步“学会”一个知识,离真正掌握

续表

这个知识还有相当长的距离。只有当这个知识能够被学生以自己的方式表达出来（“输出”）时，这个知识才开始真正被学生所理解。因此，我们也可以说：决定翻转课堂成败的是课内开展“输出式学习”的质量，这取决于我们设计和制作微课的质量。

(2)解决措施。

在开展翻转课堂教学时，不仅需要制作出精良的微课、设计出合理的自学任务单，还需要改变课堂教学设计。在课堂教学中，教师的主要工作是设计并组织好与所学知识有关的、能让每个学生都参与其中的输出式学习活动。因此，我们在今后的研究中还要进一步提升教师的信息化素养和水平，进一步提高教师制作和应用微课的能力，进一步丰富高中化学课堂的学习方式。

二、课题视频成果清单

微视频名称(MP4)	教学设计(15 篇)	PPT(15 个)
1. 原子核外电子排布规则	1	1
2. 原子光谱	1	1
3. 元素周期律	1	1
4. 认识共价键	1	1
5. 分子的溶解性和手性	1	1
6. 价层电子对互斥理论模型	1	1
7. 杂化轨道理论	1	1
8. 共价键的极性	1	1
9. 范德华力	1	1
10. 晶体与晶胞	1	1
11. 共价晶体	1	1
12. 金属键与金属晶体	1	1
13. 离子晶体	1	1
14. 认识混合型晶体——石墨	1	1
15. 晶体类型、不同晶体熔点比较	1	1

第三编

学生自主学习资源开发应用软件

第一章　Camtasia Studio 软件的简单操作步骤

Camtasia Studio 是专业的屏幕录像和视频编辑的软件套装。该软件提供了强大的屏幕录像(Camtasia Recorder)、视频的剪辑和编辑(Camtasia Studio)、视频菜单制作(Camtasia MenuMaker)、视频剧场(Camtasia Theater)和视频播放功能(Camtasia Player)等。使用本套装软件,用户可以方便地进行屏幕操作的录制和配音、视频的剪辑和过场动画、添加说明字幕和水印、制作视频封面和菜单、视频压缩和播放等。

下面将从视频的录制、视频的编辑(视频的剪辑、视频的分割、添加转场效果、剪辑速度、编辑音效与插入音乐、插入视频和编辑画中画、绿幕抠像、添加文字、聚焦、指针效果)和视频的生成三个方面来介绍 Camtasia Studio 9.0 在录制微课时的相关操作方法。

一、视频的录制

(一)适用对象

(1)不能下载但可以播放的视频,用 Camtasia Studio 9.0 录制的方式下载。

(2)录制正在播放的 PPT,点击打开 PPT,一边播放,一边录制。

(3)录制 Word 文件等,只要能在桌面打开的都可以录。

(4)录制与 PPT 同步的讲课声音文件。

(5)电脑配置:64 位操作系统(在电脑"设置"窗口中选择"系统"查看,图 3-1-1)。

图 3-1-1 电脑系统信息

(二)方法步骤

(1)将电脑显示器的分辨率调整到 1920×1080(图 3-1-2)。

图 3-1-2 显示器分辨率

(2)打开软件 Camtasia Studio 9.0 ,出现如下对话框(图 3-1-3)。

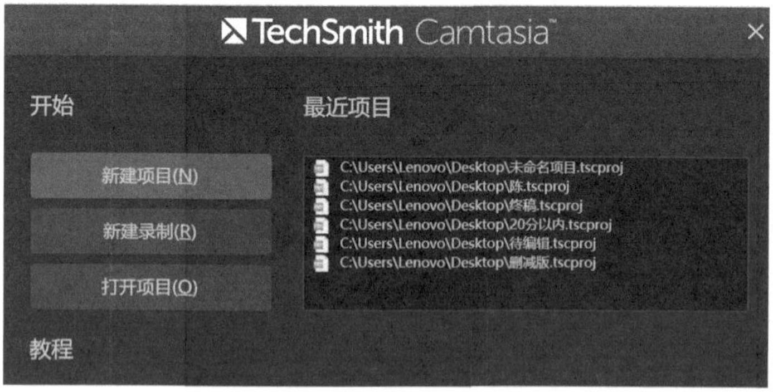

图 3-1-3 Camtasia Studio 9.0 软件

点击“新建项目”进入以下界面(图 3-1-4)。

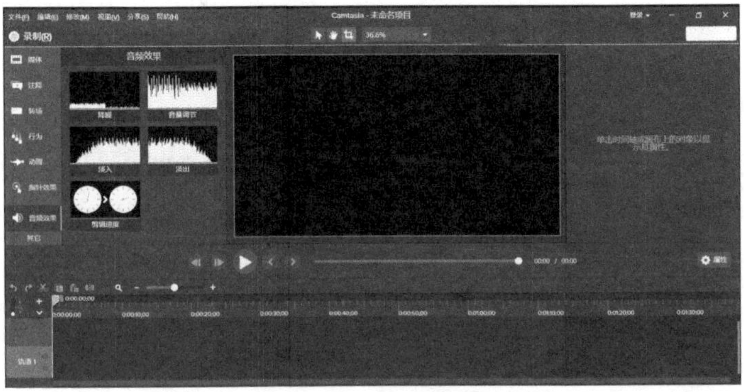

图 3-1-4 新建项目

点击左上方“录制”按钮，电脑右下角弹出一个小的设置框（图 3-1-5）。

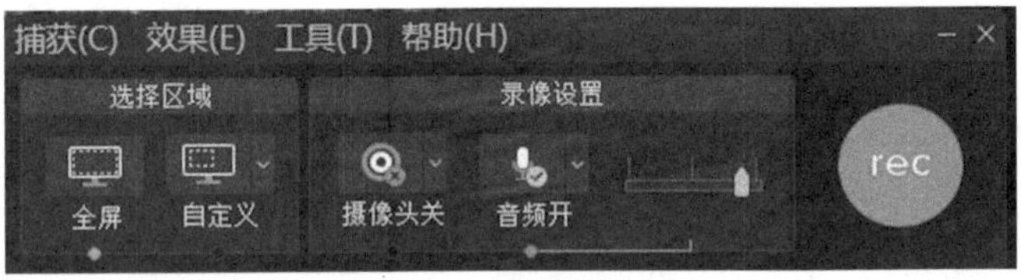

图 3-1-5 录制设置框

①录屏设置：根据需求，选择好录屏范围（建议全屏），根据窗口调整录屏大小，也可以根据需要调整大小。

方法：点击弹框（图 3-1-5）中“自定义”右边的下拉菜单按钮，选择 1080p HD（1920×1080），如图 3-1-6 所示。

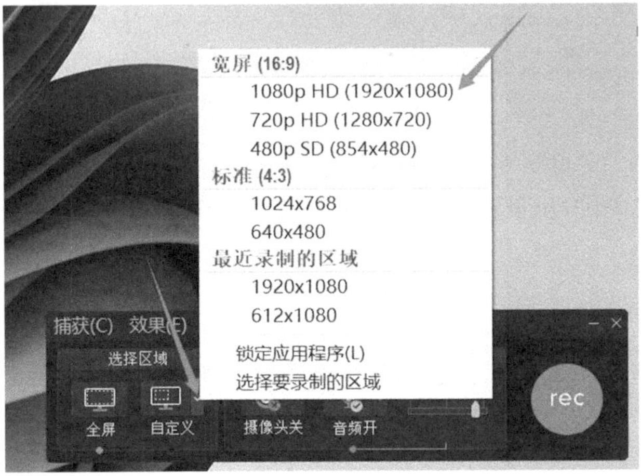

图 3-1-6 分辨率设置

在图 3-1-5 所示的画面中点击“全屏”，保证录制的是整个电脑屏幕。录制时把屏幕下方的任务栏隐藏，这样即使是满屏录制也不会出现与微课无关的信息。同时关闭相关程序，避免出现弹窗广告干扰。

②摄像头设置：点击“摄像头开关”，打开笔记本电脑自带的摄像头。

注意：不建议教师使用这一功能，后期如需出镜，则可用“绿幕抠像”及“画中画”功能实现。

③音频设置：系统默认“音频开”，若没有打开，则点击“音频关”就可以打开了。点击“音频开”右边的下拉菜单按钮，选择“麦克风阵列”，即可以用笔记本电脑自带的录音系统录音。如用台式电脑，则需要提前准备外置麦克风（手机耳麦也可以）。“录制系统音频”可选择打开，也可选择关闭。如图 3-1-7 所示进行设置。

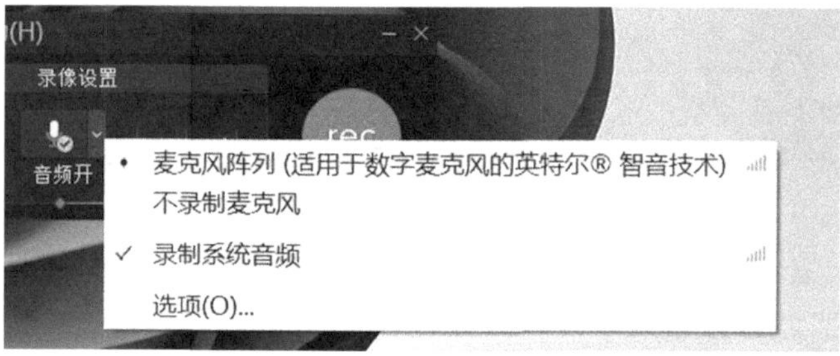

图 3-1-7　音频设置

(3)点击“红色”按钮进行录屏。在点击“红色”按钮后，会出现倒计时栏，此时可打开要录制的 PPT 做好准备。

(4)教师可以边播放微课 PPT，边讲解，录屏软件会将屏幕画面和讲解声音同时录制进去。

录制过程中，全屏显示 PPT 内容。

(5)录制完毕，退出 PPT，最下方任务栏中会出现两个“C”图标(图 3-1-8)。

图 3-1-8　停止图标

点击红色背景(右侧)的“C”图标，会弹出如图 3-1-9 所示的对话框，显示录制时间(此时“持续时间”下方数字还在变化)。

图 3-1-9 录制停止

点击对话框最右方的“停止”,录屏结束,弹出编辑界面,如图 3-1-10 所示。

图 3-1-10 编辑界面

(6)点击“播放”按钮  播放观看录制的效果。

二、视频的编辑

(一)视频的剪辑

1. 出现以下几种情况需要剪辑视频

(1)微课不是一次性录制完成的,每录制一段都可能把准备阶段的内容录制到微课中,这就需要通过剪辑来处理。

(2)在录制微课时有其他声音被录入,如手机突然响起、其他干扰声音出现,这就需要通过剪辑来处理。

(3)录制中出现口误、咳嗽、表达不准确或表达有语病时,录制者重说了一次,也可以通过剪辑来处理。

2. 方法步骤

在时间轴上定位到需要剪切的部分,可以通过拖拽图 3-1-11 中的“滑动块”

进行定位，绿色“滑动块”向左移动，红色“滑动块”向右移动。

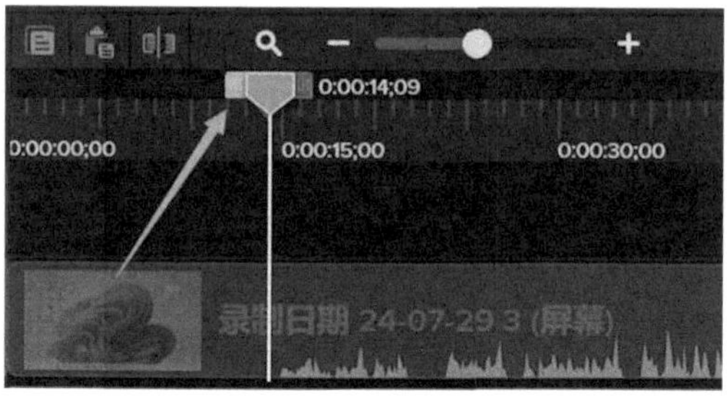

图 3-1-11　时间轴定位

选择好要剪切的部分，如图 3-1-12 所示轨道“拖蓝”的区域，点击播放框中的“播放”键，检查选中的需要剪切的部分是否有误。

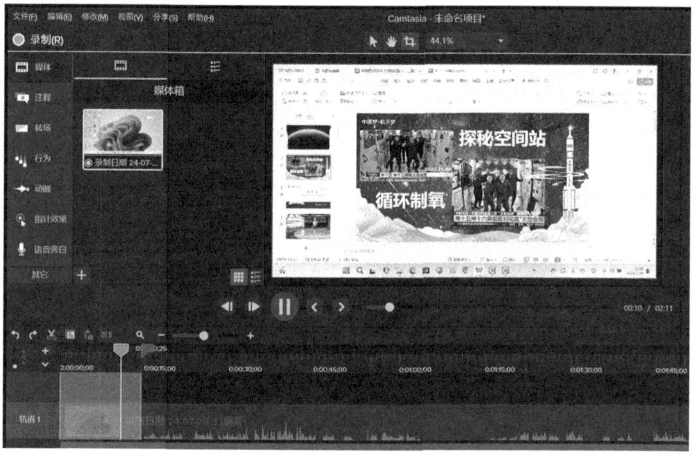

图 3-1-12　选中剪切部分

若没有问题，则单击右键，选择“剪切”(图 3-1-13)。

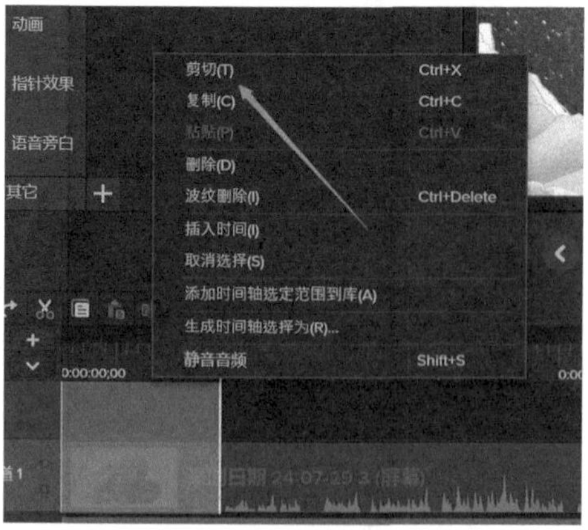

图 3-1-13　剪切操作

剪切后，将时间轴拉到前面听一听视频中的语言是否连贯、画面是否流畅，确认没有问题后进行下一段剪切。

若需要剪切的部分时间较短，则可在放大镜“放大”的情况下进行剪裁。

（二）视频的分割

1. 分割的功能

（1）分割不仅可以用来剪切，也可以通过分割删除自己不需要的部分，还可以将新录制的或其他视频片段插入视频中。

（2）添加转场效果时，需要先分割视频，再在分割处添加转场效果。

（3）对较长视频其中的一段进行编辑时，可以分割，把分割后需要编辑的视频拖拽到另一个视频轨道进行单独编辑。

2. 方法步骤

在视频轨道上将时间轴移动到需要分割的视频处点击左键，选择视频轨道，然后点击“分割”按钮，这样视频就被分割开来（图 3-1-14）。

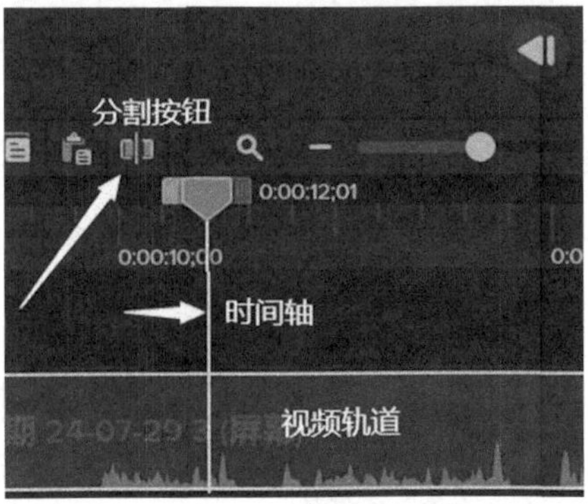

图 3-1-14　视频分割

（三）添加转场效果

1. 功能介绍

（1）添加转场效果必须在分割的基础上进行。

（2）通过给视频添加一些动态的转场效果，使视频生动起来。假如前期制作 PPT 时没有设置转场效果，就可在此时补充设置。

注意：转场效果有多种选项，一个微课用一种还是几种转场效果可根据需要自定。

2. 方法步骤

在打开的软件界面上点击“转场”，如图 3-1-15 所示。

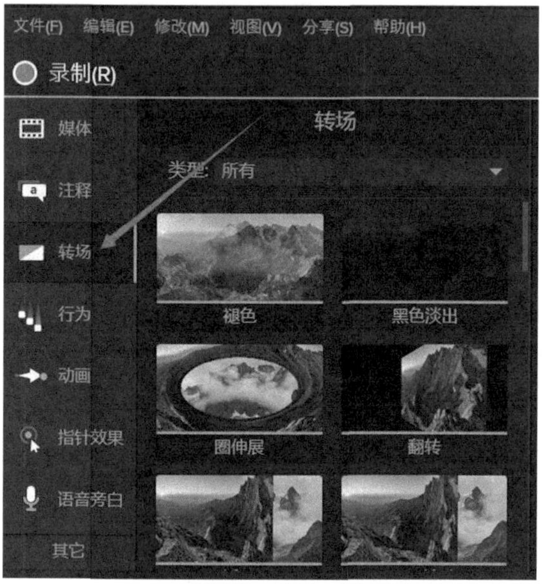

图 3-1-15　视频转场

会出现如图 3-1-16 所示的许多效果，如“褪色”“黑色淡出”“圈伸展”“翻转”等，拖动右边“滑块”下拉即可预览全部效果。

选中其中一个拖至分割处即可，如图 3-1-17 所示。

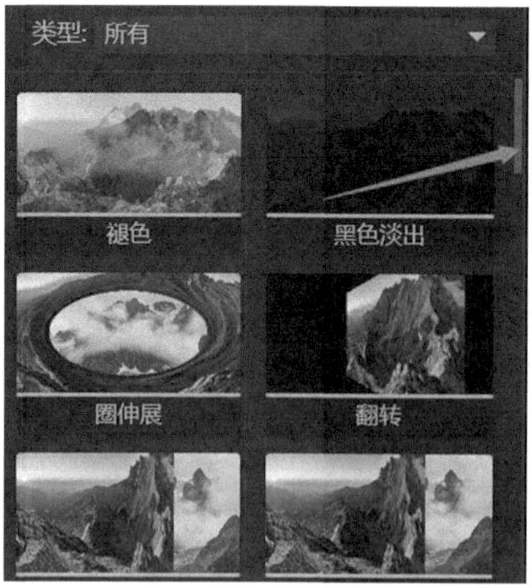

图 3-1-16　转场效果

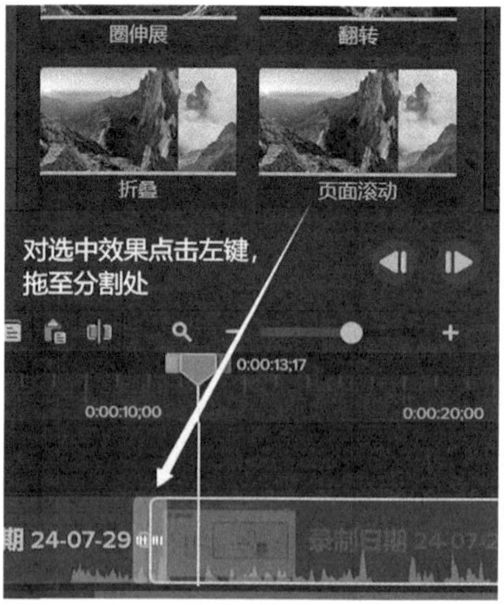

图 3-1-17　转场效果选择

若觉得添加的转场效果不理想，则可以重新选择并将其拖拽到相应的位置，原来添加的效果就被覆盖了。

(四)剪辑速度

1. 功能介绍

(1)某一段视频加速或者减速必须在分割的基础上进行。

(2)通过"加速""减速"效果，使微课的学习效果更佳。比如，关于化学实验的视频，操作过程部分可以用"加速播放"效果，节约时间；实验现象出现部分可以进行"慢放"处理，让学生观看得更仔细。

2. 方法步骤

先将声音和画面分成两个轨道，如图 3-1-18 所示，在音画合一轨道的任意处点击鼠标右键，弹出菜单栏，选择"分离音频和视频"。

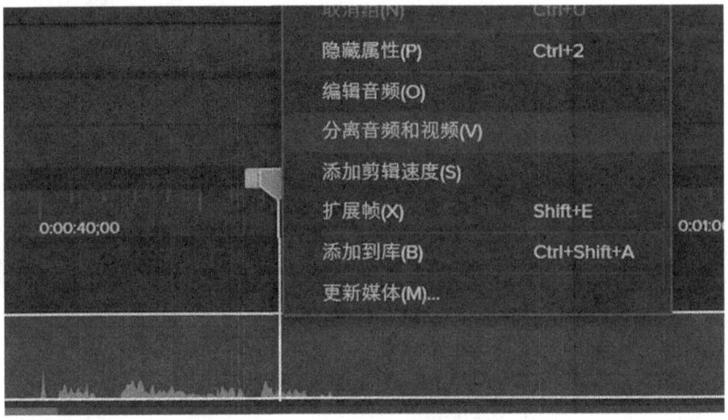

图 3-1-18　分离音频和视频

分离后会出现两个轨道：视频轨道(轨道 1)和音频轨道(轨道 2)(图 3-1-19)。

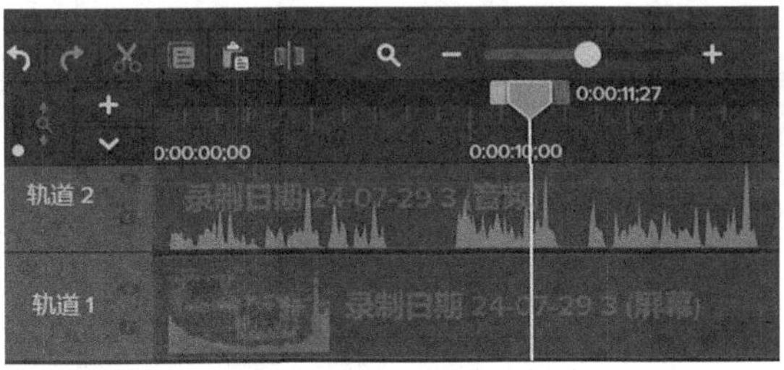

图 3-1-19　轨道分离

在视频轨道上，分割需要"快播""慢放"的部分。在分割好的视频轨道任意处，点击鼠标右键，弹出菜单栏，选择"添加剪辑速度"，如图 3-1-20 所示。

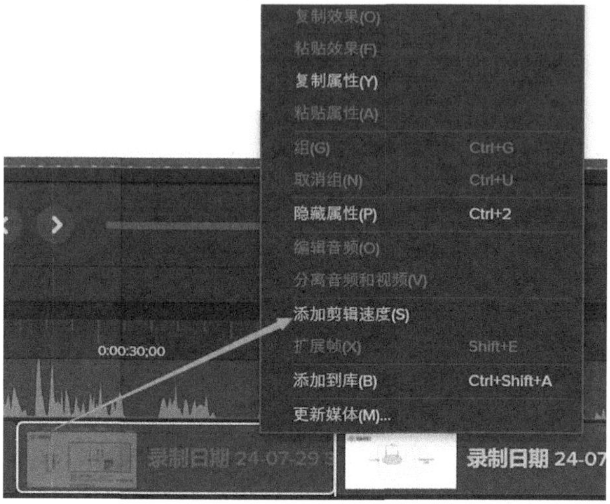

图 3-1-20　添加剪辑速度

此时右边编辑栏目会有“剪辑速度”提示，如图 3-1-21 所示，可以将分割部分的视频设置成需要的倍速，如“快播”可调整到 2 倍速播放，“慢放”则可调整到 0.5 倍速。

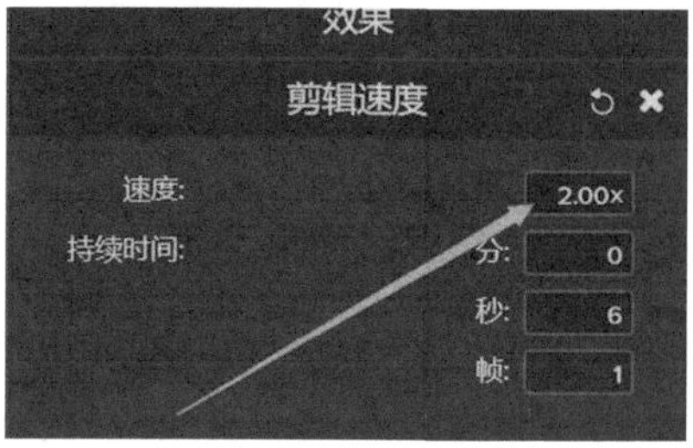

图 3-1-21　倍速设置

注意：

①设置好倍速后，视频轨道断开了，如图 3-1-22 所示，此时就要将后面的视频拖至前面，保证视频连续流畅。如果设置“慢放”，那么分割好视频后要提前将后面的视频向右拖拉，保证慢放的视频有足够的空间容纳。

②视频的速度经过剪辑后，会和声音(轨道 2)不同步。此时可利用前面所讲的“分割”“剪切”等功能对音频轨道进行编辑，以确保音画同步。

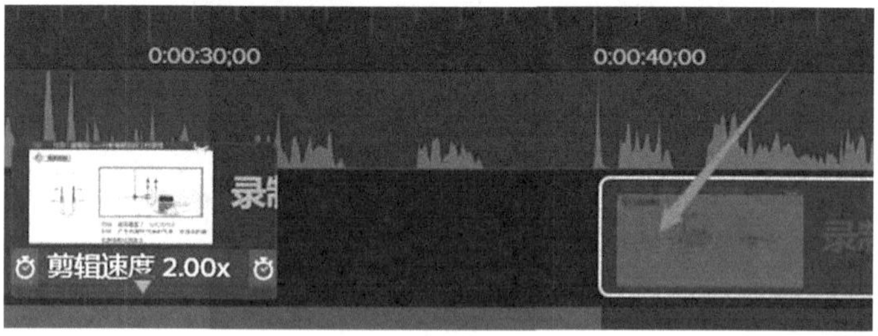

图 3-1-22　移动视频片段

(五)编辑音效与插入音乐

1. 功能介绍

(1)在讲授微课时插入背景音乐,可增加微课视频的感染力。

(2)微课在录制时由于耳麦音量的调整,存在录制声音大小不同的情况,这就需要对声音进行编辑处理以达到最佳效果。

(3)对自己录制的微课和其他视频进行编辑整合时,可能存在音频不统一的问题,声音有高有低,听起来前后不够连贯,这也需要对音频进行编辑处理。

2. 方法步骤

(1)音量大小的编辑:点击鼠标左键选择音频轨道(轨道 2),如图 3-1-23 所示,通过上下拖拉最上面那条"绿线"来对所录制的音频文件进行音量大小的编辑。

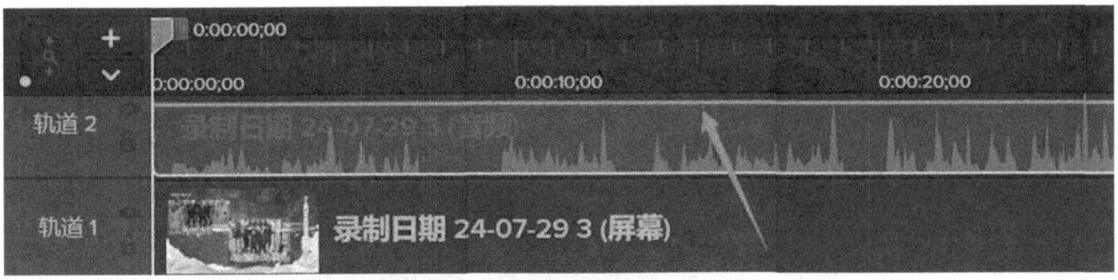

图 3-1-23 音量调节 1

或者在右上方编辑界面里进行数据设置,调整声音音量大小,如图 3-1-24 所示。

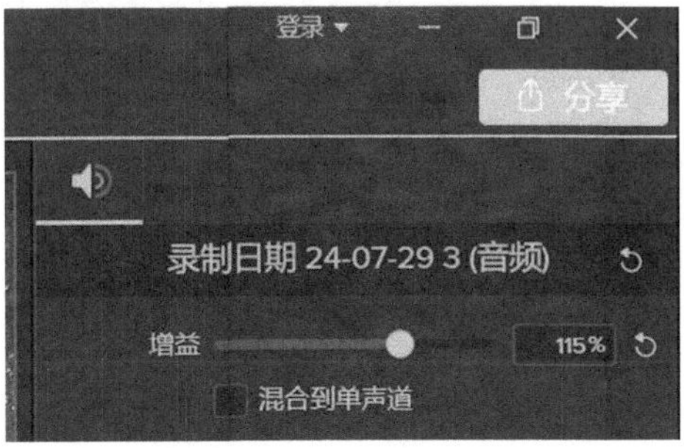

图 3-1-24 音量调节 2

(2)背景音乐的插入:先点击"媒体"按钮,再点击左下方"+",如图 3-1-25 所示。

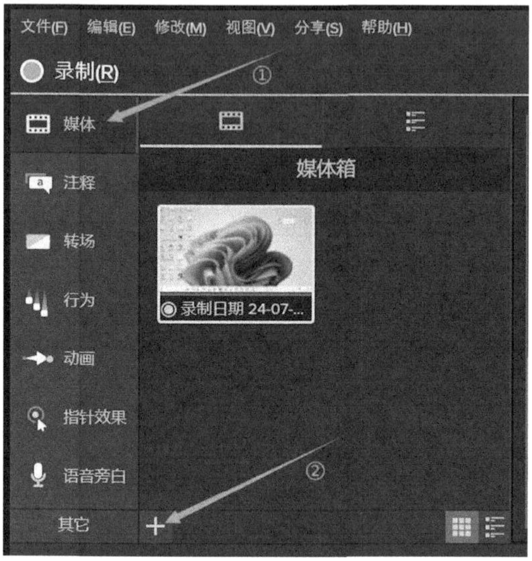

图 3-1-25　背景音乐插入

在弹出的菜单中点击“导入媒体”，在电脑中找到合适的音乐，选中后，在媒体列表中就会出现要插入的音频，如图 3-1-26 所示。

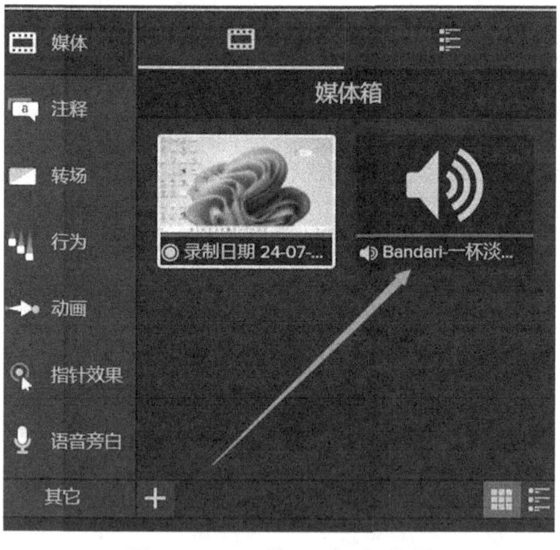

图 3-1-26　导入音乐文件

将要使用的背景音乐直接拖入最下面的轨道中，插入的音乐会自动出现在新的轨道中，如图 3-1-27 所示轨道 3，调整合适的位置。

对于背景音乐音量的编辑，可参考前面对轨道 2 音量进行编辑的方法。注意背景音乐的音量一定不能太大，要确保主讲人的授课声音清晰。

是否插入背景音乐视微课类型而定，比如，需要学生思考的习题类微课不建议插入背景音乐。

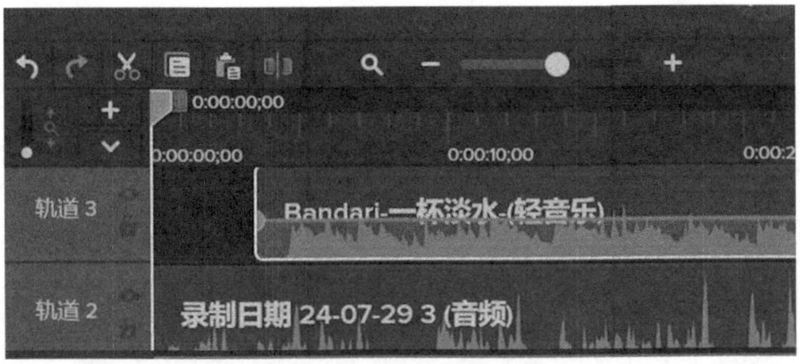

图 3-1-27　音乐同步视频

(六)插入视频与编辑画中画

1. 功能介绍

(1)解决卡顿问题。比如,如果在播放 PPT 时插入了视频,那么直接录屏可能会出现卡顿现象。

(2)在录屏软件中插入的视频,如实验视频,可以放在主屏幕的任意位置,实现"画中画"功能,且可以对插入的视频进行"放大"或"缩小"、"快进"或"慢放"的设置。

(3)主讲人出镜视频的插入。

2. 方法步骤

与前面介绍的"插入音乐"的方法相同,在画面中插入适合的视频,如图 3-1-28 所示,在媒体列表中会出现要插入的视频。

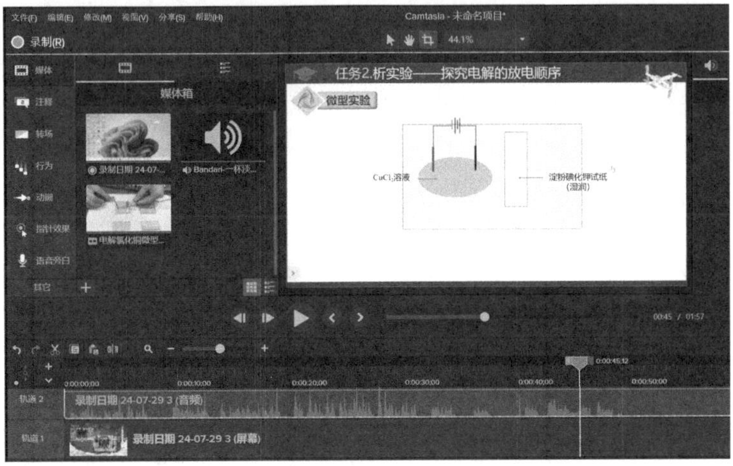

图 3-1-28　插入视频

将要插入的视频拖入下面的轨道，则插入的视频自动占据了新的轨道，如图 3-1-29 所示。

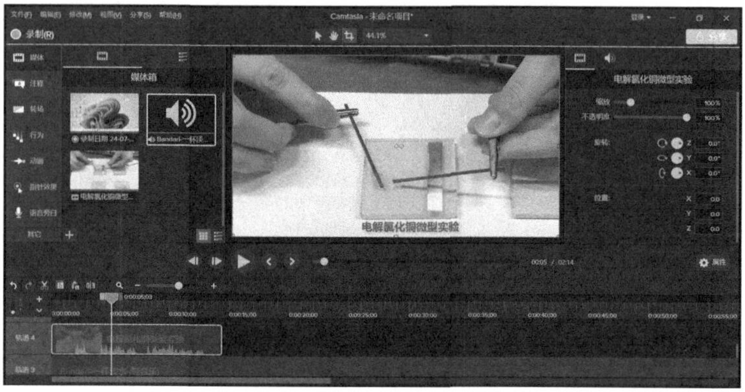

图 3-1-29　导入轨道

在播放界面可以对插入的视频进行大小、位置的编辑，如图 3-1-30 所示。

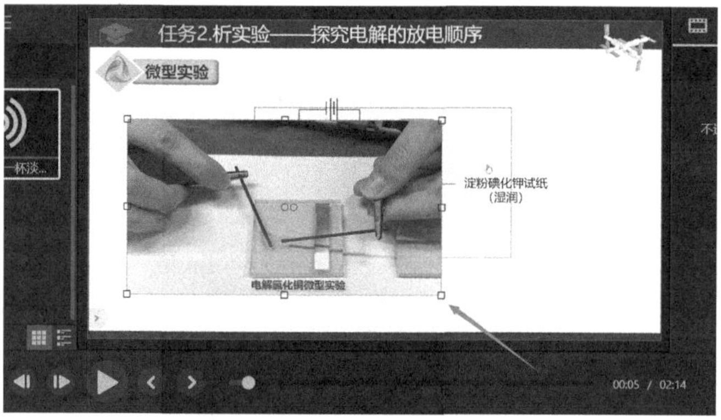

图 3-1-30　画中画编辑

对插入的视频进行音量、速度编辑，参考前文提到的方法，在轨道 4 进行设置。

(七)绿幕抠像

1. 功能介绍

(1)实现在微课中有教师讲解影像。

(2)实现教师的语言、形象、动作和背景画面很好地融合。

2. 方法步骤

(1)主讲教师在一块绿色或蓝色幕布前进行视频拍摄。教师形象要求：不穿蓝色或者绿色的服饰和鞋子，这样会影响抠像的完整性。尽量不戴金属饰品，尽量不戴眼镜，发型尽量服帖，教师可淡妆。

(2)将教师讲课的视频插入，在播放界面可以对插入的视频进行大小、位置的编辑，如图 3-1-31 所示。

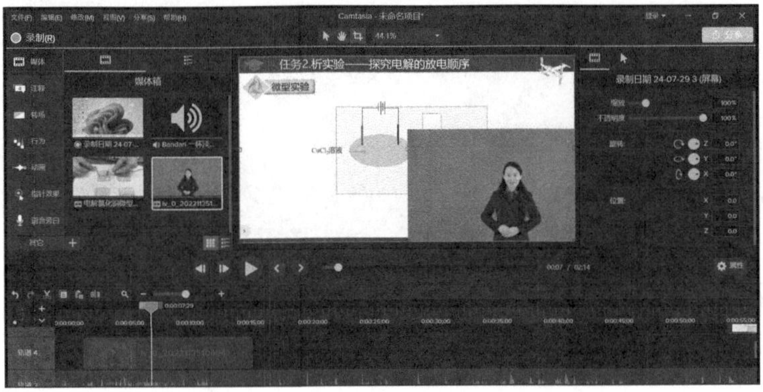

图 3-1-31 插入绿幕前出镜的视频

(3)将鼠标放在播放区有绿幕的视频区域后点击右键，在"添加视觉效果"栏目中选择"删除颜色"，如图 3-1-32 所示。

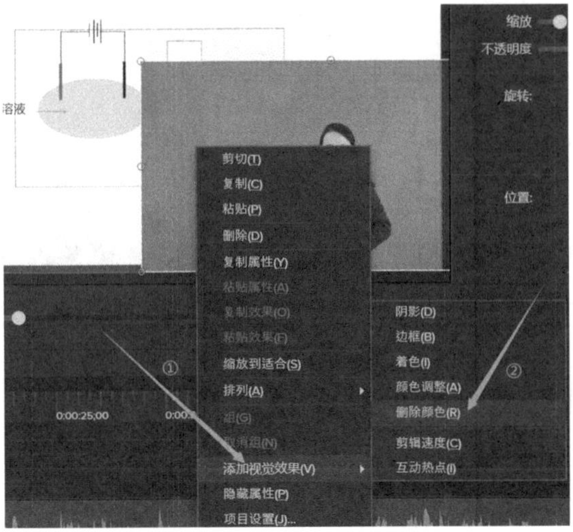

图 3-1-32 添加视觉效果

点击"删除颜色"后，会在右侧出现一个对话框，点击"吸管"形状图标，如图 3-1-33 所示。

图 3-1-33 删除颜色

点击“吸管”后，鼠标会变成“吸管”样，将其挪至播放区绿幕部分，点击鼠标左键，就把视频中的绿色部分都删除了，实现了绿幕抠像的效果，如图 3-1-34 所示。

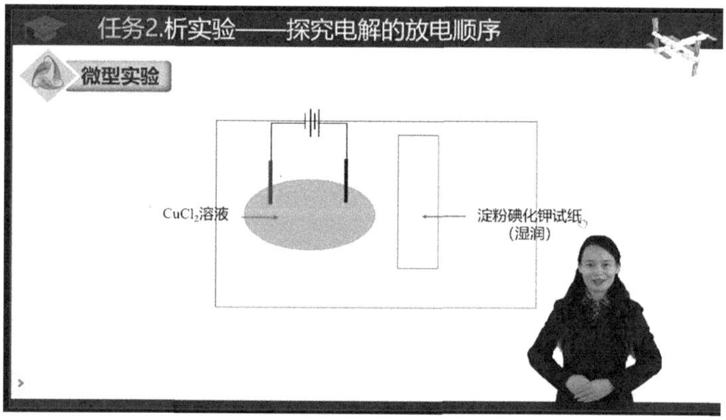

图 3-1-34 绿幕抠像

可以在右侧“删除颜色”设置框中进行抠像后的调整，比如“边缘修正”“色相”等。

(八)其他功能

其他如插入文字、设置动态文字、聚光、高亮标注、聚焦放大、片头制作等具体操作，可通过观看笔者在绚星微课官方网页制作的 H5 互动微课来学习相关操作教程。

三、视频的生成

如果已经编辑完项目文件,就可以生成视频文件了。

(一)保存

将视频剪辑完后,点击“文件”下拉菜单里的“保存”,此时保存的是“工程文件”,并不是视频文件,这一步很重要。后期如果需要重新编辑,就可以打开“工程文件”进行再修改。

(二)生成视频

点击“分享”中的“自定义生成”,选择“新建自定义生成”(图 3-1-35)。

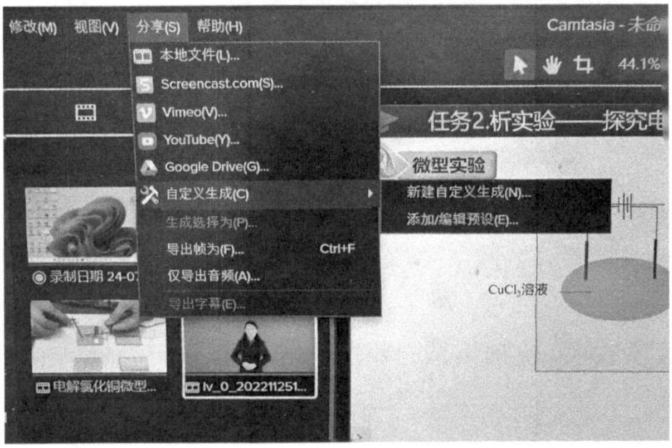

图 3-1-35　自定义生成

此时会自动弹出一个对话框,选择“MP4”格式,如图 3-1-36 所示,单击“下一步”。

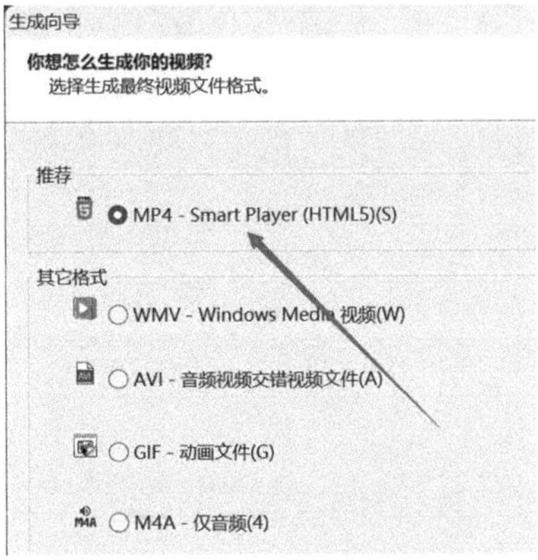

图 3-1-36　格式选择

更改了文件名和文件的保存路径后，点击“完成”，如图 3-1-37 所示。

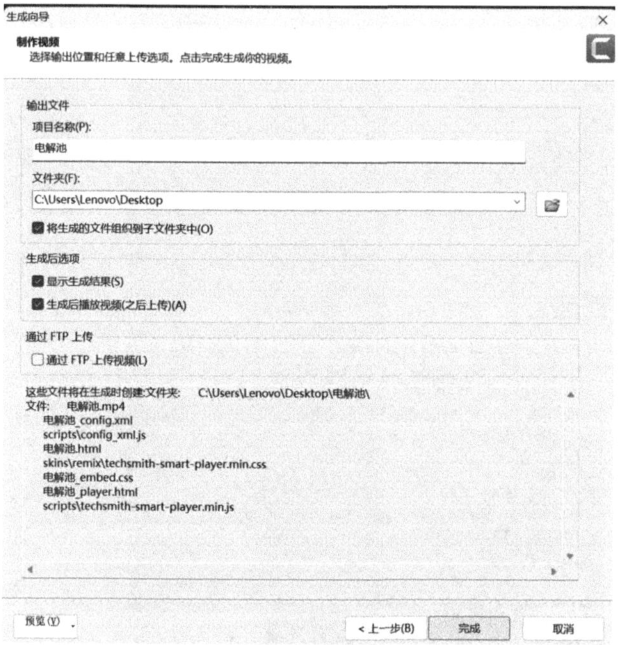

图 3-1-37　保存路径

等待渲染视频结束，视频生成(图 3-1-38)。

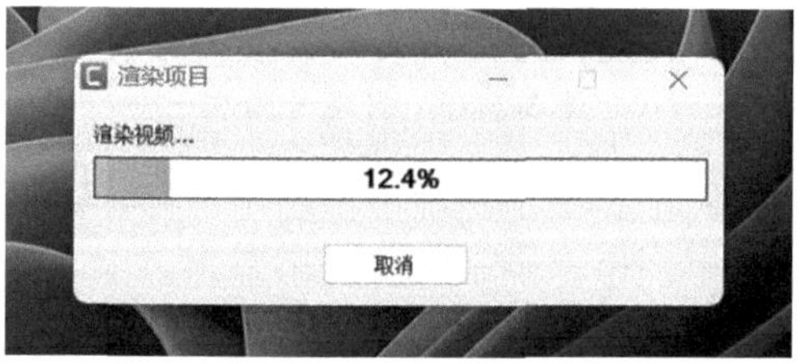

图 3-1-38　视频渲染

第二章 “爱剪辑”的简单使用

“爱剪辑”是一款易用、强大的视频剪辑软件，也是国内首款全能的免费视频剪辑软件，由爱剪辑团队凭借 10 余年的多媒体研发实力，历经 6 年多创作而成。爱剪辑在微课的制作中主要应用于后期的处理过程。下面将详细地从添加视频、剪辑视频片段、添加音频、添加字幕特效、添加转场特效、保存所有设置、导出视频七个方面来介绍。

一、添加视频

添加视频主要有以下两种方法：一是采用简单的拖拽方法。打开视频文件所在的文件夹，将视频文件直接拖拽到爱剪辑“视频”选项卡中即可，如图 3-2-1 所示。

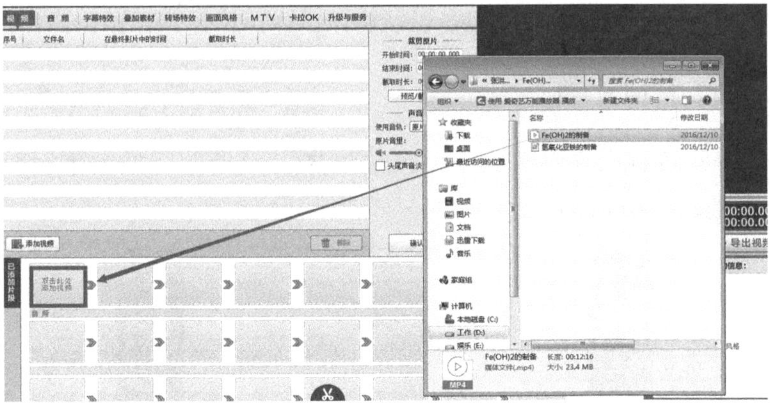

图 3-2-1 视频选择

二是在软件主界面顶部点击“视频”选项卡，在视频列表下方点击“添加视频”按钮（图 3-2-2），或者双击面板下方“已添加片段”列表的文字提示处，即可快速添加视频（图 3-2-3）。使用这两种方法添加视频时，均可在弹出的文件选择框中对要添加的视频进行预览，然后选择导入即可。

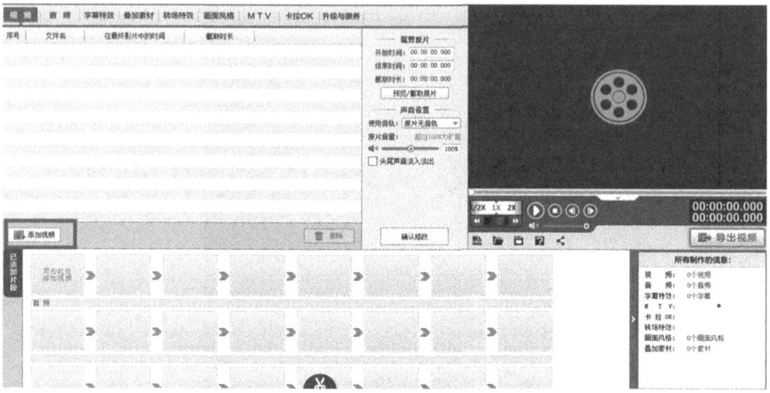

图 3-2-2 添加视频

图 3-2-3 选中视频

二、剪辑视频片段

(1)在主界面右上角预览框的时间进度条上点击凸起的向下箭头(图 3-2-4),或使用快捷键“Ctrl+E”。

图 3-2-4 点击凸起的向下箭头

(2)打开“创新式时间轴”面板,并结合“音频波形图”和“超级剪刀手”精确踩点,如图 3-2-5 所示。

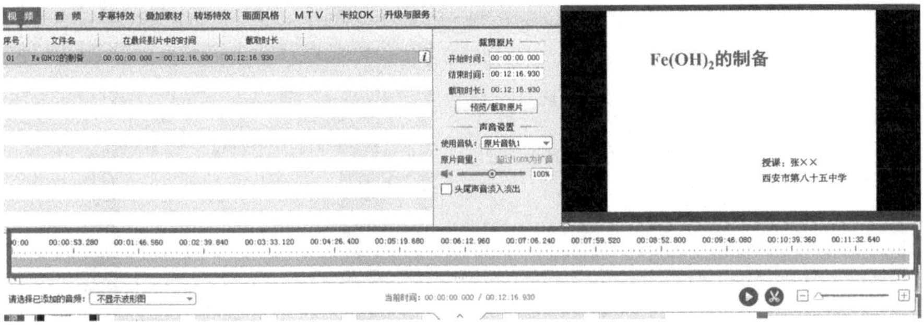

图 3-2-5 时间轴面板

通过“创新式时间轴”剪辑视频片段时,涉及的快捷键如下:

“+”:放大时间轴;

“-”:缩小时间轴;

“上下方向键”:逐帧选取画面;

“左右方向键”:五秒微移选取画面;

“Ctrl+K”或“Ctrl+Q”:一键分割视频。

(3)通过“上下方向键”逐帧选取画面后可以进行分割(图 3-2-6)。

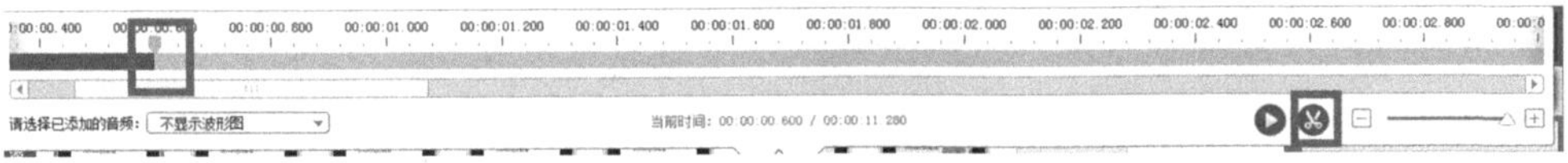

图 3-2-6 分割视频

(4)通过分割,可以将视频分割为许多片段,如图 3-2-7 所示。

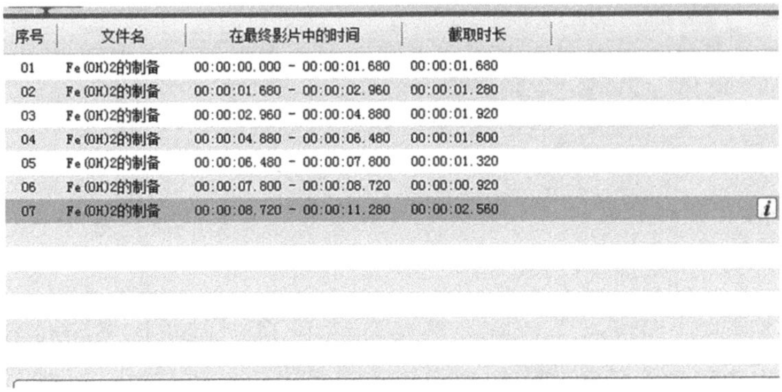

序号	文件名	在最终影片中的时间	截取时长
01	Fe(OH)2的制备	00:00:00.000 - 00:00:01.680	00:00:01.680
02	Fe(OH)2的制备	00:00:01.680 - 00:00:02.960	00:00:01.280
03	Fe(OH)2的制备	00:00:02.960 - 00:00:04.880	00:00:01.920
04	Fe(OH)2的制备	00:00:04.880 - 00:00:06.480	00:00:01.600
05	Fe(OH)2的制备	00:00:06.480 - 00:00:07.800	00:00:01.320
06	Fe(OH)2的制备	00:00:07.800 - 00:00:08.720	00:00:00.920
07	Fe(OH)2的制备	00:00:08.720 - 00:00:11.280	00:00:02.560

图 3-2-7 视频片段

三、添加音频

(1)添加视频后，在“音频”面板点击“添加音频”按钮，在弹出的下拉框中，根据自己的需要选择“添加音效”或“添加背景音乐”，即可快速为要剪辑的视频配上背景音乐，获取相得益彰的效果(图 3-2-8)。

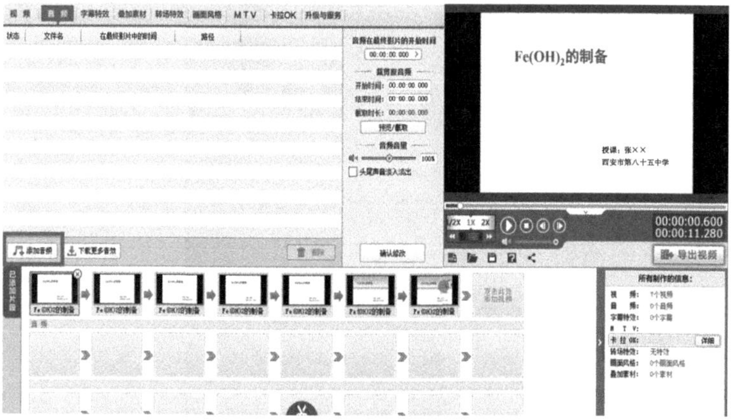

图 3-2-8 添加音效

(2)根据需要调整开始时间和结束时间，调整好后点击“确定”，如图 3-2-9 所示。

图 3-2-9 音频编辑

四、添加字幕特效

在“字幕特效”面板右上角的视频预览框中，将时间进度条定位到要添加字幕的时间点，双击视频预览框，在弹出的对话框中输入字幕内容，然后在左侧的字幕特效列表中选择喜欢的字幕特效即可。

(1)点击“字幕特效”选择需要的特效类型，如图 3-2-10 所示。

图 3-2-10 字幕特效

(2)在进度条上单击选择需要添加字幕的时间点，如图 3-2-11 所示。

图 3-2-11 添加时间点

(3)鼠标双击此视频的预览框，如图 3-2-12 所示。

图 3-2-12 预览框

(4)输入字幕内容,如图 3-2-13 所示。

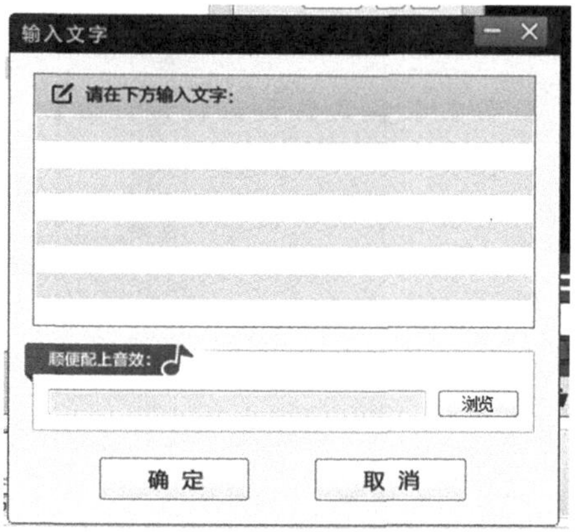

图 3-2-13　输入字幕

五、添加转场特效

在“已添加片段”列表,选中要应用转场特效的视频片段缩略图,在“转场特效”面板的特效列表中选中要应用的转场特效,然后点击“应用/修改”按钮即可。

(1)点击转场特效,选择需要的特效类型,如图 3-2-14 所示。

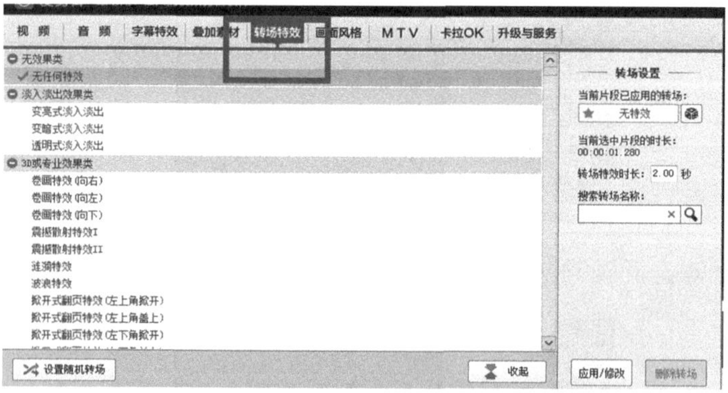

图 3-2-14　转场特效

(2)选中要应用转场的片段,如图 3-2-15 所示。

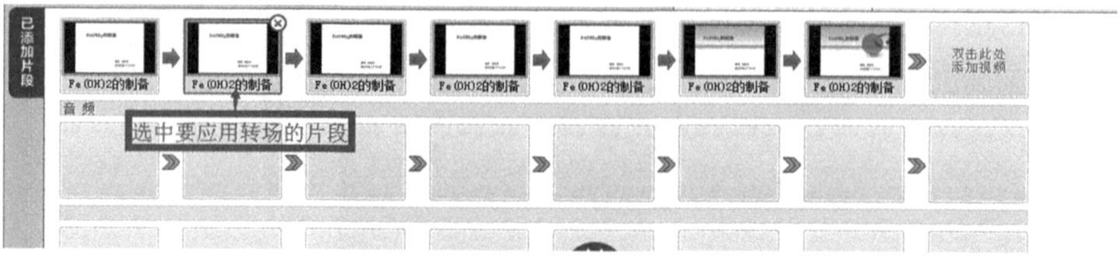

图 3-2-15　选中转场片段

(3)设置转场特效的时间,如图 3-2-16 所示。

图 3-2-16 设置转场特效的时间

六、保存所有设置

在剪辑视频的过程中,我们可能需要中途停止,下次再继续进行,或以后对视频剪辑设置进行修改。此时我们只需在视频预览框左下角点击“保存所有设置”(快捷键“Ctrl+S”)的保存按钮,将所有设置保存为后缀名为“. mep”的工程文件,下次通过“保存所有设置”按钮旁的“打开已有制作”的打开按钮加载保存好的“. mep”文件,即可继续进行视频剪辑,或在此基础上修改视频剪辑设置,如图 3-2-17 所示。

图 3-2-17 保存

七、导出视频

视频剪辑完毕后，点击视频预览框右下角的“导出视频”按钮即可(图 3-2-18)。导出视频时，如果原片的清晰度足够，那么可以选择导出 720P 或 1080P 的 MP4 格式，并参考视频网站的清晰度标准，设置合适的比特率，一般 720P 的 MP4 设置到 3500 kbps 以上最佳(图 3-2-19)。

图 3-2-18　导出视频

图 3-2-19　导出格式设置

第三章 “剪映”的简单使用

对于视频剪辑操作，除了以上介绍的 Camtasia Studio 和“爱剪辑”外，笔者认为“剪映”使用起来也是很简便易行的。这款软件可以将许多视频片段整合起来进行后期编辑，这对于高中化学教师制作实验类微课很有帮助。更重要的是，“剪映”除了可以在电脑上操作外，还可以在手机、平板上使用，可以说是一款“行走的视频编辑软件”，更有利于教师利用碎片化时间进行视频编辑。

一、软件介绍

剪映是一款视频编辑工具，带有全面的剪辑功能，支持变速，有多样滤镜和美颜的效果，有丰富的曲库资源。自 2021 年 2 月起，剪映支持在手机移动端、Pad 端、Mac 电脑、Windows 电脑全终端使用。

剪映软件的视频编辑功能有很多，如“切割”“变速”“倒放”“画布”“贴纸”“转场”“字体”“曲库”“变声”“一键同步”“滤镜”“字幕”“美颜”“绿幕抠像”等。

二、简单操作方法介绍

下面以手机“剪映”为例，介绍几个对教师制作微课有帮助的操作。

(一)导入视频

打开手机“剪映”进入编辑界面，点击播放界面中间的“＋”开始创作，如图 3-3-1 所示。

在手机相册中找到需要拼接的视频片段或者需要剪辑的视频，注意按照顺序添加，如图 3-3-2 所示。

添加好的视频就会按顺序出现在轨道中，在播放界面也会按顺序播放。

图 3-3-1　开始创作

图 3-3-2　添加视频

（二）添加封面

在编辑界面找到“设置封面”点进去，选择“封面模板”，如图 3-3-3 和图 3-3-4 所示。

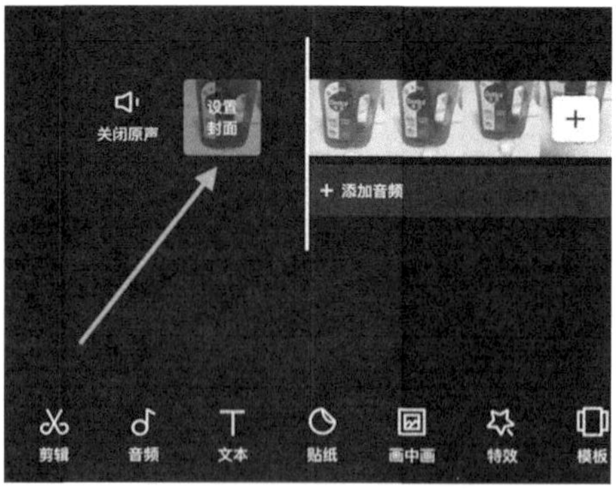

图 3-3-3　设置封面

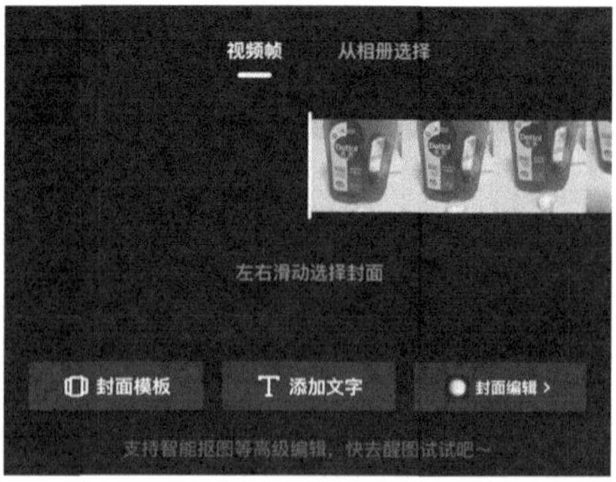

图 3-3-4　封面模板

选择适合的封面模板，如图 3-3-5 所示。

修改封面模板上的文字，如图 3-3-6 所示。

图 3-3-5 选择模板

图 3-3-6 修改文字

(三)添加转场

选择需要编辑的视频片段，可以进行“分割”“变速”等设置，如图 3-3-7 所示。

转场是在分割后进行，点击两端分割视频中的分割线，如图 3-3-8 所示。

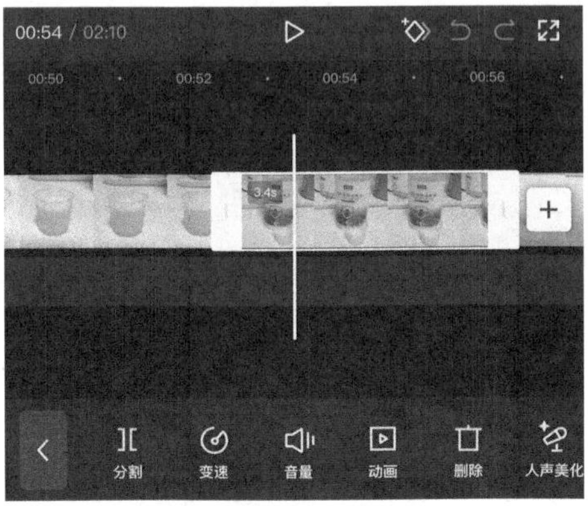

图 3-3-7 分割视频

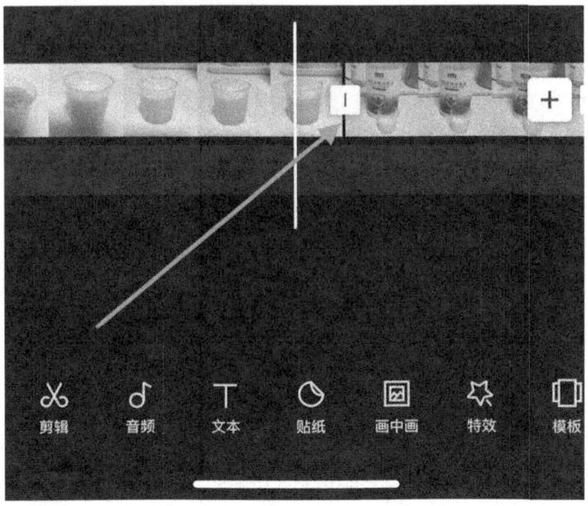

图 3-3-8 转场

选择合适的“转场”效果，推荐“叠化”效果，如图 3-3-9 所示。

对转场时间进行调整，如图 3-3-10 所示。

图 3-3-9　转场效果

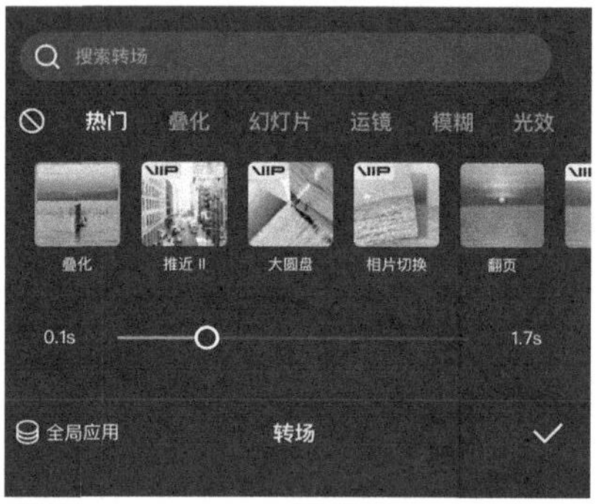

图 3-3-10　转场时间设置

(四)添加录音

先关闭原视频声音,如图 3-3-11 所示。

在轨道上找到“添加音频”并点进去,如图 3-3-12 所示。

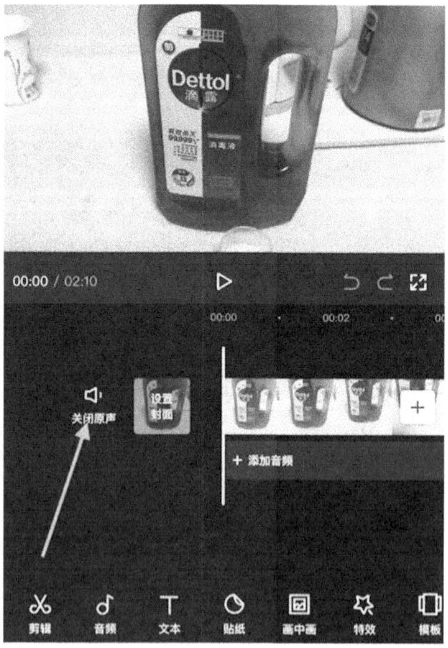

图 3-3-11　关闭原声

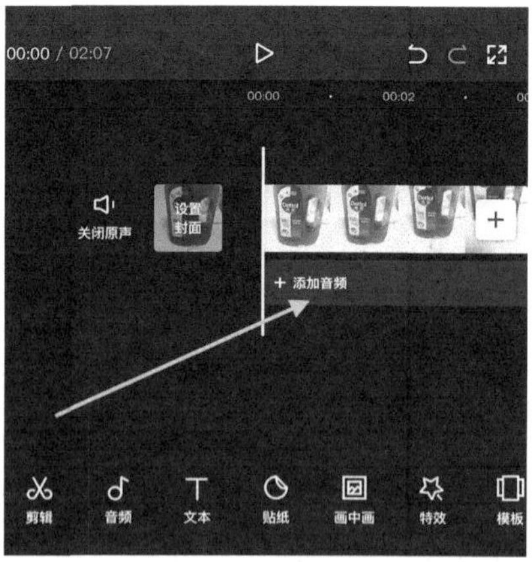

图 3-3-12　添加音频

选中“录音”选项，点击后进入录音界面，如图 3-3-13 和图 3-3-14 所示。

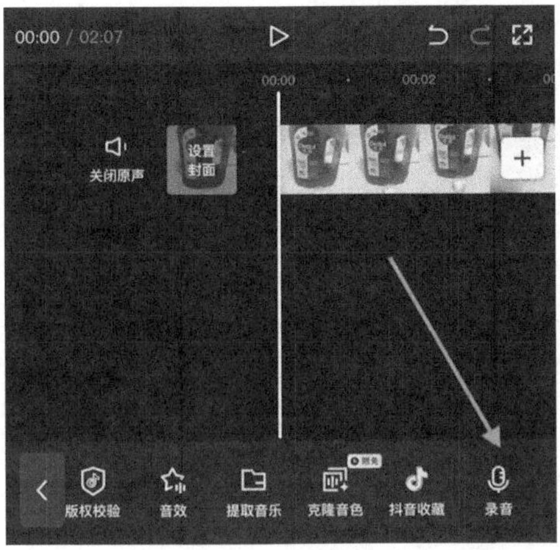

图 3-3-13　录音

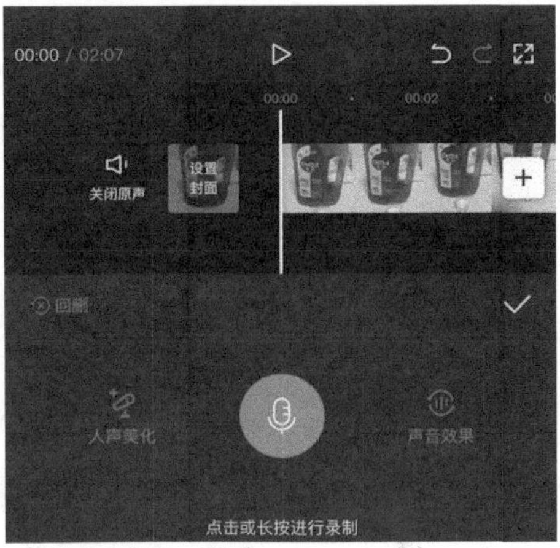

图 3-3-14　录音按钮

长按开始录音，此时视频正在播放，教师可同步录音，如图 3-3-15 所示。

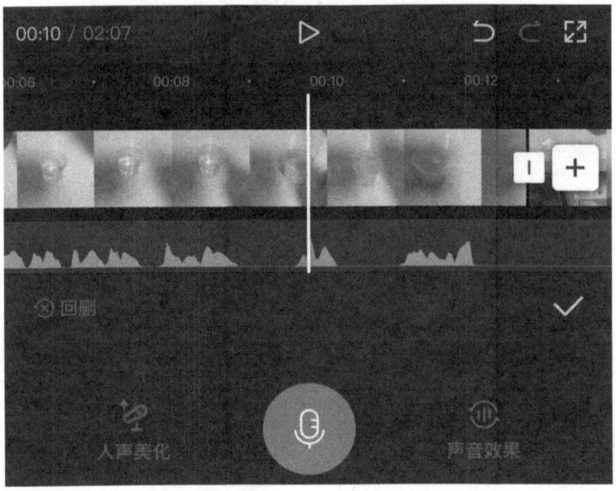

图 3-3-15　同步视频录音

(五)添加字幕

在轨道界面下方选择“文本”，如图 3-3-16 所示。

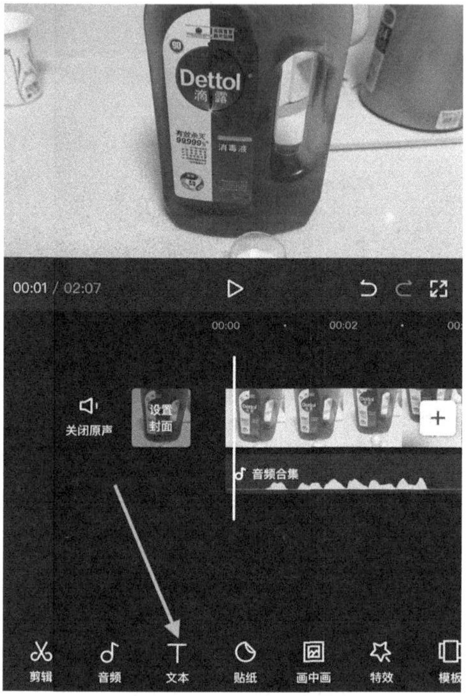

图 3-3-16　文本添加

再选择“识别字幕”“仅录音”，如图 3-3-17 和图 3-3-18 所示。

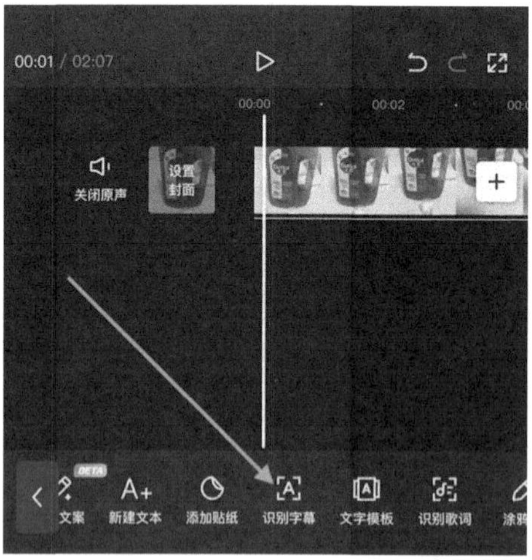

图 3-3-17　识别字幕

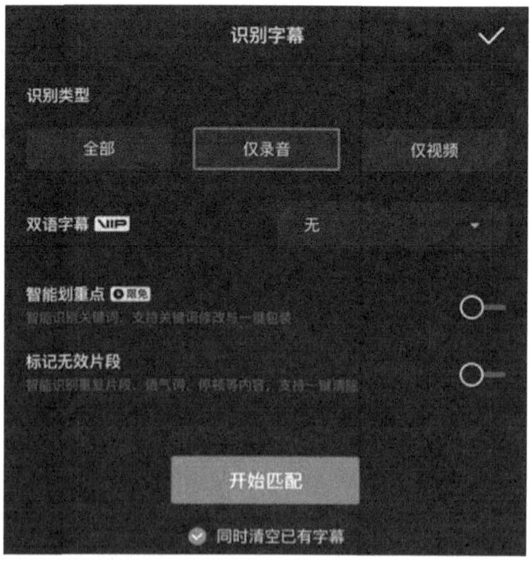

图 3-3-18　仅录音

字幕插入了新的轨道，同时在播放界面下端同步显示了字幕。可在播放界面对字幕进行“放大”“缩小”等编辑(图 3-3-19)。

图 3-3-19 字幕大小调整

(六)人物出镜

选择“画中画”后点击“新增画中画”,如图 3-3-20 所示。

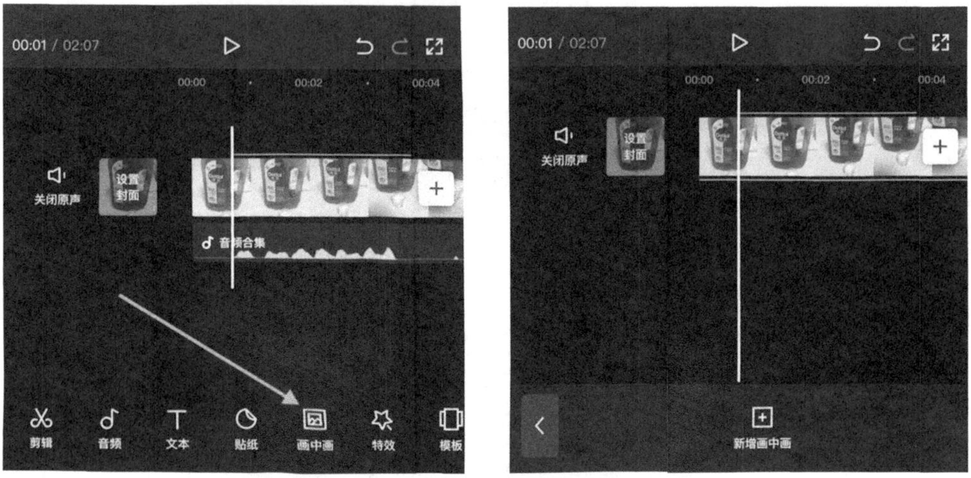

图 3-3-20 画中画

插入手机中已经拍摄好的人物影像(绿幕前拍摄),如图 3-3-21 所示。

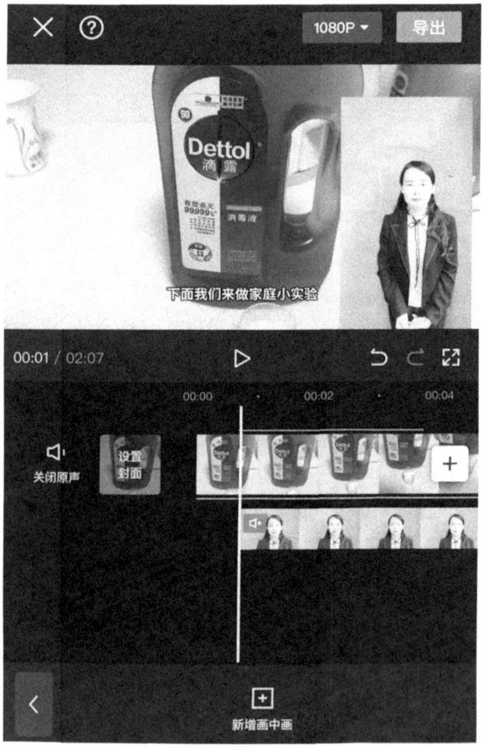

图 3-3-21　添加人物影像

选择要编辑的视频(点击有绿幕的那段视频),在编辑栏中找到“抠像”,如图 3-3-22 所示。

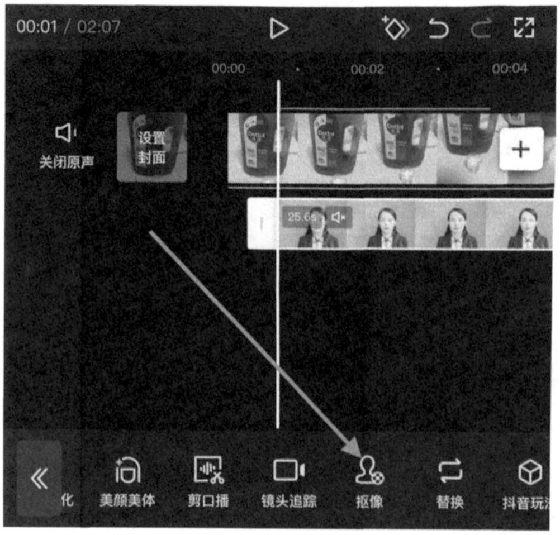

图 3-3-22　抠像

点击“抠像”后，播放界面效果如图 3-3-23 所示。

图 3-3-23 抠像效果

(七)导出视频

视频剪辑结束后，在最右上方点“导出”

，可下载到手机相册。

第四章　习题类微视频的制作

目前,中小学作业搜题答疑工具层出不穷,如“小猿答疑”“作业帮”等,学生将题目拍照上传至软件,就可以在线听取教师的视频解析。作为一线教师,根据校情、学情,有针对性地制作习题类解析视频,并形成校本资源,对学生课后自主学习将会有很大的帮助。本章将介绍如何制作习题类微视频。

一、认识习题类微视频的特点

习题类微视频的特点可以概括为以下 4 个字:

短:视频时间短,不超过 5 分钟。

视:视频中有光标的移动及数位板的书写(或文字的动画效果),能做到学生听、看一致。

精:教师讲解的语言精练、生动,富有感染力。

细:对于习题剖析细致,讲解清晰,语速节奏把握得当,有利于学生理解和掌握。

二、软件及数位板的使用

硬件设施:电脑、数位板。

软件:PowerPoint、Camtasia Studio 9.0 录屏软件。

数位板(图 3-4-1):连接线插入电脑 USB 接口即可使用。

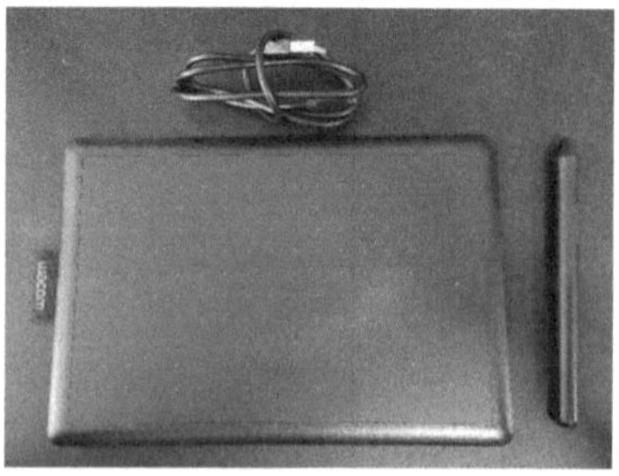

图 3-4-1　数位板

三、制作步骤

第一步:将所要讲的习题打印出来,在纸面上写出详解,组织好语言表达推理过程。

第二步：制作 PPT。一题一视频，用统一的模板。力争每一题放在一个页面上。如果是大题，那么第一面呈现全貌，后面几页再分解讲解。根据化学符号的规范性要求，尽量从已经出版的书籍或者已经公开发布的 PDF 文档中将题目截图后插入 PPT 中（图 3-4-2～图 3-4-4）。

第三步：连接好数位板，代替鼠标使用。如果有数控笔，那么书写效果更好。

第四步：打开 Camtasia Studio 9.0 录屏软件及做好的 PPT。

第五步：讲解录制（录音和录屏）。若使用电脑直接录音有杂音，则可以用手机和电脑同步录音，后期用 Camtasia Studio 9.0 录屏软件进行剪辑，把电脑录制的音频删掉并替换成同步手机的音频即可。

图 3-4-2　统一模板

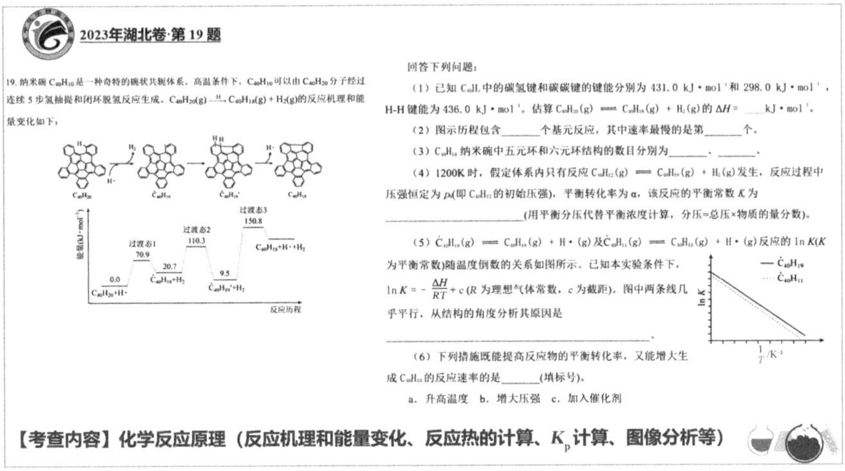

图 3-4-3　大题全貌页面

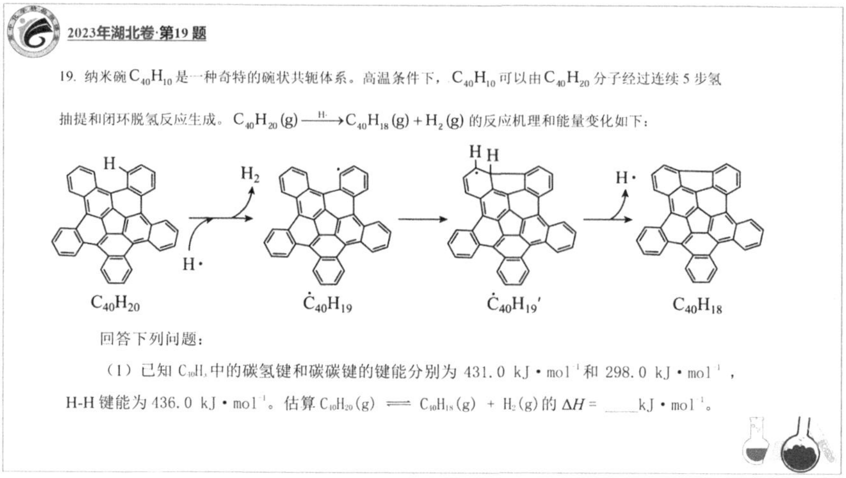

图 3-4-4　大题分解页面

四、化学习题类视频制作技巧

(1)电脑屏幕设置分辨率为1920×1080或1280×720(16∶9)，录制前录屏软件也调整为和电脑屏幕的分辨率一致。

(2)转PDF文档截图更便利，注意放大到占比屏幕最大，再截图以保证图片上的文字或图像清晰。

(3)题目讲解过程中注意鼠标要跟着讲解指向讲解位置，后期可用录屏软件改编成醒目光标，如图3-4-5所示。

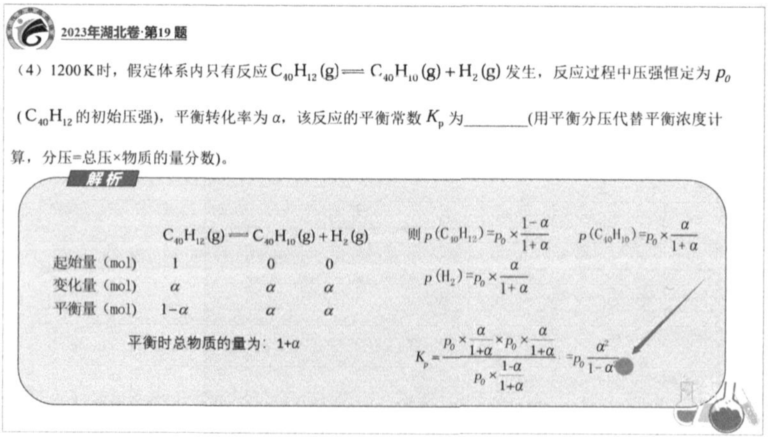

图 3-4-5　光标

(4)避免杂音，可用手机同步录音。

(5)可利用绿幕抠像技术插入卡通人物，如图 3-4-6 所示。

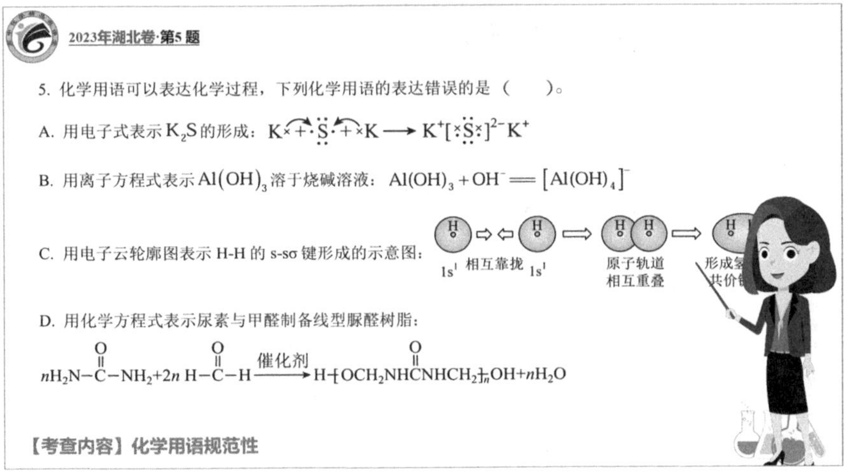

图 3-4-6　插入卡通人物

第五章　万彩脑图大师的简单使用

万彩脑图大师是一款可缩放演示的 3D 思维导图制作软件，功能齐全，风格多样，可随意添加多媒体元素，轻松做出炫酷、有创意的动态思维导图，除了自用，还可用于工作演示或课堂授课。

一、万彩脑图大师的功能介绍

(一)无限缩放的画布

轻松点击画布，便可开始记下作者的想法与思路，在无限缩放的画布中添加尽可能多的思维导图，将无限的创意想法简单地融合在一个思维导图中。

(二)可视化的思维方式

所见即所得，万彩脑图大师有助于将作者的思想、思路及思维方式等可视化地展示出来，有利于提高理解能力、逻辑关联，让所需展示的内容变得更直观。

(三)多样的结构布局与主题库

万彩脑图大师目前提供了五种结构图布局、种类繁多的创意思维导图主题库，点击应用便可开始添加内容，创建出富有创意、结构清晰、逻辑性强的思维导图。

(四)图文并茂的思维导图

轻松添加文字、图片、视频等多媒体内容到思维导图中，不仅可将思维、思想变成更生动形象易理解的内容，还可以提高思维导图的颜值。

(五)酷炫 3D 镜头特效

添加 3D 镜头到思维导图中，轻松地让内容放大与缩小，不仅可以控制创意，引导观众视线，还可以让思维导图更富有镜头感，快速吸引观众的注意力。

二、案例分享

人教版高中化学选择性必修 2《物质结构与性质》第一章《原子结构与性质》章末复习中，笔者首先梳理了本章的知识脉络，如图 3-5-1 所示。

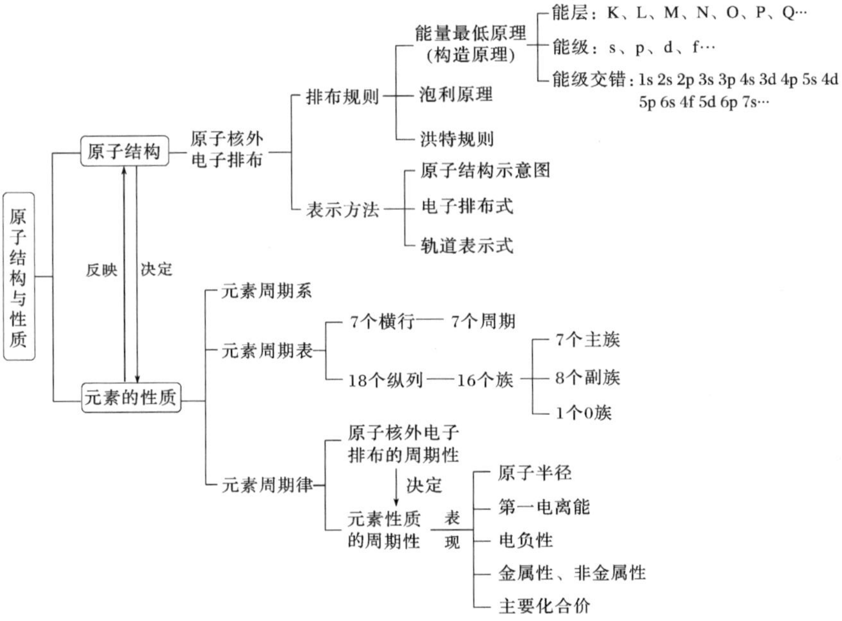

图 3-5-1　《原子结构与性质》知识脉络

而后，笔者利用万彩脑图大师软件，制作了以思维导图方式进行复习的微型课，如图 3-5-2 所示。

图 3-5-2　微型课：《原子结构与性质》章末复习视频画面

使用这一软件，可以将思维导图中的局部内容放大，如图 3-5-3 所示。

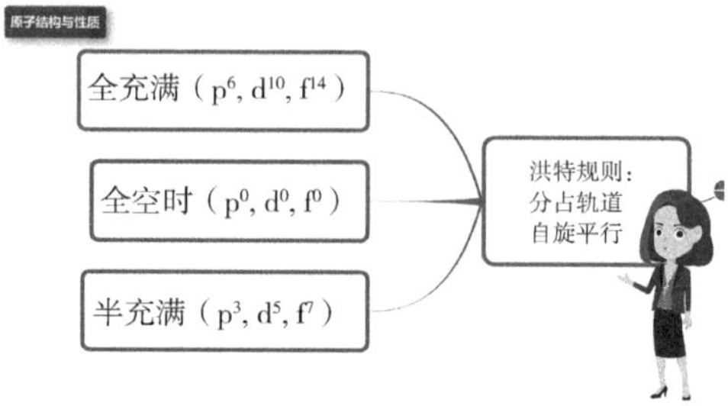

图 3-5-3　思维导图局部放大

也可以将思维导图缩放，呈现整体画面，如图 3-5-4 所示。

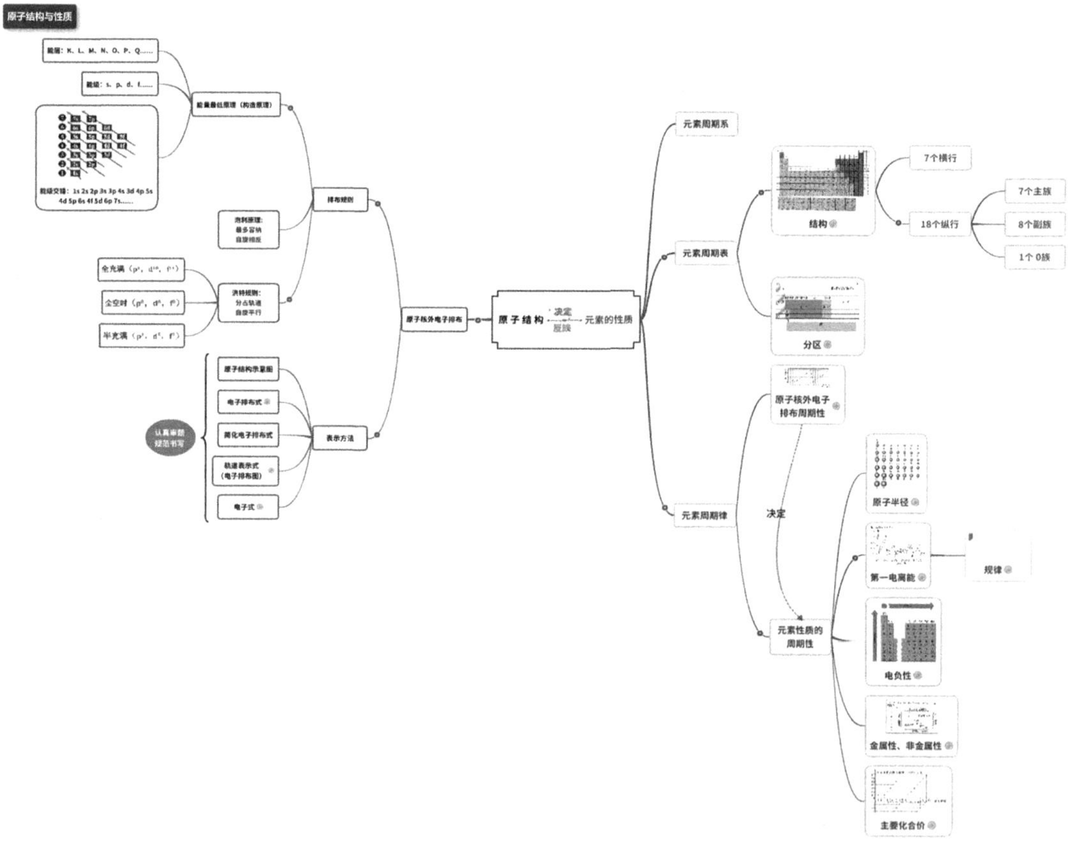

图 3-5-4　思维导图缩小

微型课视频可扫描以下二维码在线观看（图 3-5-5）。

图 3-5-5　微型课：《原子结构与性质》章末复习

三、简单操作方法

(一)新建项目,确定主题

打开软件,点击图标 。在页面左上方点击“新建空白项目”,如图 3-5-6 所示。

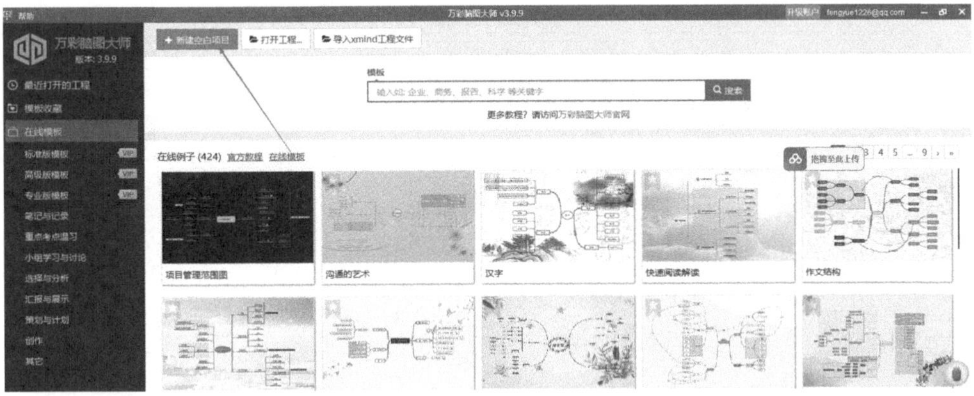

图 3-5-6　新建空白项目

选择一个模板,点击“创建”,如图 3-5-7 所示。

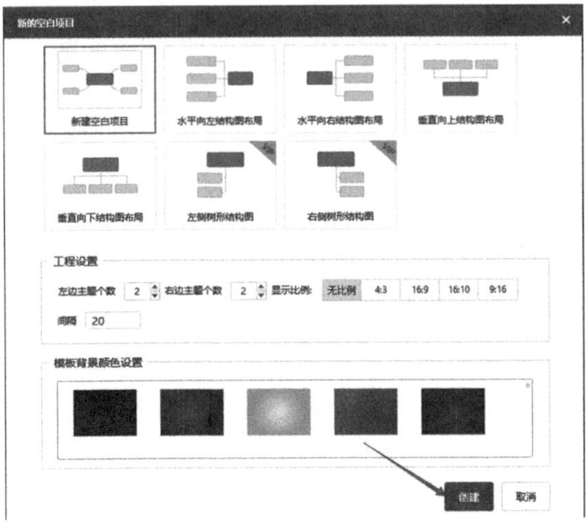

图 3-5-7　创建

(二)修改文字,增减主题

画布上弹出模板(图 3-5-8)后,可以修改文字,并增加或删减“子主题”。

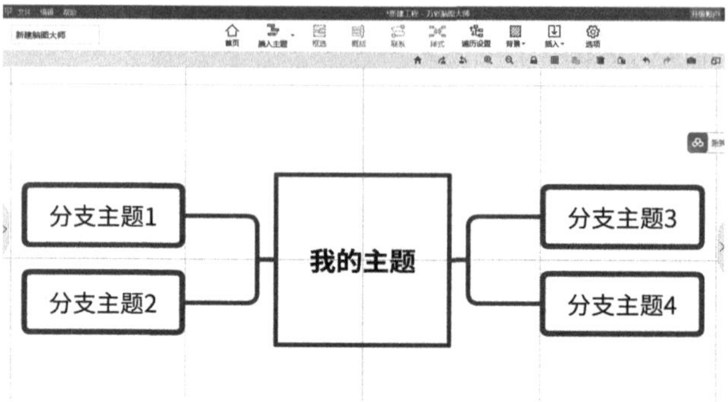

图 3-5-8　导图模板

1. 删除分支

选择要删掉的“分支主题”，点击右键弹出菜单后，选择“删除分支”，如图3-5-9所示。

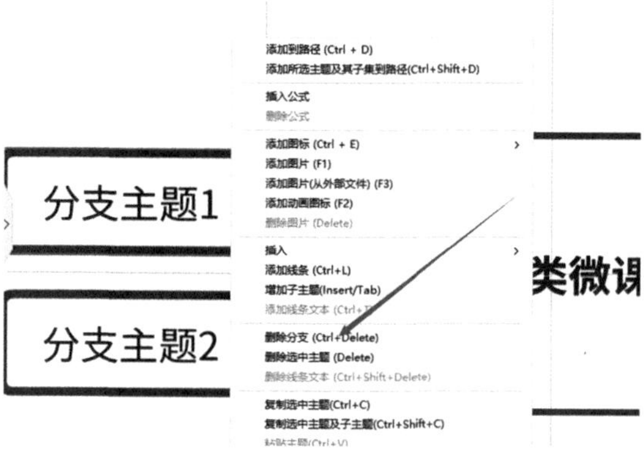

图 3-5-9　删除分支

2. 增加分支

选中需要增添分支的“主题”，点击“插入主题”下拉菜单中的“子主题”，如图3-5-10所示。

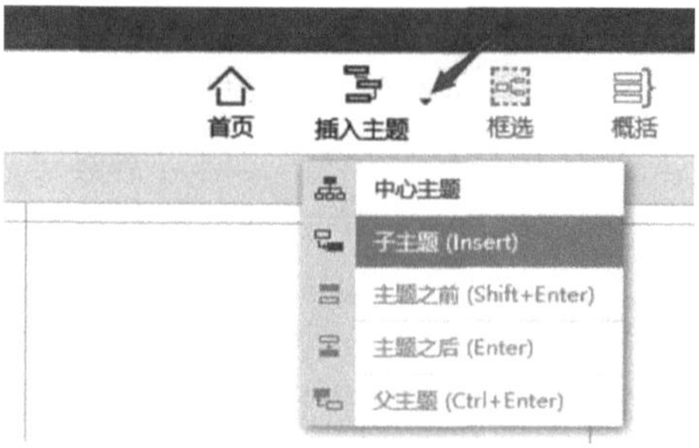

图 3-5-10　插入主题

或者在画布中选择需要增添子分支的“主题”，点击右键弹出菜单后，选择“增加子主题”，如图 3-5-11 所示。

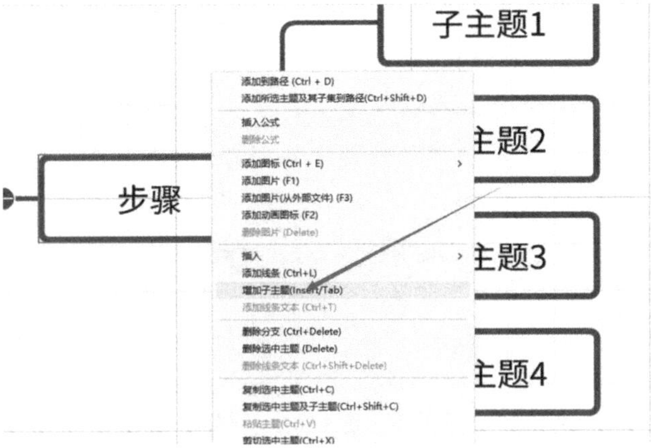

图 3-5-11　增加子主题

3. 修改文字

直接点击每一个主题或子主题内的文字进行修改，通过拨动鼠标滚珠调节画布大小，可以缩小画布浏览整个导图的布局，如图 3-5-12 所示。

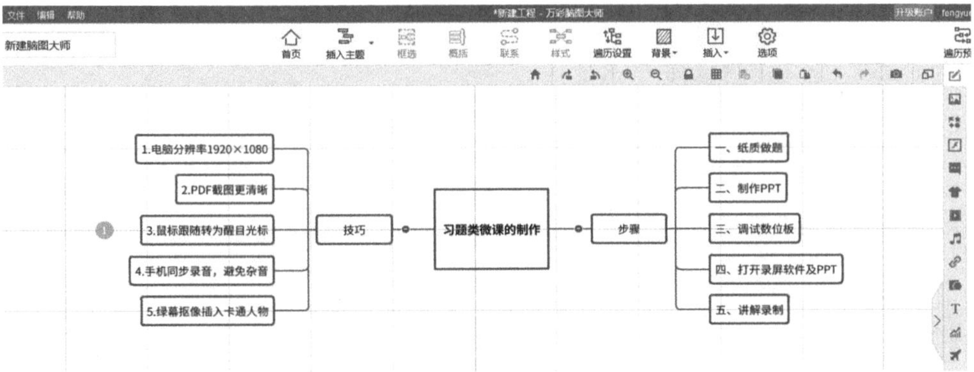

图 3-5-12　修改文字

4. 修改样式

可以选中已经布局好的导图，点击“样式”修改思维导图的样式，如图 3-5-13 所示。

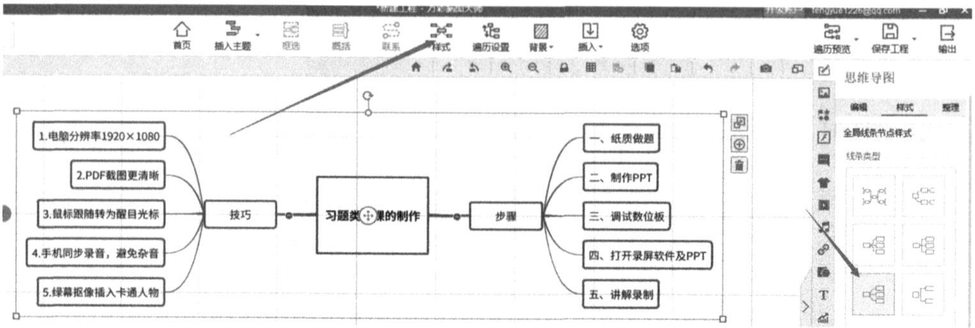

图 3-5-13 修改样式

(三)特色功能

1. 联系

如果两个“子主题”之间有关联，那么可以选择其中一个“子主题”点击“联系”按钮，如图 3-5-14 所示。

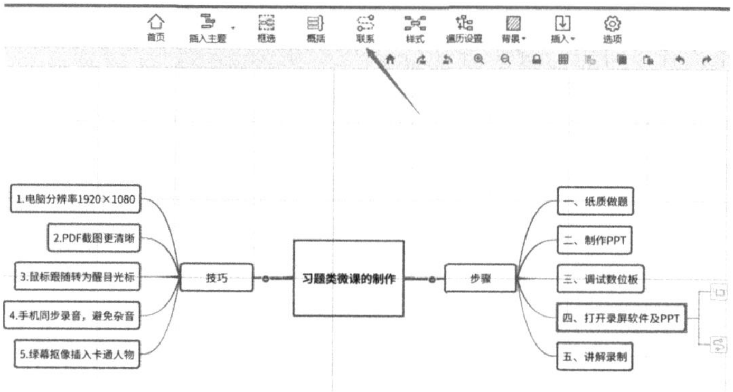

图 3-5-14 联系

此时会出现连接线，点击有关联的另一个“子主题”，即可将两个子主题联系起来。调整中间的连接点，使连接线布局合理，同时修改连接线上的文字“联系”，如图 3-5-15 所示。

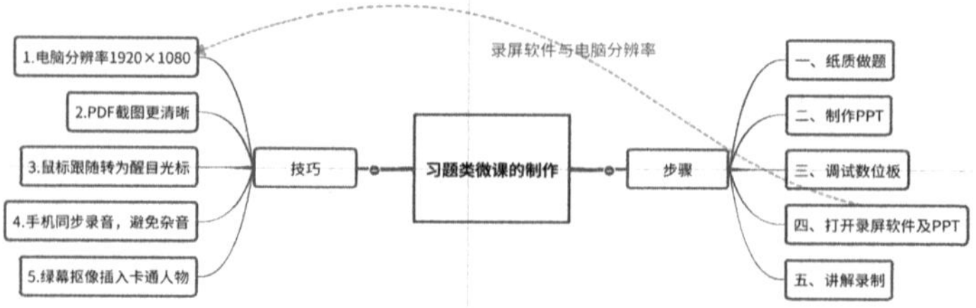

图 3-5-15 “联系”效果

2. 插入链接

如果某一个子主题需要链接视频、PPT、文档、图片等内容，那么可以选择该子主题，点击右键，在弹出的菜单中选择“插入”，点击需要链接的内容，如图 3-5-16 所示。

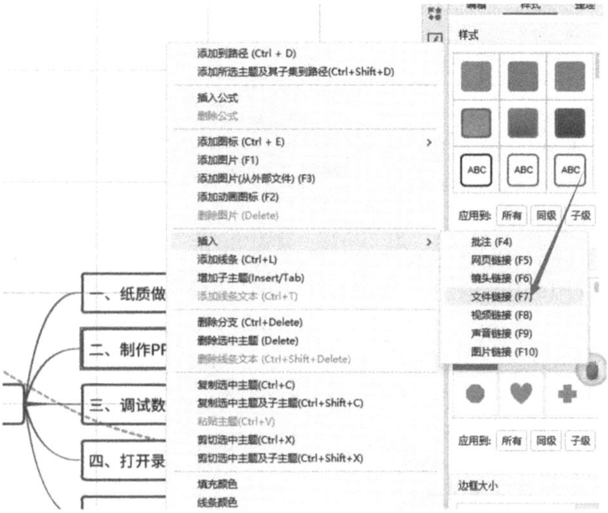

图 3-5-16　文件链接

插入好链接后，在相应“子主题”内容里会出现链接图标，播放需要该链接时，点击此图标即可，如图 3-5-17 所示。

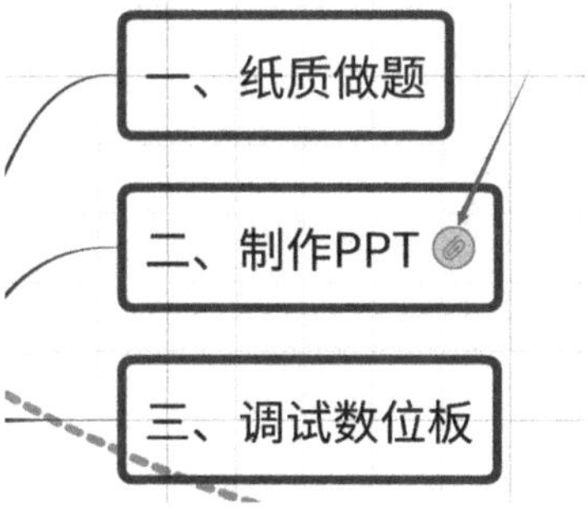

图 3-5-17　链接图标

3. 插入图片

选择需要插入图片的“子主题”，点击右键，在弹出的菜单里选择“添加图片”，如图 3-5-18 所示。

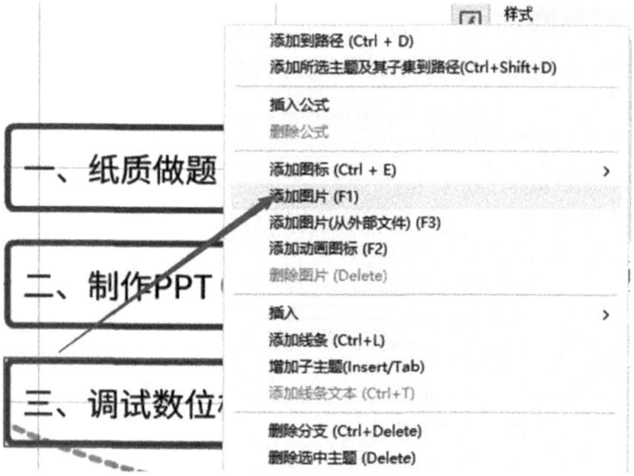

图 3-5-18 添加图片

可以选择软件自带的图片，也可以添加本地图片，如图 3-5-19 所示。

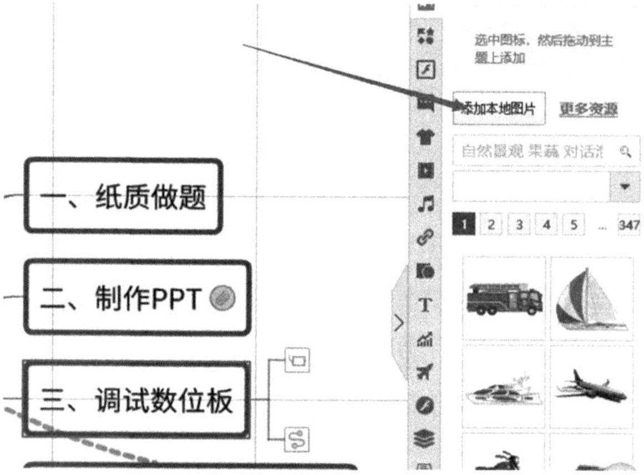

图 3-5-19 添加本地图片

插入图片的效果如图 3-5-20 所示。

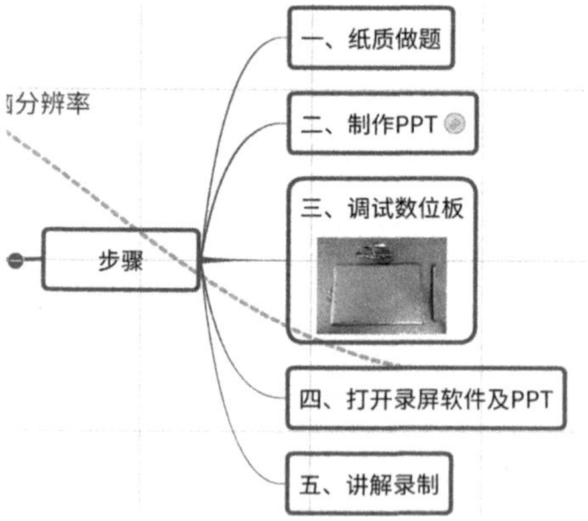

图 3-5-20 图片插入效果

(四)动态演示

点击“遍历设置”进行播放设置,如图 3-5-21 所示。

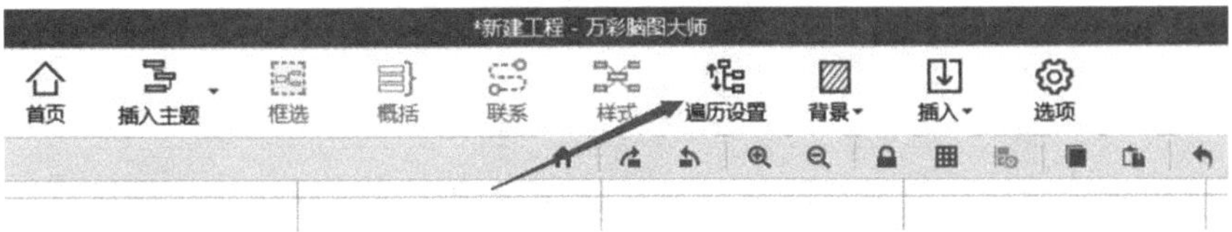

图 3-5-21　遍历设置

在设置界面选择对应结构的路径排列顺序,一般默认为“从右往左”“从上往下”,如图 3-5-22 所示。

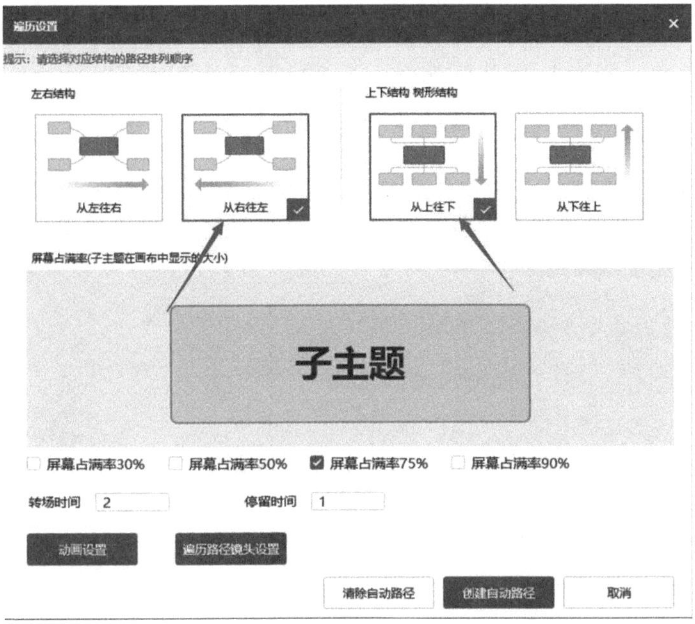

图 3-5-22　选择路径

点击右上方的“遍历预览”,如图 3-5-23 所示,就可以观看动态效果了。

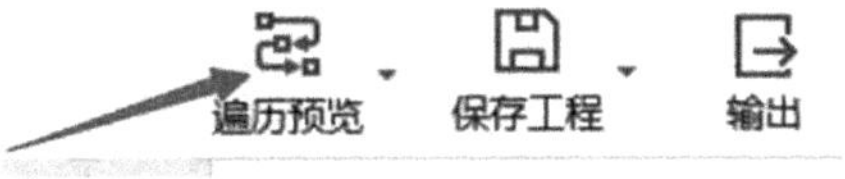

图 3-5-23　遍历预览

(五)输出设置

点击右上方的“输出”,如图 3-5-24 所示。

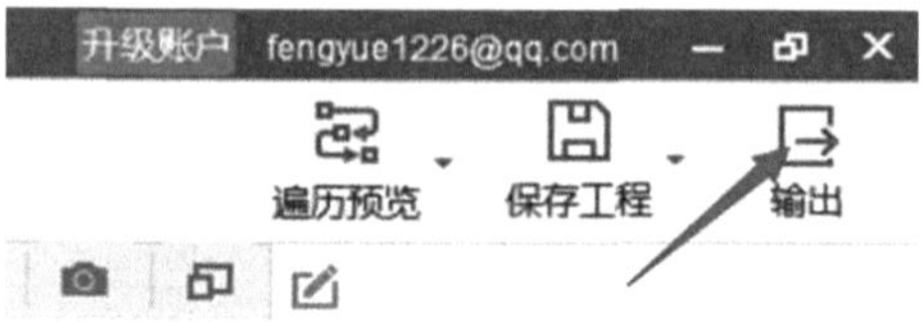

图 3-5-24　输出

在弹出的对话框中，根据需要选择“输出思维导图图片”或“视频”等。点击“下一步”，保存到电脑(图 3-5-25)。

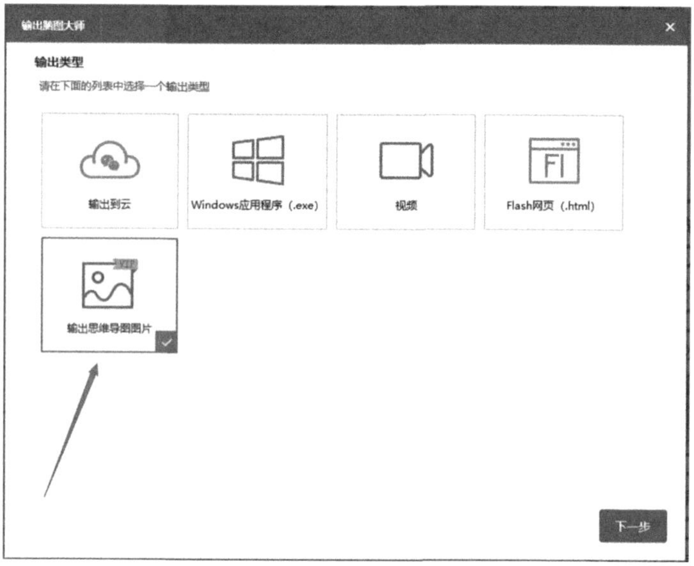

图 3-5-25　输出思维导图图片